教育部重点课题（项目编号：DAA060086）

科学课程的社会学研究

赵长林◎著

KEXUE KECHENG
DE SHEHUIXUE YANJIU

中国社会科学出版社

图书在版编目(CIP)数据

科学课程的社会学研究 / 赵长林著 . —北京：中国社会科学
出版社，2014.4
ISBN 978 - 7 - 5161 - 4155 - 7

Ⅰ.①科⋯　Ⅱ.①赵⋯　Ⅲ.①科学知识 - 关系 - 社会学 -
教学研究 - 中小学　Ⅳ.①G633.72

中国版本图书馆 CIP 数据核字(2014)第 073562 号

出 版 人　赵剑英
责任编辑　任　明
特约编辑　乔继堂
责任校对　周　昊
责任印制　李　建

出　　　版　中国社会科学出版社
社　　　址　北京鼓楼西大街甲 158 号 (邮编 100720)
网　　　址　http：//www.csspw.cn
　　　　　　中文域名：中国社科网　　　010 - 64070619
发 行 部　010 - 84083685
门 市 部　010 - 84029450
经　　　销　新华书店及其他书店

印刷装订　北京市兴怀印刷厂
版　　　次　2014 年 4 月第 1 版
印　　　次　2014 年 4 月第 1 次印刷

开　　　本　710×1000　1/16
印　　　张　14
插　　　页　2
字　　　数　235 千字
定　　　价　55.00 元

前　言

在知识经济时代，科学技术越来越成为国家繁荣富强的基本支撑元素。国家的工业发展、公众的日常工作和生活都和科学技术休戚相关。英国皇家学会关于《公众理解科学》的报告，把提高公众理解科学的水平作为促进国家繁荣、提高公共决策和私人决策质量、丰富个人生活、事关全英国的重要工程来推进。美国的"2061 计划"实质上是对《国家处于危机之中——教育改革势在必行》的一种回应，面向全体美国人提高数学、科学与技术素养的最终目的，仍然是保持美国在科学技术和工业经济领域的霸主地位，这无可厚非。这对我国的科学课程改革决策具有重要的借鉴意义，对我们总是慢半拍式的、匆匆跟风式的科学课程改革或多或少会有些警示作用。

始于世纪之交，在教育全球化背景下启动的中国科学课程改革面临着诸多深层的困境和问题。由反科学主义而引致的，学校人文社会课程对科学课程压制的控诉，造成学校科学教育弱化；我国的科学教育是否真的达到科学主义的霸权地位？社会人文精神的失落是否真的是由科学理性的泛化而压抑的结果？由人道主义而引致的反精英主义教育思潮，把我们的传统科学教育又归入了精英主义的阵营，提出学科知识教育要弱化，科学教育要回归生活。我们的传统科学教育是否真的是精英主义教育，从而需要全面的转向公民科学素养教育？

通过科学探究学习科学，它的价值并非仅仅在于让学生像科学家进行科学发现那样去学习科学，但是科学家是如何进行科学发现的，科学发现的本质是什么，这一直是科学、哲学孜孜以求而不得解的哲学难题。当前从技术理性来理解科学探究，它大体上停留在逻辑实证主义的水平，但这并不被许多科学家所认可。它也不仅仅是一种科学教学技术路线，而是民主社会进行科学教学的有效方式。就反面而言，如果仅仅从科学技术人才的培养效果来看，苏联的科学教育经验较之美国的科学教育经验更有价值。

民国时期模仿欧美，我们举起了科学与民主的文化旗帜，人们对科学教育的意义与价值的理解比今天可能更全面，更丰富。新中国成立之后，我们模仿苏联，我们并没有像苏联那样培养出大批一流的科学家和工程师，是苏联模式本身的问题，还是"文化大革命"的原因？对此，我们也缺乏研究。世纪之交的新一轮科学课程改革是以欧美为蓝本推进的，课程改革的本土化问题、理论基础问题、轻视知识问题的争论虽然是针对整个基础教育改革的，但对科学课程改革而言仍然值得深思。

仅就科学课程改革的本土化问题而言，我们的理论工作者也没有做好理论准备和理论思考。对科学的性质、科学与社会、科学与文化的理解，东西方有本质的不同。科学探究的文化特征是思想的自由，平等的交流和民主的争论，儒家文化的基因却是秩序与专制，即使学校科学教育倡导了这种文化，教育能否改造一个社会文化也是一个难题，否则孩子们将来怎样去适应社会？我们的社会希望教育培养的是温顺的创造者、守规矩的大师，这的确是一个难题。我们的主流哲学认为世界是物质的，物质是运动的，运动是有规律的，规律是可以被我们掌握的。在我们还没有搞清楚用什么样的科学教育哲学指导我们的科学教育实践的时候，却要求科学教师去运用后现代主义、建构主义去理解科学教育，的确是很不负责任的。

由于我们基于匆匆的模仿，缺乏理论研究和思考，我们也没有一个指导科学课程改革的终极价值追求，也不知道我们到底需要一个什么样的科学教育，因此，我们的科学课程改革总是缺乏一个牢固的、清晰的基点。这就自然造成对欧美科学课程改革解读的简单化、技术理性化、实用化，对其每一个目标背后的科学哲学、科学社会学、科学文化学、科学政治学的隐喻缺乏研究和理解，最终必然是形似而神异。科学课堂把科学探究庸俗化、游戏化、娱乐化就是典型的例子。我们不能责怪一线教师，因为连我们自己都不清楚要做什么、为什么这样做。

正是基于对困境的思考，我们试图对科学课程进行社会学意义上的理性思考。从历史的角度剖析科学教育的人文本质，从意识形态的角度剖析科学本质、科学探究与科学课程。从对科学主义、人文主义的双向批判与反思，对科学人文主义的科学教育进行展望，以期对科学课程改革的困境和问题给予一种理论意义上的初步回应。

　　呈现给大家的是全国教育科学规划教育部重点课题（DAA060086）的研究成果之一。在研究过程中，得到了石鸥教授、扈中平教授、黄甫全教授、鄢力老师，聊城大学胡家会教授、胡志坚教授、赵汝木副教授、杨光海博士，瑞典斯德哥尔摩大学 Per-Olof Wickman 教授的指导和帮助，我的研究生梁红梅、谷红斌、赵建华做了大量文献搜集整理的工作，书中还引用了许多同行的观点和成果，在此一并表示谢意。

　　特别感谢中国社会科学出版社任明先生在选题、修改、编辑出版过程中的支持和艰辛劳作。由于本人水平有限，书中难免有疏漏之处，敬请同仁批评指正。

赵长林

2013 年 7 月 29 日于聊城大学

目　　录

第一章

绪　论

　　世纪之交，我国进行了声势浩大的基础教育课程改革运动。这场运动的根本原因是教育难以满足经济社会发展和民族复兴的现实需要，最根本的是支撑传统经济向知识经济转型的科技创新不足，缺乏创新型人才。教育尤其是科学教育改革受到国家的关注、变得十分迫切，就不难理解了。

　　改革开放30多年来，以传统资本要素（劳动力、土地、货币）作支撑的经济发展基本上达到了鼎盛时期，以低成本、低附加值、高能耗、高污染支撑的"世界工厂"式的经济发展模式逐入困境。向新型知识经济转型，发展高科技产业，必须依靠科技进步，必须依靠科技创新型人才，这对传统科学教育模式提出了严峻的挑战。国家法制化、民主化进程加快，随着国际交流与合作的日渐深入，教育文化尤其是教育思想日渐走向多元化。这都对学校的课程设计、课程实施、课程管理、课程评价，师生关系、教学内容、教学方法、教学过程等产生了重要影响。

　　对于科学教育研究而言，传统的基于物理、化学、生物学科教学法的研究范式，越来越走向科学教育学。以技术理性为支撑，以有效传授科学知识、提高学生的实验动手能力为基点的研究内容，越来越走向科学与文化、科学与社会的深层次分析。诸多的哲学思考让人目不暇接，科学主义、人文主义、科学人文主义，经验主义、理性主义、逻辑实证主义、建构主义、后现代主义，进步主义、要素主义、永恒主义、学科结构主义，等等，这些主义对于我们理解科学教育、研究科学教育都产生了重要影响。

　　但是，经过这些主义对教育、对科学教育的分析之后，教师们一直难以理解的是，我们的教育、我们的科学教育改革的基点到底是什么？指导我们教育、我们科学教育实践的理论基础应该是什么？如果走向多元，我们为什么用一种法定化的理念、一种法定化的标准、一种法定化的评价模式指导我们的实践？这不仅是实践工作者的困惑，也让我们理论工作者感到迷茫。我们用辩证多元下的统一、统一下的多元，可以从哲学上来理解、来解释这一现象。但是如果我们一直达不到一种"确定性的寻求"，走不到科学革命之后的常规科学状态，我们的心灵就得不到安宁，实实在在的科学教育实践也不是语言游戏。这正是本课题试图从哲学、社会学的角度对科学教育及其变革进行理性思考的原因。

第一节　课题研究的意义与价值

新中国成立以后，我们的科学教育是主要以苏联教育模式为蓝本，以中国的考试文化为内核建构起来的一种具有中国文化特色的教育模式。科学教育主要以分科的形式进行，主要包括物理、化学、生物三科。普通教育与职业教育双轨运行，普遍学校的科学以科学知识教育为主线，同时也非常强调科学实验和动手能力的培养，但这些科学实验与职业学校的科学实验不同，是实验室意义上的，培养的目标是科学家与工程师。职业学校的科学主要是以科学原理加技能为主线，强调实验和动手能力，这些实验以工农业生产中的典型实例为主，而且教科书中的例题和习题主要以工农业生产上的例子为主，以培养工农业技术人员为目标。

长期以来，我们重视科学教育，但不重视科学教育研究。从大学的专业结构、高考招生计划的学科配置，都偏重于理工科专业，社会上曾流传"学好数理化，走到天边都不怕"的说法。但对科学教育的本质和规律缺乏研究，即使基于精英主义的科学教育也没有什么理论建树，这一点我们与苏联和美国有很大的差异。在冷战时期，美国基于培养科学家与工程师、走科技强国之道的需要，布鲁纳的学科结构主义理论应运而生。苏联出于同样目的进行的教育改革，则有赞可夫的发展性教学理论作为支撑。这两套理论有许多相通之处，它们都以培养国家精英人才作为理论基点，但又都强调一般发展，它们注重理论知识的教育，但又都强调方法和能力的培养等，而且布鲁纳与赞可夫都是心理学家。

我们的教育改革既没有在改革之后形成理论，也没有在改革之前酝酿出自己的理论支撑，倒是来自一线的教学方法改革给中国平静的教育生活增添了几分涟漪。但主要集中于语文和数学，又都集中于小学和初中，这可能与小学与初中受高考制约力较高中要小有关。如，李吉林的情境教学法、魏书生的六步教学法、钱梦龙的三主四式教学法都是起始于语文教学改革，卢仲衡的自学辅导教学法、顾泠沅的洋浦改革实验主要集中于数学，但较前三种教学模式改革影响相对较小。这些改革一般都称为教学法改革实验，而不是理论流派，主要是因为他们的教学法改革虽然有理论支撑，但达不到一门学科的标准，主要还是带有经验型的、技术理性的探求。这些教学方法改革对科学教育产生的影响很小，就全国而言，科学教育本身也没有出现过实践意义上的、具有代表性的改革实验模式，更不要奢谈科学教育理论研究的建树。

如果说有对科学教育的研究，那也主要集中于基于理科教师培养的学科教学法研究。师范院校大都在理科师范专业开设一门中学物理、或化学、或生物教学法课程，这些课程的内容结构基本相似，主要包括概念的教学、规律的教学、实验的教学、教学评价的实施、教材的分析方法、学生学习本门学科的方法等，后来各学科教学法课程又增加了本学科方法论的教学。从事教学法教学的大学教师成为科学教育理论层面研究的主体，但他们大多集中于本学科的研究，对于跨物理、化学、生物意义上的科学教育研究较少。中小学理科教师的研究主要集中在某一概念、某一规律、某一习题、某一章节等具体问题的教学技巧介绍，理性的研究很少。丁邦平在对 1978—1995 年科学教育研究的论文进行统计分析后，得出这样的结论："许多介绍外国科学教育的文章缺少理论分析，科学教育总论一类的论文大多是提倡科学教育或论述科学教育的重要性，缺乏对科学教育具体问题的深入研究。高等学校科学教育、理科师资培养、科学课程与教学理论以及科学教育改革等方面的论文数量尤其少，这反映出对这些方面研究关注的人极少。"[①] 这个评价基本上是中肯的。我们对 1995—2008 年 CNKI 科学教育研究论文进行的统计显示：这个时期以"科学教育"、"科学教学"、"物理教育"、"物理教学"、"化学教育"、"化学教学"、"生物教育"、"生物教学"为主题的研究论文有 11689 篇，这还不包括以专题研究（如电势的教学、科学素养的结构研究）、学科教师的培养（如物理教师的素养结构）、教学方法（发现法教学、科学探究的教学）等方面的研究成果，应该说科学教育研究，尤其是世纪之交的基础教育课程改革启

---

① 丁邦平：《国际科学教育导论》，山西教育出版社 2002 年版，第 40 页。

动之后，在小学和初中开设科学课程以代替传统的分科课程（传统的小学"自然"也具有分科的性质），科学教育作为一种整体的研究取得了丰硕的成果。

通过比较分析，不难发现，这些研究成果仍然以技术理性为基础的经验研究、以课程标准为文本的阐释性研究多，对国外科学教育理论、改革经验的介绍多，对本土意义上的科学教育改革进行的文化研究、哲学思考、社会学分析少。科学教育理论与科学教育实践基本处于油与水的混合状态，理论对实践的指导价值小，两个层界基本上互不交融。顾明远教授曾在 2002 年对科学教育的概况进行过评价："我国的科学教育还很不充分，至少有如下一些缺陷：一是科学教育只作为一门学科知识向学生传授，不讲科学的本质和价值；二是没有把科学和技术联系起来，理论和实际脱节；三是不传授科学的方法，也很少讲解科学发明的历史；四是只重视知识的记忆和解题。总之，不注意培养学生的科学精神，或者叫科学素质。"[1] 这虽然是对科学教育实践现状的评价，但对于我们的科学教育理论研究而言，也基本如此。

正是鉴于科学教育系统理论研究的薄弱，以及科学教育改革实践的日渐深入所触及的深层理论问题，需要理论工作者给予研究和解答。本课题选择了从历史、哲学、政治学、社会学的角度对科学教育的关键性问题、热点问题展开理性反思，这既是对当下科学教育实践困惑的一种解答，为科学教育实践工作者提供一定的理论支持，另一方面又是对科学教育理论体系一种补充。当然，我们的研究是科学教育困境和问题的一种初步回应，而不是一一作答，因为那是需要整个理论工作者群体要做的事情。

第二节　课题研究的内容及国内外研究现状分析

美国社会学者亚历克斯·英克尔斯在《社会学是什么》一书中提出，要了解一个学科，需要从三个维度去把握：一是看看创始人说了什么，二是了解当前人们在研究什么，三是思考学科未来的发展趋势是什么。本课题研究内容的逻辑展开就是从历史的角度剖析科学教育内在的人文价值，

---

　　[1]　引自顾明远为丁邦平著《国际科学教育导论》一书所作序言，山西教育出版社 2002 年版，第 2 页。

从哲学、政治学、社会学的角度剖析科学本质、科学探究与科学教育这两个当前研究的热点问题，然后通过对科学主义、人文主义的双向批判与反思，提出了科学人文主义的科学教育是未来发展趋势的论点。

一、科学教育的人文传统研究

对这个问题的研究，主要基于科学教育的人文价值。关于为什么学校会开设科学课程，传统的观点认为，是因为资本主义工业化需要懂科学技术的产业工人，是因为资本家想要榨取更多的剩余价值，想要获得更多的利润。由于社会生产力的推动，学校不得不或者必然要开设科学课程。这种社会学意义的分析和理解是对的，但并不是全部。单一地持有这种观点，会导致功利主义的科学教育理解，从而使科学教育实践产生偏向。回顾新中国成立以来，历次科学教育改革的逻辑大体是这种功利意义上的逻辑，以社会需要为本的科学教育哲学一直主导我们的科学课程改革，结果是我们既没有培养出一流的科学家，也没有培养出足够的优秀工程师，公众的科学素质也不高，封建迷信日盛。

科学教育进入学校课程体系还有另一条线条，那就是科学方法、科学精神所固有的内在人文禀赋，在文艺复兴时期与人文主义者的理想相符，传统博雅教育也需要科学教育为其补充。科学教育的积极倡导者斯宾塞、赫胥黎的思想从本质上看是人文的，而非科学主义的。他们都倡导一种完整的人的教育、自由的教育，科学教育既是实现完整人的教育体系中的一个部分，同时科学教育自身又蕴含着完整的人的教育的所有元素。二人都谈及了科学对工业社会、对个体职业选择的意义，但更多地谈到了科学的内在价值、科学与道德的养成以及科学与文学、艺术等人文学科平衡发展的问题。此外，斯宾塞谈到最有价值的知识是科学时，科学指的是大科学，而不仅仅指自然科学。赫胥黎则批判了学校教育因科学而压抑人文、贬低人文学科价值的现象，并指出了科学和科学方法的局限性。

关于科学教育的人文价值的研究成果并不少，刘德华曾著有《科学教育的人文价值》（四川教育出版社，2003年版），但不是从课程史的角度，而主要是从科学哲学的角度。对于斯宾塞、赫胥黎科学教育思想的研究论文很多，许多教育史的著作也辟有专章进行评述，但这些研究成果主要是把二者归于科学教育至上主义而评析的，或多或少为二者涂上了科学主义的基色。金俊岐等发表的《是科学教育，还是自由教育——对赫胥

黎教育思想的再认识》（《河北师范大学学报》（哲学社会学版），1999 年
第 5 期）一文，是对传统观点的一种纠偏，但并没有把人文价值放大到
整个科学教育和整个时代来探讨。

二、科学本质与科学教育的研究

科学教育一直存在另一种理想，那就是通过揭示科学家进行科学研究
的规律、步骤，试图概括出能够系统培养出科学家的科学教育方法。这自
然涉及科学的本质是什么这一科学哲学的根本性问题，科学哲学对科学教
育的影响不言而喻。科学的本质是什么？从培根、石里克、波普尔、库恩
再到费耶阿本德、布鲁尔、马尔凯，从经验主义、理性主义、逻辑实证主
义、批判理性主义、历史主义再到"怎么都行"的相对主义，科学方法
最终成为没有方法。科学知识社会学对科学知识的客观性、普适性、价值
中立性的解构，让科学知识成为一种社会文化建构物，科学发现的过程中
充满了知识/权力、知识/利益的争夺，科学研究领域成为一种利益场。寻
找科学本质和规律的初衷似乎最终都成了泡影。更有趣的是科学家在科学
研究初期大多宣称自己是经验主义者，对经验主义和逻辑实证主义并不反
对，但在创造高峰时期，大多又都强调直觉、科学美的价值，更多地倾向
于理性主义者，对经验主义、逻辑实证主义又批评有加。

科学教育应该向学生展示一种怎样的科学本质观？欧美国家的科学课
程标准大体上采用了一种折中主义的办法。既立足于实证、科学发展的累
积性，又吸收了科学社会学的研究成果，强调科学的文化性和社会性，也
承认作为职业者的科学家和作为一项社会事业的科学研究受权力/利益的
影响。这对于我们只受到初步唯物主义哲学教育的科学教师而言，的确难
以理解和掌握，更别奢谈在课程改革实践中能够落实这些理念。本课题对
科学本质观的哲学发展作了一种理性的系统的梳理和比较，并对其在科学
教育中的表现进行分析，对科学教育理论和实践而言，应该说都是一种有
益的探求。

科学哲学关于科学本质的研究成果比较丰富，关于某一哲学流派
（如经验主义）和个体哲学家（如培根）哲学思想研究成果也十分丰富。
本课题研究参考文献中比较有代表性的成果有：汉斯·波塞尔著《科学：
什么是科学》（上海三联书店，2004 年版），［美］梯利著《西方哲学史》
（商务印书馆，2004 年版），［英］伊·拉卡托斯著《科学研究的纲领方

法论》（上海译文出版社，1986 年版），［英］W. C. 丹皮尔著《科学史——及其与哲学和宗教的关系》（广西师范大学出版社，2001 年版），［英］A. F. 查尔默斯著《科学究竟是什么》（商务印书馆，1982 年版），N. R. 汉森著《发现的模式》（中国国际广播出版社，1988 年版），［美］罗伯特·金·默顿《十七世纪英格兰的科学、技术与社会》，（商务印书馆，2002 年版），托马斯·库恩著《科学革命的结构》（北京大学出版社，2003 年版），［英］迈克尔·马尔凯著《科学与知识社会学》（东方出版社，2001 年版），［英］巴里·巴恩斯著《科学知识与社会学理论》（东方出版社，2001 年版），郑杭生《从实用主义到逻辑实证主义再到逻辑实用主义》（《教学与研究》1985 年第 1、2 期），郑杭生《从批判理性主义到科学哲学的历史主义》（《教学与研究》1985 年第 3 期），李醒民等《"科学、技术与社会发展"笔谈》（《中国社会科学》2002 年第 1 期）。

关于科学本质与科学教育的研究，国内外的成果并不多，且主要以学术论文的形式呈现的，经检索，国内的主要学术论文有：陈琴《论科学的本质与科学教育》（《北京大学教育评论》2005 年第 2 期），刘健智《从科学的本质看科学教育的发展趋势》（《高等教育研究》2006 年第 8 期），陈维霞等《浅谈科学探究中的科学本质教育》（《中小学教师培训》2005 年第 10 期）。经检索，国道外文数据库以科学本质和教育为题的论文有 41 篇，其中具有代表性的论文有：Michaelp. Clough. Teaching the Nature of Science to Secondary and Post-Secondary Students：Questions Rather Than Tenets，Rick Connor. The Pendulum：Promoting Nature of Science Understanding and Professional Development in Practicing Elementary Teachers，huey-lien KAO，ect. A Study for Developing Practicable Instructional Modules to Promote Students' Understanding of the Nature of Sinece，Wiliamf. Mccmas. Teaching the Nature of Science：What Illustrations and Examples Exist in Popular Books on the Subject?

从整体上看，国内关于科学本质的研究成果较多，关于科学本质与科学教育关系的研究较少，几篇带有探索性的学术论文，一是对科学本质的研究成果引用不够深刻、全面，如对科学社会学、科学知识社会学的观点引用、分析得不多。二是没有把马克思主义的科学本质观与科学教育的关系进行系统阐述。三是对科学哲学流派的观点进行系统梳理、比较分析不够，具有散论的特征。国外的研究成果，主要是实证性的研究，通过目前对中小学生、理科师范教育专业学生、在职理科教师的科学本质观进行调查分析，得出描述性的结论或者教育改革建议。国外这些研究成果系统性地对不同科学哲学流派的科学本质观以及它们对科学教育的影响进行剖析、梳理的研究也不多，且大多对经验主义、实证主义持反对的观点，比较认可后现代的、历史主义的科学本质观。本课题的研究则更多地站在客观的立场上，辩证地看待不同科学哲学流派的科学本质研究成果的合理性，认为历史主义和相对主义的科学本质观局限性很大，它们的观点可以开拓我们的视野和思路，但是揭示的是科学的非主要本质，马克思主义的科学本质观对于科学教育和科学教育改革的意义和价值是奠基性的。

三、科学探究与民主政治的研究

我们误把斯宾塞、赫胥黎作为科学主义而进行批判的同时，却把杜威作为一位人文主义者来颂扬和崇拜。但从其整体思想体系看，杜威却更像一位科学主义者。他关于科学方法可以推广到人生事务、道德、艺术上的许多论断，与科学主义的定义十分相符，但杜威关于人与社会的理解，本质上又是人文主义的。从这些事实看，教育理论研究中划分派别、强调边界的思维方法确有其局限性，是否有"文革"的遗风不得而知。就此可以看到，我们习惯于贴标签的做法的确非常危险，任何一位学者都很难划入单一的某一种主义。我们并没有对杜威的教育思想体系进行系统的分析和阐述，而是针对当前科学教育甚至可以说整个基础教育改革都在倡导的通过探究学习科学、学习数学、学习语文、学习……的"新思想"、"新方法"、"新理念"，从溯源的角度剖析了科学探究的初始倡导者约翰·杜威的科学探究思想，通过对其科学探究思想的哲学与政治学隐喻的解读，揭示了科学探究与民主政治的内在联系。相信这既是对当前科学探究研究的教学技术主义倾向的一种补充，也是对当前科学教育改革文化价值的一种揭示。

从整体上看，通过科学探究学习科学，是我国科学课程改革的基本标识，也是世界科学教育改革的基本特征之一。但我们对科学探究的理解和讨论主要集中在方法论的视阈，更多的是一种技术理性的分析，注重其方法、步骤、应用的研究。比如：柴西琴的《对探究教学的认识与思考》（《课程·教材·教法》2001 年第 8 期），陈琴的《科学探究：本质、特征与过程的思考》(《教育科学》2005 年第 1 期),徐学福的《探究学习的内涵辨析》(《教育科学》2002 年第 3 期),袁维新的《科学探究教学模式的反思与批判》(《教育学报》2006 年第 4 期)等。杜秀芳等《关从科学探究的认知机制研究述评》(《心理科学》2007 年第 2 期)一文,则从认知心理学的角度对科学探究的认知技能和认知策略以及影响因素进行了研究。应向东发表的《"科学探究"教学的哲学思考》(《课程·教材·教法》2006 年第 5 期)也没有跳出科学探究的技术理性哲学解读的范畴。经检索,国道外文教育数据库以"杜威"与"科学探究"为标题的研究论文有 122 篇,比较有代表性的有 Richard M. Gale. The Problem of Ineffability in Dewey's Theory of Inquiry,Jim Garrison. The "Permanent Deposit" of Hegelian Thought in Dewey's Theory of Inquiry,Willower,Donald J. Dewey's Theory of Iquiry and Reflective Administration,Edward Seltzer. A Comparison Beween John Dewey's Theory of Inquiry and Jena Piaget's Genetic Analysis of Intelligence,这些研究以及于光远著《科学与人的问题——论约翰·杜威的科学观及其意义》(复旦大学出版社,2006 年版)都没有超越杜威在 Logic：the theory of inquiry（New York：Henry Holt And Company,1938）一书关于科学探究的哲学思考,而对其深刻的哲学、政治学、社会学隐喻也鲜有关注。

　　值得一提的是,民国时期的任鸿隽、丁文江等从文化改造、民主政治、社会改良的角度对科学进行的研究,涉及科学的特性、目的、科学方法、科学精神、科学与道德、科学与人生等课题。他们对科学与民主政治、公众生活和社会道德意义的深刻揭示,为本课题的研究提供了借鉴和启发,对他们主要论点的学习主要参考了《科学与人生观》(山东人民出版社,1997 年)。新中国成立以后,这种意义上的研究则很少。

　　本课题把杜威关于《逻辑:科学探究的理论》与《人的问题》、《学校与社会》、《民主主义与教育》、《我们怎样思维:经验与教育》等著作中的思想联系起来,把杜威的哲学思想、社会学思想与民主政治论述结合起来,剖析科学探究与民主政治的内在逻辑关系,这种研究视角和研究成果尚不多见,这可能是本课题研究的创新之处,对于我们理解科学探究的深层社会学隐喻具有一定的意义。

四、科学知识的社会学研究

　　传统意义的科学和科学知识是对客观世界的客观反映,是客观的、普遍的和价值中立的。因此，在现代社会，科学知识被认为是知识的典范，远离主观、情感和价值偏向，科学家被认为是最公正无私的，成为社会正义的化身，科学方法被视为唯一能获得称得上知识的合理地认识世界的方法，科学的理论是正确无误的，科学的发展是事实、知识、真理的永恒累积，就像砖块的堆砌。

马克斯·韦伯曾用"世界的祛魅"来描述现代科学世界观的根本特征[①]。"祛魅"的科学世界观，否认自然具有任何主体性经验和感觉，自然剥夺了其丰富的属性，成为抽象的、空洞的、死了的客观实在。既然世界是客观而没有生命的实在，我们对它的认识就可以类似于通过机器部件的拆装而认识整部机器那样去认识世界。采用还原论的方法，把事物从复杂还原到简单，从多元还原为一元。要了解事物的真相，就必须尽可能地了解构成事物的最简单、最基本的原子事件，它是事物的最小单位，是构成一切事物的基础，它代表着存在本身，是存在的存在，它的特征规定了事物的特性。

科学是人的活动而不是机器的活动，它怎能摆脱社会文化环境的影响？70 年代以来，一种把"科学作为文化"（science as culture），以及进行"科学的文化研究"（cultural studies of science）思潮在悄然兴起。在西方，人们围绕着科学究竟是 nature（自然的或先天形成的）还是 nurture（后天的或人工育成的），展开了激烈的争论。

以爱丁堡学派为代表的科学知识社会学家们，主张科学知识不是纯粹的自然实在与客观经验的反映，而是由利益、权力等社会因素所建构，经过宣传、妥协和约定为科学共同体所接受的。拉都尔（Latour）、伍尔加（Woolgar）和克诺尔—谢延娜（Knorr-Cetina）关于实验室活动的分析，得出了科学事实是由金钱、权力、谈判、妥协、约定等一系列因素所组成的复杂社会网络所构造成的结论。科学知识的生产受着金钱的控制，科学观察渗透着理论，科学探究伴随着激情，科学与政治的结合成为一种意识形态，科学发现存在优先权的争夺，科学共同体内部对科学发现存在争论、协商、共识，学术权力在科学研究资源的占有、科学发现优先权的争夺中起着的重大影响等，都解构了科学客观、普遍、价值中立的神话。

库恩在《科学革命的结构》一书中，提出了科学和科学知识的发展

---

① 大卫·雷·格里芬：《后现代科学》，马季方译，中央编译出版社 1998 年版，第 1 页。

并非一种累积的结构，而是经过前科学、常规科学、革命科学等阶段进行的循环不断的革命，科学发展是一种范式的革命，每一种范式之间具有不可通约性。如哥白尼—伽·利略—牛顿—爱因斯坦的革命。虽然对于库恩的范式革命理论尚存在争论，但它从一个侧面揭示了科学发展过程决不是简单的线性累积，其间伴随着机遇、偶然和突变，这对传统的科学和科学知识发展观是一种致命的解构。

科学知识社会学对传统科学和科学知识观的解构，让我们必然联想到：科学课程又在隐喻一种什么样的科学本质？它在宣扬一种什么样的科学知识观？科学家所进行的科学探究真的就是教科书所宣称的那种程式吗？科学知识之间真的像教科书所呈现的那样存在一种循序渐进的过程吗？科学教科书在宣扬谁的知识？谁的方法？谁的价值观？为什么？对这些问题的深入思考和回答，自然离不开对社会学的研究。

五、科学课程的社会功能研究

社会稳定的基础是保持社会秩序，而保持社会秩序的基础是组成社会的个体具有共同的价值规范。教育则在使社会形成共同的价值规范过程中起着重要的作用，发挥着使个体进行社会化的功能。涂尔干说："教育是年长的一代向尚未为社会生活做好准备的一代人所施加的影响。教育的目的就是在儿童身上唤起和培养一定数量的身体、智识和道德状态，以便适应整个政治社会的要求，以及他将来注定所处的特定环境的要求。"[①] 教育的这种社会化功能是通过课程来实现的。课程通过知识的分类、分层、组织、传播和评价实施着社会控制，发挥着社会和文化再生产的职能。课程被纳入到社会学的研究视野。

由于我们的科学课程长期单纯强调基本知识和基本技能的教育，科学的本质、科学事业的属性、科学发现的逻辑、科学发展的范式等问题没有纳入到科学课程的研究视野。对科学课程的理解建构在科学知识的客观、普遍、价值中立的经验实证主义立场上，使科学课程游离于社会学的分析视野。科学技术作为一种技术理性已经成为一种社会统治的力量，成为控制人的社会行动的意识形态，以科学技术知识为核心要素的科学课程自然

---

① ［法］爱弥尔·涂尔干：《道德教育》，陈光金等译，上海人民出版社2001年版，第309页。

不是价值中立的。

科学课程作为学校课程体系的有机组成部分，其在道德教化、社会价值规范的渗透、维护社会秩序和社会和谐方面具有重要的、特有的社会化功能。对科学课程社会功能的分析大致可以从两个层面展开：一是在宏观结构上，科学课程的纵向层级结构和横向的属性分类，承担着社会选择的功能。比如，接受高等理科教育的学生在社会上处于高位是没有异议的，接受职业技术教育和普通教育的学生在就业中的差别也是被人理解的。二是在微观上，科学课程具有意识形态的功能，在宣扬一种普遍主义、实证主义、个人主义、价值中立主义的价值观。这种对普遍主义的信任恰恰是实现社会控制的知识基础。

第三节　研究方法的选择与概念界定

研究方法的体系有三个层次，即方法论、研究方式、具体方法及技术。在方法论层面存在两种不同取向，一种是实证主义或科学主义取向的方法论，一种是人文主义取向的方法论。目前，这两种方法论呈现出由冲突与对立，逐渐走向融合的趋势。

一、研究方法

实证主义的方法论长期占据了社会科学研究的主流地位。奥古斯特·孔德把"实证知识"作为知识的最高阶段。马克斯·韦伯提出了社会科学研究的"客观性"原则，主张将价值判断从经验科学的认识中剔除出去，划清科学认识与价值判断的路线。定量研究是实证主义方法论的典型特征。英国社会学家哈拉兰博斯说："只有当社会世界能够用数学语言来表示时，它的各个部分之间的确切关系才能证实。只有当资料可以通过可信的计量工具用数量来加以表示时，不同研究者的研究结果才能直接加以比较。没有量化，社会学就只能停留在印象主义的臆想和未经证实的见解这样一种水平上。因而也就无法进行重复研究确立因果关系和提供证实的通则。"[①]

不过，持人文主义方法论立场的社会科学家同样援引马克斯·韦伯的

---

① 风笑天：《社会学研究方法》，中国人民大学出版社 2001 年版，第 10 页。

论述，提出社会科学的研究要采用"理解"与"神入"的态度和建立"理想类型"的方法。"理解"必然要发挥研究者的主观能动性，这种带有主观性的研究应该是定性的研究。定性研究是人文主义方法论的典型特征，与科学主义具有不同的哲学传统和理论基石。

无论在理论上还是实践中，社会科学研究的方法论并不是科学与人文简单二分的，呈现出科学主义、人文主义、科学人文主义共生、共融的局面。在不同方法论取向上，社会科学研究方式又呈现出多样性。本课题的研究采取人文科学主义的方法论取向，坚持定性分析为主，定量研究为辅的原则，具体应用文献分析的方法、历史的方法、比较的方法开展研究。

二、科学课程

科学课程的英文名称是 science curriculum，它是一个合成词。science 源自拉丁词 scientia（scire，学或知），意指学问或知识的意思，science 意指人们所知道的东西，现在指自然科学，理科。课程，英语为 curriculum，是英国著名哲学家、教育家斯宾塞在 1859 年发表的一篇著名文章《什么知识最有价值》中最早提出来的，意指"教学内容的系统组织"。该词源自拉丁语"跑道"（cursum race course），含有"跑的过程与经历"之意，后转意为教育上的术语，意为学生学习的路线、学习的进程，简称"学程"。

佐藤学在其《课程与教师》一书中在对课程概念进行溯源时说："'课程'这一术语出自拉丁语的'跑道'，含有'人生之阅历'的意味。……'课程'作为教育术语出现，是在宗教革命后的大学教育内容受国家与教会控制的 16 世纪。反抗权力控制的大学，把强制推行规定了的教育内容的学程讽刺地谓之'课程'。这种'课程'作为意味着学科的课程与组织之含义术语沿袭下来。在 19 世纪末的美国，以教育行政与学校权限的分类为背景的课程含义被重新作了界定。教育行政规定的学科课程的大纲称为'教学大纲'，'课程'意味着学校中教师和学生创造的教育经验的总体。这种学校中的'教育经验的总体'这一'课程'的意义，是今日最为普遍通行的定义。"①

---

① ［日］佐藤学：《课程与教师》，钟启泉译，教育科学出版社 2003 年版，第 3 页。

在我国，"课程"一词，始见于唐宋。唐朝孔颖达在注释《诗经·小雅》中就有"维护课程，必君子监之，乃依法制"的记载。南宋朱熹在《朱子全书·论学》中多次使用课程一词，如"宽着期限，紧着课程"，"小立课程，大作工夫"等，后朱熹又多次使用课程一词，有课业、进程的意思。在我国，教师对课程的理解大多停留在科目、教学计划的层面。

随着课程改革的不断深入，课程理论研究和课程实践研究呈现出多元化的特点，课程的含义在多种不同的理解中使用着。《简明国际教育百科全书·课程》一书中，将课程的定义归纳为9种①。我们认为课程的含义主要在4种不同的理解中使用着：课程是科目、课程是目标和计划、课程是经验、课程是文本和对话。

在论文中，科学课程从科目的构成上，包括物理、化学、生物、自然地理。鉴于数学、技术与科学的内在联系，有时在分析和使用时也会涵盖。从课程的内涵上，把科学课程理解为系统的有组织的知识经验和学习者的体验，既包括显性的科学课程也涵盖隐性的科学课程。

三、社会学研究

社会学研究形成了两种研究传统：一是孔德、涂尔干等社会学家主张的实证主义传统，二是马克斯·韦伯所主张的人文主义传统。两种传统都强调社会学的分析要强调社会现象间的整体性、联系性，注重寻找社会事实与其发发展性的因果关系。涂尔干认为，"社会学的解释，只是确立现象的因果关系，即把一个现象与产生的原因联系起来，或者相反，把一个原因与其所产生的有用结果联系起来"。② 马克斯·韦伯说："社会学指的是一门试图说明性地理解社会行为，并由此而对这一行为的过程和作用作出因果解释的科学。"③ 两种研究传统也都强调研究者要持价值中立的态度，只是实证主义者在客观的社会事实和数字基础上坚持这一原则，涂尔干提出："当社会学家试图研究某一种类的社会事实时，他必须努力从社会事实脱离其在个人身上的表现而独立存在的侧面进行考察。"④ 人文主

---

① 江山野：《简明国际教育百科全书·课程》，教育科学出版社1999年版，第64—65页。
② ［法］涂尔干：《社会学方法的准则》，狄玉明译，商务印书馆1995年版，第138页。
③ ［德］马克斯·韦伯：《社会学基本概念》，胡景北译，上海人民出版社2000年版，第1页。
④ ［法］涂尔干：《社会学方法的准则》，狄玉明译，商务印书馆1995年版，第64页。

义者在具有活的思想的"个体事实"和"意义理解"的基础上通过"悬置"个人价值取向而尽最大可能地坚守价值中立的原则。马克斯·韦伯提出：对于要从事社会学研究的人来说，应具备如下的能力："（1）用熟练的方法完成所给定的任务；（2）清楚地认识事实，甚至那些他不乐意的事实，并且将它们同自己的评价区别开来；（3）使他潜心于自己的任务，并控制他表示自己个人嗜好和其他多余情感的冲动。"①

实证主义传统认为社会现象是客观事物，其发生发展遵从客观规律，社会现象间存在有机联系，是一个有机整体，主张从社会现象之间和一种社会现象与社会整体的联系中通过实证的方法，找出因果联系，解释社会现象发生发展的规律，推崇自然科学方法，强调价值中立，侧重通过数量模式获得逻辑上的精确解释。人文主义传统则更加关注对社会个体的社会行为的理解与解释。

本研究是对科学课程进行社会学意义上的研究和思考，既把科学课程视为一种社会事实，站在其与其他社会事实和整体社会要素发生着怎样一种联系的立场上，同时，尽可能悬置个人价值对事实判断的"污染"，从联系和整体性研究的角度，寻找其科学课程改革与发展的社会因果解释。

①　[德] 马克斯·韦伯：《社会科学方法论》，朱红文等译，中国人民大学出版社 1992 年版，第 5 页。

第二章

科学课程及其变革的历史考察

本章的内容基于这样的认识，即任何一个时代科学课程理念的产生和发展，都有着其所在时代特有的经济、社会、文化背景的印迹，有着深刻的政治意识形态性、民族性、社会性、文化性和经济性的烙印。这可以从两个侧面来说明，一是从科学课程改革理念产生的历史背景来理解，从当时的经济社会、文化背景来阐释；二是从国别比较的角度来分析，阐释不同民族国家科学课程理念的差异性与趋同性的社会文化基础。

第一节 科学课程产生的社会历史背景及其思想基础

自然科学与技术进入基础教育课程体系则是在 16、17 世纪工业革命时期，它和中世纪大学的科学教育是否有内在的联系，目前尚未见相关的研究成果。自然科学技术进入中小学课程体系，一方面是因为工业社会发展的必然要求，也就是科学技术的工具价值的推动；另一方面是因为科学技术本身所拥有的理性价值与革命精神，也就是人文价值的推动。对于后一点，人们研究得并不多。

一、哲学传统、工业化与学校科学课程的设置

自然科学首先是作为一种新的哲学体系出现的，牛顿将其著作称为《自然哲学的数学原理》就可说明这一点。这种新的哲学体系因有着内在的、新的社会价值，而成为显学。经过哥白尼、伽利略、开普勒、牛顿建立起来的力学体系，借助严格的数学法则描绘自然现象，并通过观察和实验加以印证，这种新的自然哲学体系尤其是经验主义的方法论体系与加尔文新教派的神学观有了内在的融洽的关系。加尔文反对建立在中世纪等级

制神学观念基础上的社会，"这样建立的政府，有人称之为等级制——在我看来这个名称是不恰当的，肯定圣经里没有过"。① 加尔文神学相信上帝是万事万物的支配者，上帝创世时制定的天条预先决定了世界上的一切，从而把各种等级的天使天神从神学统治中开除了出去。这样一来，一方面科学的反权威主义、经验主义的特征无疑是一种革命的力量；另一方面，加尔文所谓的"这些天条无异于自然规律，这样一来神学上的宿命论就为机械决定论的哲学开辟了道路"。② 此外，这种自然哲学又与世俗政权产生了内在的关联，正如梅森所说："宇宙观上的这样一种变化，好像对那个时期称呼君主的比喻有着某些影响。过去习惯于指导君主在其领土内的地位比作处在宇宙边缘上的原动者，但现在处于中心的太阳则被用来作为君主的形象比喻了。""当威廉·哈维于公元 1628 年发表他的血液循环论时，他把此书献给了查理一世，尊称查理一世为'共和国的心脏，世界环绕着的太阳'。"③

　　此外，自然科学尤其是这个时期的科学与机械技术应用成为一体，表现出特殊的应用价值。科学技术的进步，一方面使人们对自然界的力量有了更多的理解，另一方面科学原理在技术上的运用，对工业化进程和自然科学的发展产生了决定性的意义。詹姆斯·瓦特于 1789 年设计的第一台可供实用的蒸汽机，不仅减轻了人的劳动强度，而且还可以在很多领域取代手工劳动。矿山和冶炼业，钢铁的生产，都有了革命性的变化。紧接着是纺织业从新科学和技术得到了莫大的好处，蒸汽驱动的纺纱机和织布机发明了出来，对棉花的加工更加方便和快速，纺织品的生产飞速提高，新的、更大的工厂建立了起来，人们需要更多的机器，产品不再在手工工场生产，而是在工厂了。钢铁的需求量与日俱增，为使原料和产品尽快送到所需要的地方，改善运输条件成为必然要解决的问题。1821 年，在英国利物浦和曼彻斯特之间修建的第一条铁路开始运行，铁路线的扩建使工业获得了新的动力，从此英国走上了世界第一工业国的道路。

　　尽管有了很多发明和更新，但工业化仍然需要劳动力。社会对劳动力素质的要求与农业社会的手工业相比有了很大的不同。大批量的工人聚集

———

　　① ［美］斯蒂芬·F. 梅森：《自然科学史》，周煦良等译，上海译文出版社 1980 年版，第166 页。

　　② 同上书，第 168 页。

　　③ 同上书，第 168—170 页。

在一起工作，需要现代工厂制度来保证，即使从当今社会看，这些工厂制度是以机械的纪律服从为核心的，而科学技术本身有此内在的功效，让新工人成为道德规范的遵从者。工厂需要操作机器的工人，这些工人需要了解基本的科学技术知识，工厂同样需要大批的工程师，这些工程师需要掌握现代科学知识与应用技术。这些目标的实现都离不开科学教育。"十八、十九世纪之交英国普通教育发展的动力就在于希望借此培养出适应工制度的守纪律的劳动者。""主日学校就曾因培养了许多'温顺听话'和'上班准时'的工人而受到称赞。"①

　　从课程制度方面看，英国把科学纳入学校课程体系应该是在 19 世纪中叶。19 世纪 50 年代，英国的查尔斯（Charles）、道斯（Regard Dawes）等人设计了"实物课业"（object lessons）和"普通事物的科学"（the Science of Common Things），这些理科课程主要在小学阶段实施，意在把常识性的科学技术知识传授给劳动阶层的子女，而且取得了较大成功。但是，这种成功的科学课程并没有持续很长时间，究其原因，是因为劳动阶级子女接受了成功的科学技术教育，对居守古典教育传统的上层阶级子女造成了威胁，使上层阶级对来自下层阶级的挑战产生了恐惧，于是取消了"普通事物的科学"课程，而代之以为上层阶级子女量身定做的"纯粹科学"的科学课程，这种远离大众实际生活，依靠"科学实验"才能有效开展的科学课程，把劳动阶级子女置于被动的地位②。科学课程自其成为学校课程的一种样态势，就有着深厚的社会意识形态性。

　　英国教育史学家奥尔德里奇的研究表明，"十九世纪七十年代，中央政府进一步拨款，鼓励教授读、写、算以外的科目。'全班'学科—语法、历史、地理、普通缝纫—是全班都要学习的科目。个别人学习的'特殊'学科，也得到了专门拨款。这些特殊学科有英国文学、数学、法语、拉丁语、力学、植物学和其他表面看来较深奥的学科。某些小学生需要达到更高的理科和文科考试标准"。③ 这说明，在英国的中学阶段，以培养国家精英、为社会中上层子女开设的文法中学和公学在 19 世纪末期

---

① 转引自张泰山、汪建武《英国工业革命对教育的促进作用》，《皖西学院学报》2003 年第 4 期。

② 孙可平、邓小丽：《理科教育展望》，华东师范大学出版社 2002 上版，第 4—6 页。

③ ［英］奥尔德里奇：《简明英国教育史》，诸惠芳等译，人民教育出版社 1987 年版，第 84—85 页。

才引入自然科学课程。但在英国的现代学校中，开设自然科学课程的时间要比国家制度规定早很多。"现代很多学校，通常是由那些未获得学位的世俗人士举办和执教的。有些学校为上流人士子弟供膳，提供广泛的文学艺术和科学教育。"① 在 1685 年成立的哈克尼现代中学，"许多学生在学完六个学年的课程（包括古典语、现代语、数学、自然科学、体育和图画、舞蹈、音乐等科之后），直接办理手续转入大学。哈克尼中学一直延续到 1820 年"。② 这说明现代中学的科学教育历史自 17 世纪末 18 世纪初就开始了。

在法国大革命时期，法国人对自然科学研究表现出了十分的热情，这有两个原因：第一，法国大革命的思想基础是理性精神，是启蒙思想的发展与延续，是自然法政治观念的体现，而自然科学精神的核心恰恰就是理性精神。在这个时期，法国在物理学、化学、动物学、解剖学等各个领域相继出现了伟大的科学家。第二，自然科学的学习对于产业发展与个体的职业能力都有实用价值，它对于提高民众的生活水平，增进社会福利更有积极的作用。"自然科学的教养不仅发展了人们的悟性，也使人在获得理性与独立性这一点上，有了充分的解放。基于上述的认识，自然科学哲学科的重要性自然不可言喻。"③

因此，自然科学与技术不仅表现出为人们常常乐道的应用价值，而且自其产生之日起就内含着丰富的精神价值、道德价值、政治文化价值和社会价值。正如日本学者佐藤正夫所言："自然科学的蓬勃发展，新事物的发明、发现，以及奠基于科技发明而产生的各种产业技术改良，无疑是未来社会的希望。而当时的人们亦相信，只要立足于新自然科学所建立的各项秩序，人类社会将从此步上坦途，并获得无限的发展。"自然科学与技术进入学校课程成为历史的必然。"从而倡导激进的课程改造论——通过引进机械技术与自然科学，大幅度地改革几乎一直全由拉丁语教学组成的课程。"④

---

① ［英］奥尔德里奇：《简明英国教育史》，诸惠芳等译，人民教育出版社 1987 年版，第 103 页。

② 同上书，第 103 页。

③ ［日］佐藤正夫：《教学原理》，钟启泉译，教育科学出版社 2001 年版，第 100 页。

④ 同上书，第 87—88 页。

二、人文主义者对科学教育的关注

从一定意义上说，科学是在哲学母体中孕育而生的，文艺复兴自然会对自然哲学的研究和复兴产生重大影响。早期的人文主义学者无论是出于培养完美人格的考虑，还是出于人对自然控制的目的，都必然关注科学教育的意义。

文艺复兴时期，人文主义教育家拉伯雷提出了培养在品行、道德、才智、实际知识等方面都十全十美、毫无缺陷的完人教育思想，提出百科全书式的课程体系，其中就包括自然科学课程和技术课程。他主张系统学习自然界的一切事件。在其所著的《巨人传》第二部第八章中写道："至于自然界的各种事物，我要你认真地学习，要达到这样的程度：海里、河里和池里没有你不认识的鱼，空中的飞禽，森林的乔木、灌木、各类树种，地上的花草，地下的矿产，东方和南方的宝石，这一切中没有一种你会不认识。"[1]

拉伯雷提出的科学教育思想，一方面是人文主义者所倡导的个性自由与精神自由思想的必然要求，另一方面又带有极强的世俗性和社会适应性特征。他说："今后如果不先在密涅瓦庙堂完成学业，谁也难以在社会上立足，也不会有人与他相交。""把所有的东西都记到脑子中去，而有关地理和宇宙学的知识可以帮你更好地学习。"[2] 在这两句话中，拉伯雷表达了两层意思，一是学习科学同学习其他知识一样，是为了适应社会生活的需要，这种理念一直是科学教育改革的指导思想之一。第二句话，说明在 16 世纪，科学教育和古典人文教育相比仍然处于从属的地位。

拉伯雷同样重视技术在社会生活中的作用，作为一个完人对各种技艺也要有所了解。在《巨人传》中，他让高康大"去看人们如何冶炼金属，如何铸造枪炮，或者造访宝石工、金器工、石匠、化炼师、造币工、织毡工、纺织工、丝绒织工、钟表匠、制镜匠、印刷工、乐器制造匠、洗染工等各种行业的工匠。……并向他们求教，观察工业上的技术和创造"。除此之外，还"仔细地观察各种树叶、果实、草根、油胶、种杆、外国进

---

① ［法］拉伯雷：《巨人传》，闫红梅译，内蒙古人民出版社 2000 年版，第 149 页。
② 同上书，第 149 页。

口的油脂及其制作方法"。①

　　自然主义教育家卢梭在谈到关于儿童的学习时，特别强调教学内容的选择，主张教给儿童有用的知识，能够理解的知识。他反对从书本中学习，认为"它只能教我们谈论我们实际上是不知道的东西"②。在他看来，现实的世界才是唯一的书本，事实才是唯一的老师。有用的知识就是有关自然科学的知识，如天文、地理等。儿童应当到大自然中去实际观察，在自然中进行学习。卢梭本人曾师从钟表匠做学徒，从他的回忆录中可以看出，他一方面认为接受技术教育是一种低级趣味的行为，但他同时对此并不反感，他也曾对自然科学尤其是植物研究发生过兴趣。卢梭特别强调让儿童主动地学习。他说："为了使一个青年能够成为明智的人，就必须培养他有自己的看法，而不能硬是要他采取我们的看法。"③ 这一点对于我们今日的科学教育改革仍有借鉴意义。

　　对科学教育十分关注的另一位学者是培根。就其与中世纪经院哲学和宗教社会进行斗争而言，他是一位人文主义者。就其对科学技术的认识基于对自然的征服和对科学无限崇尚而言，他又是一位科学主义者。在这里，我们仍然考虑其所处的时代背景，将其科学教育思想归于人文主义者的观点来讨论。

　　培根对科学技术的重视出于对自然的利用与控制，他认为科学技术知识对于人类的幸福具有重要的价值，他的名言"知识就是力量"成为长期标榜科学技术知识价值和鼓励科学技术发展的座右铭，但是从现在看来，这种力量带有很大的局限性。

　　培根并没有直接写过关于教育方面的著作，但他的科学哲学思想和对科学力量的宣扬，对于推动现代科学教育的诞生与发展具有重要的意义。他系统地提出了推进科学发明的实验归纳法，认为人们的一切认识都必须从感官的知觉开始。在获得感性材料方面，他特别强调观察与实验，对于感性材料要用理性方法去分析、比较、归纳、综合、演绎，最后得出普遍真理，发现科学规律。这种科学发现的逻辑一直影响到现在的科学教育模式。他号召改革经院教育，使学校教育跟上时代的潮流，传授百科全书式

---

①　［法］拉伯雷：《巨人传》，闫红梅译，内蒙古人民出版社 2000 年版，第 50 页。

②　［法］卢梭：《爱弥儿》，李平沤译，商务印书馆 1983 年版，第 244 页。

③　同上书，第 249 页。

的知识，注重科学和科学人才的培养，促进科学的进步。

培根关于科学教育的宏伟理想，还体现在他设想的新大西岛上的乌托邦国家中。在这里政府官员都是科学家，他们所兴建的"所罗门之宫"是一所规模极大的科学教育机构，其目的是"探讨事物的本原和它们运行的秘密，并扩大人类的知识领域"。它有各种设施和设备，奖励科学发明创造，积极与国外的科学界相互交流。在这里青年们不断地受到教育和训练，成为科学研究的新生力量。总之，"新大西岛"是培根心目中的一个科学主宰一切的社会，为近代科学教育的兴起提供了重要的激励。

培根在众多著作中反映出的许多教育思想，对今日科学教育仍有借鉴意义。比如，他强调道德实践活动、习惯、求知、社会环境对培养德行的影响；教师应注重启发、示范、直观演示，根据教材内容采用不同的教学方法，注意发挥学生的个性特长；学习者应当有思有疑，有探索精神，深入了解知识的来龙去脉；游历也应当作为年轻人教育的一种重要方式。国家应慎重选择教师；要通过建筑学术场所、印刷发行学术书籍、提高学者待遇的手段去办教育、办科学；要加强学术交流。学校应当成为科学成果的收藏地。

培根在当时学术界旧权威仍然占据统治地位的情况下，以惊人的勇气高瞻远瞩地倡导科学教育，勇敢地站到了时代的前列，动摇了经院哲学在学术界、教育界的统治地位，开创了科学发展、科学教育的新时代。他的思想启发了英国及其他国家的教育家，为近代教育的发展指出了新的方向。正如日本学者米萨瓦所说："培根虽然未躬亲于学校教育，但他的这些思想实际上已为教育开辟了一个新的天地。所以，我们……对于培根应称之为科学教育之始祖。"①

17 世纪，泛智主义教育家夸美纽斯提出了周全教育思想，在拉丁语学校引进博物学课程，让儿童理解地球的组成、各种元素的力量，同时理解动物的种类、植物与矿物和人体构造等。不仅要一般地理解这些事物本身是如何构造的，还要理解这些事物如何应用于生活的实际需要。1792年，孔多塞以公共教育委员会主席的名义向立法议会提出了一份报告书。报告书提出了学校的学科设置方案：小学（四年制）设初级博物，初中

---

① 单中惠：《培根与近代科学教育的兴起》，http：//202.117.144.143/files/FED/Documents/A1007002TA0110.htm/2008/08/25。

（四年制）设机械技术所不可缺少的数学、博物学、应用化学等若干科目，高中设数学及作为理科课程开设的数学、物理学、化学、博物学（动物、植物、矿物）。他还在报告书中强调剔除古典语，非常重视严密科学及应用科学，并把它们置于语言学科之上。科学教育因其实用价值和人文精神的双重特征和对人文主义者的理性呼吁，逐渐走进学校课堂。

第二节　科学课程理念的科学人文主义传统

当下对科学教育的诟病主要集中于其人文精神的缺失，及其引发的科学主义的泛滥。科学教育的创始人斯宾塞与赫胥黎被贴上了科学主义的标签，似乎成为科学教育科学主义化的罪魁祸首。考察历史传统，科学教育一点都不缺少人文关怀，其思想的基点更多地植根于人文主义的传统。我们不展开科学教育的历史庞大叙事，而把科学教育的创始者斯宾塞与赫胥黎的科学教育思想作为个案，剖析其科学教育理念的人文传统，对于从历史的角度更客观、全面地理解科学教育、理解学校科学课程的价值具有重要意义。

一、斯宾塞的科学教育思想及其科学人文主义特征

斯宾塞（Herbert Spencer）是近代英国著名的哲学家和教育家。他生于英格兰乡村的一个教师世家。幼年体弱多病，经常到户外活动，这使他从小接受了大自然的熏陶，培养了对自然科学知识的浓厚兴趣。1837—1846年，斯宾塞曾应聘从事铁路技术工程工作，在此期间，自学了许多与工程技术有关的知识。除了斯宾塞的个人的社会经历之外，他生活在科学技术迅猛发展的时期。1840年英国爆发了工业革命，之后，英国的工业生产蓬勃发展，经济空前繁荣，跃居世界工业化国家之首。自然科学的发展在这个时期尤为突出，极大地影响了社会生活的各个方面，学校教育也不例外。

斯宾塞曾经追问什么知识最有价值，他的明确回答是科学。为什么科学知识最有价值呢？因为教育的目的是为完美的生活作准备。斯宾塞所说的完美的生活包括五个部分：直接保全自己的活动，从获得生活必需品而间接有助于自我保全的活动，目的在抚养和教育子女的活动，与维持正常的社会和政治关系有关的活动，在生活中的闲暇时间用于满足爱好和感情

的各种活动。他论证说，这些生活都离不开科学，因为现实社会一切日常生产生活都建立在科学知识的指导与应用基础之上。

斯宾塞从五种生活需要出发，设计了学校应该开设的课程体系：(1) 生理学，这种知识适用于自我生存活动，是合理的教育中最重要的一部分。(2) 数学、力学、物理学、化学、天文学、地质学、生物学、社会学等，这类知识适用于间接保全自己的活动，教会人们如何谋生。(3) 心理学、教育学，这类知识用于履行父母职责，教导自己的子女。(4) 历史，目的在于学会履行公民职责，调节自己的行为。(5) 审美课程，包括雕刻、绘画、音乐、诗歌等，这些是人们消闲娱乐所需的知识。

斯宾塞不仅是科学教育的倡导者，而且其所提出的通过分析社会生活需要来设计课程的思想，在课程理论研究和国家课程政策实践领域一直拥有重要的影响。1918 年，博比特出版的第一本课程论专著提出了课程是通过对人类活动的分析而被逐渐发现的东西，课程发现者首先是对人性和人类事务的分析者，课程设计要基于分析当代人类社会所需要的特定的能力、态度、习惯、鉴赏力和知识的形式等观点。其实，博比特的这种把人的活动分析成具体和特定的行为单位的方法，即著名的"活动分析法"，从方法论上讲，与斯宾塞的课程设计思想并无差异。当然，博比特将此归结于泰罗的科学管理思想的启示。在实践领域，1918 年美国国家教育委员会制定的"关于中等教育的七项基本原则"也是寻求将美国人的生活分为七个方面。根据这七个方面的划分，教育的目的分为七个部分：身体健康、掌握基本生活过程教育、家庭义务教育、职业教育、公民义务教育、闲暇娱乐教育和道德品质教育，显然这和斯宾塞的"完善生活"课程设计理念也是一致的。

为了实施其所提出的新的教学内容，斯宾塞提出了一些新的教学原则和方法，以改变过去呆板死记的教学方法。受裴斯泰洛齐的影响，斯宾塞主张教学要遵循儿童身心发展的自然规律。因此，教学要从简到繁，由易到难，科目要由少到多；要从不准确到准确，从粗糙的概念到完整科学的概念；要从具体到抽象，从具体事例开始，以抽象概念结束；要从实验到推理，先观察实践，再推理论证；要让学生主动学习，自我发现，自我教育；要培养他们的学习兴趣，使学习成为一件快乐的事情；要利用实物进行教学，在观察和发现中掌握知识。这些原则和现代教学论所倡导的循序渐进原则、直观性原则、兴趣原则、自主学习原则非常相似。他认为，只要遵循上述原则，教学就会成为一个愉快的过程，一个自我教育的过程，儿童的心智就会得到更快、更好的发展。

人们把斯宾塞关于什么知识最有价值的讨论，常常归属于科学主义的理论谱系，把其作为科学主义的代表来批评，也常常从实用主义、技术主义的视角去解读斯宾塞的科学教育思想。我们认为这种观点是不完整、不准确的。其实，斯宾塞基于什么是完美的生活，为了完美生活而引申出来的对科学教育的推崇，却是典型的人文主义的。科学的价值是什么？斯宾塞的确是从外在的功用价值来论述这个问题的。他说："除了人数很少的某些阶级以外，所有的人在做什么？他们都在从事商品的生产、加工和分配。而商品的生产、加工和分配的效率又靠什么？就靠运用适合这些商品各种性质的方法，靠在不同情况下相当熟悉它们的物理学的、化学的或生命的特性；那就是依靠科学。"[①] 他举例说，对于数学知识而言，调节工序、进行估价、商品买卖或记账，都要用它；对于力学知识而言，我们的日常生活也离不开它，从一日三餐需要的面包来看，耕地要用机械翻，种子要用机械播，麦子要用机械收割、脱粒、去皮，面粉要用机械来磨。他甚至说，如果没有力学及其应用，国家安全也得不到保证。

但是，斯宾塞强调科学教育的功用价值，并不仅仅是从工业社会的物质需要出发，相比较而言，他更加强调科学教育的精神价值。首先，作为建构其课程思想基础的"完美生活论"，不仅仅包括物质生活，更包括精神生活，只是把精神生活具体化、生活化了。他说："怎样生活？这是我们的主要问题。不只是单纯从物质意义上，而更是从最广泛的意义上看怎样生活。"[②] 他把知识的价值分为内在价值、半内在价值和习俗价值三种。他认为，有内在价值的知识要比半内在价值和习俗价值的知识重要。知识的内在价值又由作为知识的价值和作为训练的价值两种因素组成。科学知识具有内在价值恰恰因为"获得每一件事实知识，除了用以指导行为外，也可以用来练习心智"。[③] 斯宾塞认为，科学教育的价值更多地在于其拥有内在价值，而不是半内在价值和习俗价值。

需要说明的是，斯宾塞所说的科学知识显然包括现在学科分类中的社

① ［英］赫·斯宾塞：《斯宾塞教育论著选》，胡毅、王承绪译，人民教育出版社 2005 年版，第 19 页。

② 同上书，第 11 页。

③ 同上书，第 15 页。

会科学知识，甚至包括部分人文科学知识。不可否认的是，他对自然科学知识的内在价值给予了更多的关注和论述。他说："确实每种最高艺术都以科学为依据，没有科学，既不可能有完善的创作，也不能有充分的欣赏。许多负盛名的艺术家可能不具备一般人心目中的那种狭义的科学；但是他们都是敏锐的观察者。"① 当然，科学知识并非要决定艺术家的成长。他说："我们从来不相信科学会培养出一个艺术家。我们认为艺术家必须了解客观和主观现象的主要规律，但是并不认为这些规律的知识可以代替自然的知觉。不但诗人，就是各种艺术家都是天生的，而不是人为的。……只有天才和科学结了婚才能得到最好的结果。"②

　　在斯宾塞看来，科学之所以具有内在价值，不仅在于它能为道德和艺术服务，更重要的是科学本身就具有文学、艺术价值。他说："我们不只看出科学是为一切艺术诗歌服务，而且看得出，科学本身就富有诗意。"③科学的人文禀性，不仅使其和语言和艺术一样对人具有指导行动和心智训练的价值，而且科学甚至比语言有更多的心智训练的价值，比如人的判断力的培养。他说："作为一种训练手段，科学比语言还有一个优越得多的地方，就是它培养了判断力。"④

　　科学不仅具有心智训练的价值，而且和文学、艺术一样具有陶冶人的情操，进行道德教化的功能，在形成自主、自由、坚毅、诚实的道德的品性方面，甚至优于语言和艺术。斯宾塞说："科学还不只在智慧训练上是最好的，在道德训练上也是一样。学习语言如果产生影响，就容易增加对权威已经过分的尊敬。"但是，"科学经常要求各人用理智去判断事物。人们不是单纯根据权威来接受科学的真理，而是所有的人都可自由地去检验；不但如此，通常还要求学生自己作出结论。……当工作尽量在独特研究的方式下进行的时候（工作也本来应该经常这样做），还锻炼一个人的坚毅和诚实"。⑤

　　斯宾塞关于科学与宗教的关系的论述，显示他已充分意识到科学与宗

---

　　① ［英］赫·斯宾塞：《斯宾塞教育论著选》，胡毅、王承绪译，人民教育出版社 2005 年版，第 34 页。

　　② 同上书，第 37 页。

　　③ 同上书，第 39 页。

　　④ 同上书，第 43 页。

　　⑤ 同上。

教的非对立关系，甚至是共生关系，这种观点在今天看来都是非常前沿的。他也意识到科学本身的局限性，科学不能解决人类面临的所有问题，在其限度之外，它不能告诉我们任何东西。当然，我们不同意他关于科学本质上就是宗教的论断。斯宾塞说："并不像许多人所想象的那样，科学是非宗教的；忽视科学才真是非宗教的，不去研究周围的造物者所生的一切才是非宗教的。""真正的科学在本质上是宗教的。它的宗教性在于它对一切事物所表现的那些运动中的一致性产生深厚的崇敬和绝对的信仰。""只有它才能使我们真正理解我们自己，理解我们同存在中一切奥妙的关系。科学告诉我们所能知道的一切，同时告诉我们在什么限度以外就无法知道。"①

斯宾塞的科学教育思想是19世纪中叶以后科学技术和资本主义迅速发展的产物。他顺应时代的发展潮流，向传统的古典主义教育展开了深入的批判，极力倡导新型的学校教育，从而推动了近代科学教育的发展。他重视科学教育，扩大了教学内容，确立了自然科学在学校教育中的地位。同时，他吸取了当时的科学研究成果，主张教学要遵循自然规律，使儿童的身心和谐发展，认为教学要符合儿童的认识发展过程，循序渐进，要注意培养儿童的兴趣，重视实物教学。斯宾塞是西方教育史上第一个明确提出智育、德育和体育概念，并强调将三者有机结合在一起，形成了一个完整的全面发展的教育思想体系。斯宾塞的教育思想促进了当时英国的教育改革，影响了欧美等许多国家的教育发展。他的科学教育思想是科学的，更是人文的，对于今天的科学教育改革仍然具有积极的指导意义。

二、赫胥黎的科学教育思想及其科学人文主义特征

赫胥黎和斯宾塞一样非常重视科学教育。他作为皇家学会会员、著名科学家，直接从事了科学教育改革的理论研究与实践推动工作，对提升英国科学教育质量起到了重要作用。这种科学家直接参与科学教育改革的传统在今天的发达国家仍一直保持着，这种传统和科学家对科学教育改革表现出的责任、热情，以及他们对科学教育的研究深度，值得我们在推动科学教育改革中借鉴和反思。

---

① ［英］赫·斯宾塞：《斯宾塞教育论著选》，胡毅、王承绪译，人民教育出版社2005年版，第43—44页。

　　赫胥黎是近代英国杰出的科学家和教育家。他生于英格兰，和斯宾塞相似，童年时代没有受过多少正规的学校教育，也许这正是他们具有富于批判精神和创新意识的原因。他先后获伦敦大学医科学位，从事过海洋考察，并当选为英国皇家学会会员。1884 年，赫胥黎参加了政府部门的有关科学与教育工作，是英国第一部初等教育法案的起草人之一，在英国的国民教育和科学教育中发挥了重要作用。

　　赫胥黎对科学技术价值的认识是多维的，他既认识到科学对工业社会人们的日常生活的意义和价值，掌握科学知识是在工业社会进行职业竞争的必要条件，而且认识到科学教育对国家和民族的繁荣兴旺也具有重要意义。他说："自然科学知识作为一种生活工具的重要性是不容怀疑的。对我们所从事的职业来说，某些科学知识几乎是直接有用的。由于工业达到了更高的发展阶段，工业过程变得更加复杂和精细，而且竞争更加激烈，因此，那些学科一门一门地被拉进去并参加了那个竞争。"[①] "民族如果不从大量的自然科学中得到共同的精神素质，民族和个人就不能真正地得到发展。"[②]

　　在西方教育发展史上，自由教育历来被视为古典的人文主义教育，以纯粹的理智训练为目的。19 世纪，资本主义经济飞速发展，科学技术日新月异，传统的自由教育受到了挑战。赫胥黎批判了古典主义教育脱离实际、追求形式的错误倾向，大声疾呼实施科学教育。但是，赫胥黎并不是要用科学教育去取代古典人文主义教育，或者说他认为古典自由主义的方向和精神错了，而是认为真正的自由教育不应是仅仅追求理智训练这一唯一目的，而是要包含广泛的内容，深入到一切可知的领域，赋予科学与艺术以重要的意义。因此，他认为，真正的自由教育既包括古典的人文教育，同样也离不开科学教育和审美教育。这种思维方法对我们习惯于非此即彼的思维逻辑而言是非常有意义的，我们的科学教育改革是否一定要推倒重来，是否一定要把当下的教育丑化得不堪入目。

　　赫胥黎是既重视科学教育的价值，同时又对片面的夸大科学教育保持清醒头脑的科学家。这在 19 世纪中叶英国中等学校刚刚重视科学教育，

---

　　① ［英］赫·斯宾塞：《斯宾塞教育论著选》，胡毅、王承绪译，人民教育出版社 2005 年版，第 83 页。

　　② 同上书，第 102 页。

其本人又作为科学教育的鼓手，能对科学与人文教育的关系持非常理性态度显得更加不易。他认为，科学只不过是一种系统化的常识，科学的方法和日常生活中人们认识事物的方法具有本质上相通性，它并不高高在上。他说："科学只不过是经过整理和系统化的常识。科学与常识的区别，可能仅仅如老手与未经过训练的新手的区别一样；科学与常识在方法上的区别，也仅仅如士兵的砍刺方法与原始人挥动棍棒的方法的区别一样。"①

科学活动是一项复杂的活动，受多元因素的制约，因此科学本身并不能穷尽一切事物，其本身有一定的局限性。但是科学教育应该让儿童区别科学的规律性与生活中偶然发生事件的区别。"由于科学极其复杂以及众多干涉的缘故，我们常常只能大致地预言在某种情况下将发生什么；……从教育的观点来看，最重要的是要把科学的实质与它周围的一些偶然情况区别开来。"②

他指出，在学校教育中，自然科学的课程和人文学科应当保持平衡，忽视任何一方面都是狭隘的、不正确的，都将给理智的发展带来损害。大学应当文理科相互渗透，各种专业的学生都必须具备扎实的人文与自然科学的知识基础。他对许多学校因为重视科学而贬损人文学科教育的现象感到十分担忧。他说："看到为了科学而扼杀或削弱文学与美学的倾向，我感到极大的遗憾。对教育性质所持的如此狭隘的观点，与我所坚持的应当把一种完整的和全面的科学文化引入到一切学校的信念毫无共同之处。"③更为难能可贵的是，赫胥黎认识到学校片面发展科学教育，削弱人文教育的做法，不仅对科学教育自身发展没有益处，反而会产生危害。

基于上述认识，赫胥黎为学校开列了一个内容丰富的课程表，涉及德、智、体、美等方面，并将自然科学、人文科学和社会科学置于同等重要的地位，要求人们以适当的比例把这些必修课结合在一起。他认为，只有经过这种全面的教育，教育才称得上是自由教育，培养出来的人也才是真正的自由人，才能够从事各种职业，承担各种义务，个人的聪明才智才会得到最大限度的发挥。这在他对自由教育的阐释中可以体悟出来，他说："什么样的人才算受到了一种自由教育呢？我认为，他从小受到这样

---

① ［英］赫·斯宾塞：《斯宾塞教育论著选》，胡毅、王承绪译，人民教育出版社2005年版，第37页。

② 同上书，第39页。

③ 同上书，第88页。

的训练，以便使他的身体服从自己的意志，如同一台机器一样毫不费力地和愉快地从事他所能做的一切工作；他的心智是一台无污垢的、周密设计和结构合理的发动机，每个部件都发挥着各自的力量，工作程序有条不紊；又如同一台蒸汽机一样准备担负任何工作，既能纺纱又能锻造精神之锚；他的头脑里储存着有关各种重要而又基本的自然界真理的知识，以及有关自然界活动规律的知识；他不是发育迟缓的禁欲主义者，而是充分满着活力和激情的，但他的情感已被训练得完全服从于强有力的意志，并成为良知的仆人；他已经学会去热爱一切美好的事物（无论是自然的还是艺术的），也已经学会去憎恨一切邪恶，并像尊重他自己一样去尊重别人。"①

赫胥黎在重视科学知识教育的同时，也指出了科学方法训练的重要性。他认为，学校不仅要传授科学知识，也要教会学生科学的方法，让学生在自然观察的基础上，运用归纳法得出科学的结论。为此，他十分注重实物教学，主张改革传统的死记硬背的教学方法。他在大学首创了生物实验室，供学生进行观察和实验。"假如科学教育被安排为仅仅是啃书本的话，那最好不要去尝试它，而去继续学习以啃书本自居的拉丁文法。……科学教育的最大特点是使心智与事实联系，并且以最完美的归纳方法来训练心智。也就是说，从对自然界的直接观察而获知的一些个别事实中得出结论。"②

赫胥黎不仅重视科学教育，而且把艺术及审美教育作为其自由教育的一项重要内容。他把所有的知识分为两类，即科学和艺术，认为凡属理智的、推理的知识便是科学，凡是可感知的、能产生激情的、具有审美功能的东西便是艺术。教育就是要以科学的或艺术的形式，或者以两者相结合的形式，向青年提供实质性的知识。任何单一性质的知识都是不存在的，科学和艺术是结合在一起。

在赫胥黎看来，自然科学所研究的自然界本身就是美的、和谐统一的，而艺术也不仅仅是为了消遣，它同样蕴藏着丰富的科学原理，而且艺术对审美能力的培养，有助于推动科学事业的发展。他认为，艺术的欣赏

---

① ［英］赫·斯宾塞：《斯宾塞教育论著选》，胡毅、王承绪译，人民教育出版社2005年版，第64页。

② 同上书，第90页。

需要具备一定的审美能力，而这种能力有待于教育去培养，去指导。学校的许多课程都具有美育的价值，如文学、语言、音乐、绘画等，教师应当利用这些渠道来进行审美教育，培养学生高尚的审美情操。这种对美的感受能力不仅可以成为人们工作的动力，而且能够推动整个人类科学的进步。这是因为当人们一旦步入某一科学领域时，就会产生一种理智上的愉悦感。科学工作具有了美的色彩，对人也就更有吸引力。

赫胥黎和斯宾塞是同一时代科学家、教育家，他和斯宾塞一样，猛烈抨击了古典人文主义教育的狭隘性，大力阐述科学教育的重要性。尤其可贵的是，他把人文科学、社会科学、自然科学摆在同等重要的位置，克服了当时教育界出现的或重古典教育或重科学教育的倾向，强调进行全面的和谐教育。他说："教育具有两个重要目的，其他一切都必须服从它们。其中一个目的是增长知识；另一个目的是养成热爱真理和憎恨谬误的习惯。"① 正是在赫胥黎及其同时代人的倡导下，科学教育开始受到人们的重视，进入了学校的大门，从而打破了传统的古典教育一统天下的局面，奠定了科学教育的地位。

在工业革命时期，科学教育在英国和法国的学校受到青睐，还有另外一个重要的原因，就是两国都差不多在发展应用科学的同时，开始发展纯理论科学的研究。如果仅仅停留在技艺的水平而不是上升到理性的科学，也许欧洲的科学教育会和中国的科学教育一样，通过子承父学、师授徒学就可以了，不一定成为学校的常规课程，它们也就不会在今后的发展中成为世界强国。这一点可以通过西班牙和葡萄牙的发展得到证明。

早在17世纪中叶以前，西班牙和葡萄牙的航海技术得到了大发展，成为早期地理大发现的受益者，但它们没有发展什么科学传统，自以为找到金银就发财致富了，当然不会关注科学教育与人才培养的问题，到后来，工业商业也都衰退了。梅森评论说：与别的国家不同，"在英国，则采取了一种相反的政策，工业建设起来，外国的工匠都受到欢迎。商业繁荣了，英国很快首先发展了一个实用科学传统，接着又发展了基础科学传统"。② "在十七世纪的第二个二十五年中，英国的科学运动发展得更加互

① ［英］托·享·赫胥黎：《科学与教育》，单中惠等译，人民教育出版社2005年版，第93页
② ［美］斯蒂芬·F.梅森：《自然科学史》，周煦良等译，上海译文出版社1980年版，第229页。

相配合和更有组织性。……这个运动以公元 1660 年皇家学会成立达到高峰。这个时期英国科学家的目光变得更加广阔了，已经超出利用数学来测量航海等等的范围，而把大陆上发展起来的科学革命的理论内容和把科学应用于工艺过程和工业技术的可能性，都包括了进来。"① 无独有偶，美国在二战后期与苏联不同的做法也印证了这一问题。苏联在占领国抢夺机械设备、物质财富的时候，美国则在占领国大量收集科学家。实践证明美国的决策具有前瞻性、可持续性的特点。我们是否在仅关注经济增长而不重视科学教育这一长期投资的情境下，能够尽早引以为戒。

从历史的角度看，科学课程进入学校教育首先基于工业社会发展的需要，工具价值处于显性地位，这种理念在以后的科学课程改革中一直处于重要的影响地位，这是值得我们关注的。其次，科学教育的人文价值在工业革命时期就受到高度重视，甚至可以说科学以及科学教育是文艺复兴时期人文以及人文教育的一个重要组成部分，科学所体现的真、善、美和理性精神、科学革命所焕发的革新精神与资产阶级革命精神达成了一种内在的和谐，也许这种精神不能在是否进入学校课程体系中起决定作用，但这种思想却让西方国家通过科学教育让科学事业更加发达，国家更加强盛，社会更加和谐，政治更加民主，行为更加理性，精神更加丰富。

第三节　科学课程改革的社会驱动力

科学课程进入学校课程体系具有深刻的社会、经济和文化背景，科学课程的功能并非简单地传授科学技术知识，还有着浓厚的人文价值和社会教化的功能。这样一些特性，势必让我们有兴趣从社会学的角度来思考，一个国家启动一次科学课程改革的社会驱动力来自哪里？想达到什么样的目的，抑或经济的、政治的、军事的社会目的？改革的成效如何？受到了什么样的社会阻隔？为了分析以上问题，我们选择美国 20 世纪影响科学课程改革的社会影响因素加以分析，并对我国科学课程改革的启示加以分析。

一、美国二十世纪科学课程改革理念的演进及社会基础

由于我们没有在美国参与科学课程改革的亲身经历，对其科学课程改

---

① ［美］斯蒂芬·F. 梅森：《自然科学史》，周煦良等译，上海译文出版社 1980 年版，第 234 页。

革社会学意义上的分析是基于文本的，这些文本既来自其公开的课程改革政策，也来自中外专家的研究报告。在 20 世纪，美国先后进行了进步主义运动、学科结构主义、回归基础运动、"2061 计划"等几次大规模的科学课程改革。这些改革背后有其深厚的经济、文化和社会基础，把科学课程改革放在一个更大的社会联系的角度来审视，可以让我们更全面地理解美国科学课程改革的动因。

（一）二十世纪初进步主义科学课程改革

　　进步主义科学课程改革理念的产生同样有其深厚的社会基础。进步主义科学课程理念的基点可以概括为"以课程改革促进社会进步"。约翰·杜威集进步主义哲学家、教育家和教育改革实践家于一身，是进一步主义教育运动无可争议的代表人物。克伯屈等代表人物更多的是从对杜威教育思想的阐释，让普通教师和公众来接受进步主义教育思想并付诸实践的角度，对课程改革的设计和实施做出很大贡献。进步主义的科学课程改革理念可以概括为杜威的三条基本教育信条：教育即生活、学校即社会、教育即生长，三者之间体现了杜威的核心价值追求，即建立更加美好的民主社会。通过让学生在学校这一个"纯化了的社会"中体验民主的教育生活，掌握过民主社会生活、改造民主社会的知识和能力。"进步主义教育是一种以进步观念为基础的、广泛的教育思潮。它的思想核心是主张通过教育和教育的改革，促进社会的改造和人的更新，从而推动人类社会的不断进步。"① 在学校学会民主生活的教学方式就是探究式教学。

　　进步主义教育在美国 20 世纪初的产生并不是偶然的，有其深厚的社会基础。20 世纪初的美国，由于其本土没有遭受一战的摧残，而且由于在战事经济中获得巨大的经济利益，带来了美国经济的繁荣，但经济的繁荣和工业化并没有给美国社会带来普遍的幸福，传统价值体系被打破，社会问题丛生。人人都热衷于追逐物质财富，社会贫富差距拉大，产业工人与资本家矛盾激化，缺少政治家而下流政客飞扬跋扈，以政治来捞取金钱与权势。"工业巨头们的发迹史，大都是不光彩的。他们通过压榨工人、使用童工、贿赂政客，浪费资源等等不正当手段谋取财富，在企业方面他

---

① 张斌贤：《进步主义教育运动：概念及历史发展》，《教育研究》1995 年第 7 期。

们是成功者，在道德上却遭到了毁灭性的失败。"① "从地方到联邦，主宰各级政坛的，乃是一些才智平庸、品格低下、手腕精明的政客，以政治来捞取金钱与权势，就是他们生活的至高目标。"②《华尔街日报》的编辑塞里诺·普拉特评论说：那时的美国社会"热切地追求暴富，无耻炫耀奢华，粗野地铺张浪费，滥用吞噬一切的财富，公然漠视法律，贪污贿赂成风，公司权力肆虐，社会动荡不安，宣传蛊惑盛行，社会主义进展迅猛，强烈的阶级仇恨屡被唤起"。③

面对复杂的社会问题，带有欧洲民主、自由、平等文化传统的美国人，促进社会的变革是自然的事情。在新千年到来之际，以中等阶级为主、由社会各阶级广泛参与的进步主义运动在政治、经济、教育各个领域展开，并形成一个系统。这也正是美国进步主义教育运动产生和发展的社会基础。"19 世纪末 20 世纪初出现的欧美教育革新运动有其深刻的社会历史背景，是当时欧美国家政治、经济和科学文化等发展的结果。首先，它是欧美社会改革的一部分。19 世纪末欧美国家工业和经济迅速发展，新技术不断出现和应用，使整个社会生活发生了翻天覆地的变化。与此同时，社会也出现了许多矛盾，人们寄希望于教育，试图通过教育革新解决矛盾。"④

进步主义科学课程观有其自身的哲学基础。从哲学的层面看，进步主义科学课程观的哲学基础无外乎杜威的三个基本信条：教育即生活，学校即社会，教育即生长。教育即生活，也是基于杜威的主客体相统一的"经验"哲学观念，这一观念引申到学校教育中，教育活动本身既是真实的民主生活的体验过程本身，又是在为未来的民主生活作准备，"为参与社会生活作准备的唯一途径就是直接参与社会生活"⑤。教育即生活自然引申出学校即社会的命题，在学校教育中体验社会生活、参与社会生活，学校就要构建一个社会生活的情境，当然杜威并非复制一个现实的社会，相反他对现实的美国社会并不满意，而是基于建设一个更加理想的美国民

① 李剑鸣：《大转折的年代：美国进步主义运动研究》，天津教育出版社 1992 年版，第41 页。

② 同上书，第 36 页。

③ 同上书，第 225 页。

④ 吴式颖：《外国教育史教程》，人民教育出版社 1999 年版，第 446 页。

⑤ ［澳大利亚］W. F. 康纳尔：《二十世纪世界教育史》，孟湘砥等译，湖南教育出版社1991 年版，第 139 页。

主社会，学校构建的这个"小社会"是"纯化了"的社会，但又不是抽象的社会。教育即生活，学校即社会，教育的目的自然就是个体的自然生长，这个自然生长也并非杜威所言，教育之外没有任何目的，其实他的教育目的本身就是通过"无目的"的自然生长，为其理想的民主社会作准备，因为民主社会的个体是自由的、多样的、自主的、平等的，所以以学校重在提供一个个体自主生长的环境。如何实现杜威的教育理想？那就是通过"科学探究"的方法，我们今天"做中学"、"科学探究"教学方法的哲学基础都没有跳出杜威的哲学思想，在后面的专章还要讨论科学探究的社会学思想问题。

把杜威的进步主义教育哲学引申到课程、科学课程，其课程哲学的观点就是"课程即经验"。课程的内容要基于学生的生活经验，学生的课程体验过程即课程本身，课程的目标即课程活动过程本身形成的个体经验，在此之外没有其他目的。"课程即经验"的核心价值目标是体验并形成民主生活的经验，来维持并发展民主社会。杜威说："维持民主主义社会尤其要依靠运用广泛的人类标准来编制学校的课程。""一个课程计划必须考虑课程能适应现在社会生活的需要。"①

杜威课程的设计的思想除了以上哲学和社会学思想基础外，还基于心理学基础来实现，主要是其提出的学生四种冲动理论：②

一是社交的冲动：在儿童交谈中，交际中，与他人特别是与家人分享他们经验的这种欲望中表现出来。运用语言的兴趣是这种社交冲动的一部分。

二是建设性冲动：制造东西的欲望，以及通过游戏和使各种材料具备一定形状以获得自我表现的欲望。

三是探究性冲动：探究和试探环境的兴趣，它与社交冲动和建设性冲动有密切联系。

四是表现性冲动：以艺术方式交往和创造的冲动。

学校的任务就是设计与这些冲动相一致，与儿童日益增长的经验相一致的课程。杜威提出学校主要学习三种学科内容：职业，如木匠、缝纫、烹饪等；社会生活背景的研究，如历史与地理；提供智性沟通与探究形式

①　［美］约翰·杜威：《民主主义与教育》，王承绪译，人民教育出版社 1990 年版，第 205，204 页。

②　［澳大利亚］W. F. 康纳尔：《二十世纪世界教育史》，孟湘砥等译，湖南教育出版社 1991 年版，第 128 页。

的研究，如阅读、文法、算术。①

　　进步主义十分重视科学与数学课程的价值，认为"自然科学知识与数学技能的获得和发展在所有年龄阶段都要得到持续的开发，旨在确保对基本的自然科学概念的掌握，以及发展儿童运用科学方法的习惯"②。

　　以儿童为中心，通过游戏活动学习科学，只不过是对杜威课程哲学观念的表层化解读。这种表层化解读，在实践中会导致注重科学课程改革的形式，而难以把握其本质，很容易导致对科学知识教学的弱化，中外科学课程改革的实践普遍对杜威进步主义课程改革实践导致的"教学质量"下降持批判态度，有其一定的道理。但并非进步主义理论自身必然要导致的结果，没有看到杜威有轻视科学知识的价值倾向，但其的确十分看重通过"科学探究"获取科学知识、养成民主科学精神的价值。

（二）二十世纪中叶学科结构主义科学课程改革

　　学科结构主义科学课程理念的产生同样有其社会背景基础。科学技术对战争胜负的影响力在第二次世界大战中日益凸显出来。二战结束后，世界进入两个超级大国带领两个阵营激烈对立的局面。美国和苏联在政治、经济、科技、军事等所有领域展开激烈的竞争。由于两次世界大战均没有发生在美国本土，且在战争晚期参战，不仅通过战争获得巨大的经济利益，而且科学家共同体在战争中的合作，研制出原子弹、声呐、雷达等决定战争走向的先进关键技术，引起美国总统罗斯福的高度重视，1944年11月在二战即将结束前，他就以下四个问题向战时科学研究和发展局负责人万维瓦尔·布什（Vannervar Bush）提出了咨询：战争期间产生的科学情报如何在不威胁军事安全的前提下实现共享？应如何编制一个医学研究计划？政府应如何帮助公私机关的学术研究？如何发现和发展青年的科学才能？③

　　1945年，布什提交了著名的《科学：无止境的前沿》研究报告，在报告中他提出了四条对策：政府应在尊重研究自主性的前提下资助科学，

① 王前龙：《学校的转型：美国教育中的进步主义1876—1957》，http：//academic. ed. nt-nu. edu. tw/—scbc/txtreading/940528_ 1. pdf。

② ［澳大利亚］W. F. 康纳尔：《二十世纪世界教育史》，孟湘砥等译，湖南教育出版社1991年版，第129页。

③ 李勇：《V. 布什报告与美国战后科学研究信念的建构》，《自然辩证法研究》2008年第3期，第80页。

特别是基础科学；基础科学至关重要，它是技术进步的直接动力，是公众
福利的根本保证；实行科学奖学金和研究生补助金计划；成立一个新的、
独立的科学中心机构，由它来统一制定和促进国家的科学研究与科学教育
政策。① 美国随后在 1950 年成立国家科学基金会（NSF），该基金会把基
础科学研究、应用科学研究、科技人才培养进行了一体化运行，是此后美
国科学课程改革的重要推动者。

　　1957 年 10 月 4 日，苏联成功发射了世界上第一颗人造地球卫星，这
被认为是科技领域的"珍珠港事件"，震惊了美国朝野，也引发了美国对
本国课程的改革。1958 年 9 月 2 日，美国颁布《国防教育法》提出，"国
会兹裁定并宣告，国家的安全需要最充分地开发全国男女青年的脑力资源
和技术技能。目前的紧急状况要求提供更多的且更适当的教育机会。本国
的国防有赖于拿握由复杂的科学原理发展起来的现代技术，也有赖于发现
和发展新原理、新技术和新知识"。② 并且提出每年拨款 7000 万美元用于
改进数学、科学和现代外国语的教学，每年拨款 500 万美元用于发展和改
善公立中、小学科学、数学和现代外国语的指导工作，而当年美国 GDP
的总数只有 4489 亿美元，可见对中小学科学教育改革的重视程度。把科
技的发展和科学教育上升到国家安全和国家紧急状态来应对，应该说提高
到了国家战略最高层面，而且这种意识已经成为一种意识形态，每当其他
国家在科学技术领域有新的突破，美国的"危机意识"就会陡然增强，
进行立法和全国动员推进科学教育改革，这也是美国科学技术一直保持国
际领先地位的社会基础。应该说，要去理解美国的科学课程改革，就要站
在美国维持其"世界超级大国"的地位需要来解读。

　　学科结构主义科学课程观的思想基础应该说是最带有意识形态性的。
1957 年苏联成功地发射第一颗人造卫星只是引发美国朝野检讨中小学理
科教育的一个引子，其深刻的社会背景是科技革命和两个阵营和两个超级
大国你死我活的竞争。在此之前以学生为中心，以"活动"为主要教学
方式，以技术在生活中的应用为主要内容的科学课程，已经难以适应美国
经济社会发展的迫切需要。

---

　　①　李勇：《V. 布什报告与美国战后科学研究信念的建构》，《自然辩证法研究》2008 年第
3 期。

　　②　瞿保奎：《教育学文集·美国教育改革》，人民教育出版社 1990 年版，第 118 页。

在 20 世纪初期，杜威站在美国社会进步的视阈和儿童人道主义的哲学立场来思考教育问题并没有错，但二战之后，美国的科学教育必须站在世界视野和国家安全的立场来重新思考改革问题。布鲁纳在《杜威之后又是什么》一文中评论说："杜威当年写作的时候，注意到 19 世纪 90 年代学校教学的内容贫乏、方式呆板—学校教学特别不值得儿童的本性。杜威强调直接经验和社会行动的重要性，这种强调意味对教育的空洞形式主义的批判，这种教育的形式主义没有把学习同儿童的经验世界联系起来。杜威在鼓励矫正这种偏向方面有很大的贡献。"①

但是随着二战后政治、经济、文化、科学技术本身的快速发展，以及心理学、结构主义哲学理化的发展，科技和教育界人士普遍感到进步主义基础上的"科学教育"已无法有效地适应科学技术发展的需要是自然不过的事。布鲁纳随机提出了他的教育改革的两条哲学信条："第一个信条是：知识的结构——它的相联系性以及使得从一个观念推论出另一个观念的那些引申观念——是教育里应当强调的事。结构赋予我们可能学习的东西以意义，并且使得我们能够打开经验的新领域。结构也就是把一堆不相联系的、观察到的事物整理出条理来的那些伟大概念上的发明。第二个信条是：如果知识是值得掌握的话，知识的统一性就必须在知识本身里而能够找到。……数学和其他学科一样，必须从经验开始，但是要进展到形成抽象的概念就得要脱离表面经验的显而易见性才行。"基于这两个信条，不难理解，布鲁纳认为教材的知识应该是建构在经验基础上的具有理性品质的知识，学生能够在概念平台进行知识的迁移，而不是处处依赖经验，很显然带有浓重的逻辑结构主义的哲学观念。因此，布鲁纳特别强调方法的重要性，提出结构主义教材内容的呈现要关注具有生成力的呈现方法。建构主义的思想在这里也有了体现。

回到科学课程改革本身来讨论，1959 年在专门研究中小学理科教育的伍兹霍尔会议上，就如何进行中学理科教育改革，着眼点放在哪里进行了讨论，布鲁纳提出了他的课程改革思想：②

（1）学习任何学科，主要是使学生掌握这一学科的基本结构，同时也要掌握研究这一学科的基本态度和方法；

---

① 瞿保奎：《教育学文集·美国教育改革》，人民教育出版社 1990 年版，第 203 页。

② 彭蜀晋等编译《现代理科教育的进展与课题》，重庆出版社 1990 年版，第 8 页。

（2）任何学科的基本原理都可以用某种形式教给任何年龄的儿童；

（3）过去的教学中只注意发展学生的分析思维能力，今后应重视发展直觉思维能力；

（4）学习的最好动机乃是对所学材料本身发生兴趣，不宜过分重视奖励、竞争之类的外在刺激。

布鲁纳以及与其同时代的科南特、施瓦布等组成的学科结构主义理论群体共同推动了美国的科学课程改革，这样一种描述意在进行一种澄清，我们认为美国的科学课程改革模式和我国有本质的不同，我们的模式是专家影响教育行政部门，然后转化为国家政策在全国强力推行。因此，我们习惯于把课程改革的贡献集中在少数专家的宏大贡献上。而美国的科学课程改革，理论家只是提供一种理论参考，不同的专家群体、中小学校在民主认同的基础上进行改革，其影响力有多大，难以进行准确的估计。为了叙述的方便，我们也难以真正跳出现有的叙事方式。另外一个有意思的现象是，布鲁纳和杜威都是心理学家，后转向教育理论、课程与教学论理论的研究，而且都注重教学改革的实践研究。

受学科结构主义理论的影响，更因为受苏联科学教育的影响，美国此次科学课程改革的组成专家集中了一批起主导作用的科学家，并且主持编写了一批新的科学教科书。如 PSSC（Physics Science Study Committee）物理由麻省理工学院教授罗尔德·扎卡赖斯（Jerrold R. Zacharias）、弗雷德曼（L. Friedman）等人与部分中学物理教师合作编写；在国家科学基金会（NSF）的资助下，美国著名化学家、诺贝尔奖获得者西博格（G. T. Seaborg）领导了"以化学键概念为中心的授课计划研究会"（CBA）和"化学教材研究会"（CHEMS），这两个研究会分别编写了《化学体系》（*Chemical System*，1964）和《化学：一门实验的科学》（*Chemistry-An Experimental Science*）等。这种学术导向的科学教科书编写方式是否是学科结构主义课程思想的本意，难以考证。但由于教科书内容高、精、深、难，导致大多数学生感到学习困难，60 年代选用 PSSC 物理的学生几乎占到 90%，70 年代选用该教科书的学生仅剩 4% 左右，选用CHEMS 化学教科书的学生一直徘徊在 25% 左右。说明中小学科学课程设计与教科书编写的确是一个专业性问题。

（三）二十世纪末美国启动的科学教育改革计划

"2061 计划"的产生是美国长期拥有的"自我危机意识"和"保持

世界领导地位"意识形态文化的产物。1983 年 4 月，美国高质量教育委员会发布了《国家处在危险之中：教育改革势在必行》的研究报告，报告对 13 项"危险的"教育指标进行了分析，其中，与其他工业化国家相比，美国学生在 19 项学业考试成绩评比中排名很低，甚至有 7 项指标排倒数第一；1980 年 SAT 测验的数学平均成绩比 1963 年下降了 40 分，物理成绩一年比一年低；1969、1973 和 1977 年对全国理科成绩的评价，美国 17 岁理科学生成绩连续下降等，通过分析以上问题，委员会开章明义地提出："我们的国家处于险境。我国一度在商业、工业、科学和技术上的创造发明无异议地处于领先地位，现在正在被世界各国的竞争者赶上。……如果不友好的外国列强试图把目前存在的平庸的教育成绩强加于我们，我们可以把它视为一种战争行动。"[①] 美国把教育质量的竞争上升到"国家间战争"的高度，是前所未有的，美国在继 1957 年苏联卫星上天之后，再一次从国家与民族存亡的立场检讨教育问题，科学教育首当其冲。

在"教育危机"论的社会背景下，美国促进科学协会联合美国科学院、联邦教育部等 12 个机构，于 1985 年启动的一项面向 21 世纪、致力于科学知识普及的中小学课程改革工程，即"2061 计划"。在首都华盛顿建立了领导实施"2061 计划"的总部，有数百名科学家、数学家、工程师、医生、哲学家、历史学家、教育家、中小学教师参与了此项宏大的科学教育改革工程。"2061 计划"研究团队对战后科学、数学和技术领域的深刻变革和未来发展趋势、美国 80 年代以来教育改革的成果进行了总结，先后出版了"2061 计划"系列出版物，包括：1989 年出版的《面向全体美国人的科学》，1993 年出版的《科学素养的基准》，1998 年出版的《科学教育改革的蓝本》，2000 年出版的《科学素养资源》（3 卷：专业发展、课程教材和评估），2001 年出版的《科学素养导航图》和《科学素养的设计》。

"2061 计划"认为：美国的下一代必将面临巨大的变革，而科学、数学和技术位居变革的核心，它们导致变革，塑造变革，并且对变革做出反应，它们对今日的儿童适应明日的世界十分重要。"2061 计划"还提出了

---

① 吕达：《当代外国教育改革著名文献》（美国卷·第一册），人民教育出版社 2004 年版，第 1 页。

未来儿童和青少年从小学到高中应掌握的科学、数学和技术领域的基础知识的框架，包括主要学科的基础内容、基本概念、基本技能，学科间的有机联系，以及掌握这些内容、概念和联系的基本态度、方法和手段。由于1985年恰逢哈雷彗星临近地球，改革计划又是为了使美国当时的儿童——21世纪的主人，能适应2061年哈雷彗星再次临近地球的那个时期科学技术和社会生活的急剧变化，故取名为"2061计划"。①

"2061计划"的出发点仍然是维护和强化美国的世界领导者地位，整个社会已经意识到教育改革与国家经济发展之间的密切关系，美国社会的自我教育危机意识强，就是源于此。在《面向全体美国人的科学》中谈及改革的必要性时，报告中说："美国的教育失败在总体上被认为是导致经济失败的主要原因。""美国的经济似乎在走下坡路。美国的国内财富和国际力量与其他国家相比，特别是与日本相比，一直在弱化，而国内财富和国际力量主要取决于我们的科学技术是否卓越。"② 这次科学教育改革，并非简单地对进步主义、学科结构主义科学教育改革的否定，而是站在更加包容、更富于远见性的境界来设计此次科学教育改革。进步主义教育运动站在培养每个公民学会民主生活的立场上，学科结构主义站在为国家培养科学技术精英的立场上，而"2061计划"站提高全体美国人的科学素养立场上，既为了让全体美国人都能幸福地过好现代生活，又为了满足国家经济发展对科学技术精英人才的需求。科学素养是无论作为一位普通公民还是想成长为科学家都需要养成的人格要素，应该说这种改革理念抓住了科学教育的基点。

"2061计划"着眼于重建美国科学教育体系，着眼于长达76年之久的改革规划，"2061计划最关心的是持久的教育改革，而不是眼前的改进学校工作"。③ 科学教育体系重建的基础就是提高全体美国人的科学素养，"没有科学素养的民众，美好世界的前景是没有指望的"。④《面向全体美国人的科学》提出如下重建科学教育的基础性理念："懂得科学、数学和技术基础知识的人是有较强事业心和自知之明的独立的人；应理解科学核

---

① 美国科学促进会：《面向全体美国人的科学》，中国科学技术协会译，科学普及出版社2001年版，第1页。

② 同上书，第180页。

③ 同上书，第179页。

④ 同上书，第XX页。

心概念和原理；熟悉自然界、认识自然界和多样性和统一性；能够按个人和社会目的运用科学知识和科学的思维方法。"① 在"2061 计划"这种理念指导下，科学教科书的知识选择更加注重要立足于能为人生知识大厦建造永久基础的概念，要选择对科学发展具有重要影响的科学思想，要实用，要有助于学生形成社会责任感，要具有哲学价值和知识的内在价值，要使童年时代的教育生活更加丰富和充实。

科学素养、培养科学素养是"2061 计划"建构的基础。关于科学素养的构成，《面向全体美国人的科学》提出，科学素养包括三个主题：科学世界观、科学的探索方法、科学事业的本质。

表 1-1　　　　　　　　　　　　**科学素养的结构**

科学素养的组成	科学素养的内涵
科学的世界观	1. 世界是可被认知的。 2. 科学理念是会变化的。 3. 科学知识的持久性。 4. 科学不能为所有问题提供完整答案。
科学探索的方法	1. 科学需要证据。 2. 科学是逻辑和想象的融合。 3. 科学解释和预见。 4. 科学家要努力鉴别，避免偏见。 5. 科学不仰仗权威。
科学事业	1. 科学是一项复杂的社会活动。 2. 科学由学科内容组成，由不同机构研究。 3. 科学研究中有着普遍接受的道德规范。 4. 科学家在参与公共事务时，既是科学家也是公民。

针对 1989 年《面向全体美国人的科学》一书中提出的成人科学素养目标，《科学素养的基准》又进而更详细地描述了幼儿园至 2 年级、3—5 年级、6—8 年级和 9—12 年级的学生应该了解和掌握的科学、数学和技术知识，应该在科学的世界观、科学探索的方法和科学事业三个维度形成科学素养的目标。如下表：

---

① 美国科学促进会：《面向全体美国人的科学》，中国科学技术协会译，科学普及出版社 2001 年版，第 XXII 页。

表1-2 《科学素养的基准》中不同学段学生应该达到的科学素养目标

项目	科学世界观	科学探索的方法	科学事业
幼儿园至二年级	■ 当采用以前用过的方法进行一项科学调查时，我们预计得到相似的结果。 ■ 在不同的地方进行同样的科学调查，一般应采用相同的方法。	■ 人们恰是通过对周围事物的仔细观察来了解它们的，如果他们能够动手做些工作，或者记录下发生的事情，就会学到更多的东西。 ■ 在观察事物时，借助于温度计、放大镜、尺子或天平等工具，比不用它们获得的信息要多。 ■ 尽量准确地描述事物，这一点在科学方面很重要。因为，它能使人们互相比较观察结果。 ■ 当人们对同一个事物作出不同的描述时，通常较好的做法是再进行新的观察，而不要争论谁是谁非。	■ 每个人都能从事科学，发明一些东西和提出一些想法。 ■ 以小组形式一起进行科学研究常常很有帮助，同学们可以彼此分享发现成果。然而，所有的小组成员对于这些发现意味着什么，都应该得出自己的结论。 ■ 学生可以通过对植物和动物密切的观察学到很多知识。但是，一定要小心，要知道被观察生物的需要，以及如何在课堂里养护好它们。
三至五年级	■ 相似的科学调查其结果很少是完全相同的。有时是因为所调查的事物有出乎意料的区别，有时是因为对采用的调查方法和进行调查的环境有认识不到的区别，有时仅仅是由于观察不准所致。总之，人们往往不知道是哪一个原因。	■ 科学调查可以采用许多不同的形式，包括观察物体的形态、所发生的变化，搜集样本进行分析和做实验。调查研究的内容可以是物理的、生物的和社会的问题，等等。 ■ 科学调查的结果很少完全相同，如果差异很大，最重要的是要找出其中的原因。学生应严格按部就班地操作和保持完善的工作记录，为的是从中找出造成差异的原因。 ■ 科学家们对世界上发生的事所做的解释，一部分来自他们的观察，一部分来自他们的思考。有时，科学家们对同一组的观察得出不同的解释，这通常会使他们去做更多的观察，以进一步解释这种差异。 ■ 科学家们只关心基于确凿的证据、并具有逻辑说服力的关于事物的机理或行为的论点。	■ 科学是一项开创性的工作，世界各地的人都能参与，正如人们几个世纪以来一直做的那样。 ■ 清晰的交流是从事科学工作的基本条件。交流使科学家们可以把自己的工作告诉别人，可以阐述自己的观点并交由别人评议，始终关注周围世界的科学发现。 ■ 科学研究包括不同种类的工作，有许多各年龄段的、不同背景的和不同性别的人都在从事科学工作。

项目	科学世界观	科学探索的方法	科学事业
六至八年级	■ 当类似的调查取得不同的结果时，科学面临的挑战是要判断这种差异是无足轻重的，还是意义非凡的。这需要做进一步的研究才能确定。即使结果相似，科学家们仍要重复进行许多次实验后，才能确定结果正确与否。 ■ 当新的信息挑战现行的理论时，当新的理论使人们对先前的观察有新的认识时，科学知识都将被修正。 ■ 有些陈旧的科学知识，至今仍有应用价值。 ■ 有些事物不能用科学的方法来有效地考察。因为人们不能对这些事物的性质进行客观的测试，例如道德问题。有时，人们可以用科学来证明某种行为可能产生的后果，以形成道义上的决定，但却不能用科学来确定某些行为是否合乎道德。	■ 科学家们所研究的现象和采用的工作方法极不相同。尽管不存在所有科学家都遵循的一系列固定的步骤，但是，科学调查研究工作通常包括以下内容：搜集相关事例，运用逻辑推理和想象提出假设，对所收集到的事例进行解释和判断。 ■ 在一次实验中，如果发生变化的变量不止一个，实验的结果就不能简单地归因于某一个变量。避免外部的变量对研究结果产生影响（甚至确定所有的变量）常常是不可能的，但是，通过合作，研究人员常常能够形成新的研究方案，来处理这种情况。 ■ 人们对观察结果的期望常常会影响实际观察到的结果。对于在某特定环境下必将发生什么的强烈信念，会妨碍人们去察觉其他的结果。科学家们知道这点会危及科学的客观性，所以，他们在设计实验和观测数据时采取一些步骤来避免这种干扰。一个较为稳妥的做法就是让不同的调查人员对同样的问题做独立的研究。	■ 不同文化背景的、不同时代的、不同类型的人，对科学、数学和技术进步一直在作着重要的贡献。 ■ 直至最近，妇女和少数民族由于受到教育和就业机会的限制，他们基本上不能参与很多科学机构的正规工作。只有极少数克服了这种障碍的人有机会参与，但他们的工作仍可能被科学机构漠视。 ■ 无论谁从事科学、数学或发明创造，无论他们在何时、何地做这些事，他们的工作所产生的知识和技术最终都将造福世界上的每一个人。 ■ 科学家们在学院、大学、商业界、企业界、医院和许多政府机构从事研究工作。他们的工作场所包括：办公室、教室、实验室、农场、工厂以及从天空到海底的自然区域。 ■ 当研究涉及人类自己时，科学道德要求：对可能成为实验对象的人，要充分告诉他们这项研究可能会带来的风险和利益，并且他们有权拒绝参与。科学道德还要求：科学家们不能在事先未告知并得到允许的情况下，故意地使自己的助手、学生、邻居和公众的健康或财产受到危害。由于动物自身不能作出选择，所以，用它进行科学研究时应该特别小心。 ■ 在科学方面，计算机已成为无价之宝，因为计算机可以加快并拓宽人们在收集、存贮、汇编和分析资料方面的能力，还可以用来准备研究报告，与全世界的研究人员共享资料和观点看法。 ■ 保持记录的准确性、公开性和可复制性，是研究人员维持自己在其他科学家和社会中信誉的最重要的条件。

续表

项目	科学世界观	科学探索的方法	科学事业
九至十二年级	▓ 科学家们假设宇宙是一个巨大的单一体系。在这个体系中，基本规律处处适用。这些规律有的很简单，有的极其复杂，但是，科学家们工作时总是坚持这样的信念：只要认真地、系统地研究，就可以发现这些规律。 ▓ 关于世界运行的科学观念时常发生重大变化。然而，在大多数情况下，科学知识内容的变化是对先前知识的细微修正。变化与延续是科学的永恒特性。 ▓ 不论一个理论与观察多么吻合，另一个新的理论可能也同样吻合，甚至更加吻合，或者适用范围更加广泛。在科学界，验证理论，修正理论，偶尔还会扬弃理论，新与旧的代谢永无终止。这种持续不断的进程，使人们对世界事物运行规律达到日益深入的理解，但是不能达到绝对真理。这种科学进程的价值在于：它使科学家们提供值得信赖的解释和进行准确预测的能力不断提高了。	▓ 进行科学探索有种种理由，包括探索新的现象，检验前期的结果，试验理论预言的可信度，以及对不同的理论进行比较。 ▓ 在科学探索中，可以广泛地应用假设来确定需要重视的资料和需要寻找的新资料，并引导人们对资料（包括新的和已有的数据）作出解释。 ▓ 有时，科学家们为了获得某些证据可以对实验条件加以控制。当这样做由于实际上的或伦理上的原因而不可能时，他们就努力去观察尽可能扩大的自然过程的范围，以便对不同的模式加以甄别。 ▓ 在科学的各个领域，对研究哪些内容和怎样研究有不同的传统。但是大家对证据、逻辑和好理论的意义却具有共同的信念。而且，大家一致认为：科学所有领域的进步都依赖于智慧、勤奋的工作、想象力，甚至机遇。 ▓ 由于在任何一个研究小组里工作的科学家们往往对事物有相似的看法，所以，即使组成若干个科学研究组，也不能消除对他们的研究方法和研究结果的客观性的疑虑。出于这方面的考虑，人们期望科学研究小组在制订调查计划和分析数据时尽量摒除偏见。互相核对研究结果和对结果的解释能够起些作用，但仍然无法保证根除偏见。 ▓ 在短期内，与科学的主流思想不一定吻合的新观念常常会遭到激烈的批评。在较长的时期内，判断新的理论是从以下几方面进行的：它与其他的理论相适应的情况；它所解释的现象的范围；它对观察结果所作的解释的可信度；以及它预测新发现的有效程度。	▓ 早期的埃及、希腊、中国、印度和阿拉伯文化是许多科学和数学观念和技术的发源地。 ▓ 现代科学是基于500年前汇集到欧洲的思维传统。来自各种文化背景的人们，现在仍在对这种思维传统做出贡献。 ▓ 科学进步与发明在很大程度上依赖于社会其他部分的状况，与此同时，历史又依赖于科学与技术的发展。 ▓ 虽然科学的学科根据研究的对象、使用的技术和得出的结果不同而不同，但是，它们拥有相同的目的和哲学观念，所以，它们都是科学事业的组成部分。尽管每门学科都提供了一个用于组织和研究知识的概念框架，但是，科学家们在研究问题时，要采用多个学科的信息和技术。学科之间并没有固定的界限。时常会有新的学科生成于现有学科的交界处，某些分支学科也会从现有的学科中分离出来，变成新的学科。 ▓ 现行的科学道德认为：对人类的研究只能在得到实验对象允许的前提下进行，即使这种约束限制了某种可能很重要的研究项目或是影响了研究成果的取得。面对"是否参与一项有可能对社会造成危害的研究"这个问题时，大部分科学家认为：决定是否参与这类研究，是个人道德问题，而不是职业道德问题。 ▓ 科学家们可以向公众提供他们所关心问题的信息、见解和分析方法。科学家在涉及其专业的领域里，可以帮助人们弄懂事件产生的可能原因并预测产生的后果。然而超出他们所学的专业领域，科学家们就不享有特殊的信誉。当科学家本人或与其相关的机构或社区的利

续表

项目	科学世界观	科学探索的方法	科学事业
九至十二年级		■ 在科学领域，新的观念常常受到孕育这些观念的环境的限制，它们常常受到科学上条条框框的排斥；新的观念有时是从意想不到的发现中产生的；新的观念通常是经过许多研究人员做出贡献后慢慢地成熟起来的。	在面临危险时，科学家这个群体对于其明显的利益的偏爱不见得比其他群体少。 ■ 坚定地捍卫科学的传统，包括使科学家接受同辈人的评论并公之于众，可以使绝大多数科学家具有良好的职业道德。故意欺诈很少见，这种做法迟早都会被科学事业本身所揭穿。违背这些科学道德传统的现象一经发现，就会受到科学团体的强烈谴责，背叛者就很难再得到其他科学家的尊敬。 ■ 基金对科学研究方向的影响，是通过决定哪些研究可得到资助来施加的。研究基金来自各级联邦政府机构、企业界和私人基金会。

资料来源：根据美国科学促进会：《面向全体美国人的科学》，第一章整理。

　　《科学素养的导航图》是对《面向全体美国人的科学》和《科学素养的基准》提出的各学段科学教育目标的图解，三本书的章节是相一致的，《导航图》的每一章都包含着与《科学素养的基准》相对应章节的图谱。每幅图谱都在首页配有文字说明，包含了图谱所描绘的概念的广泛内容，涉及图谱的主题、内容、主要线索，各年级的学习重点，说明部分还对图谱中可能引起读者兴趣的方面加了注解，并概述了相关的认知研究成果，每幅科学导航图集中介绍一个核心概念，以及与理解该概念最相关的 K－12（从幼儿园到高中）的基准概念，从而建立一种连贯的理解方式。即每一个基准概念都是建立在前一概念的基础之上，然后又支持后一个概念的建立。如科学探索方法这一科学素养要素中的"科学探索中的证据和推理"素养结构导航图：

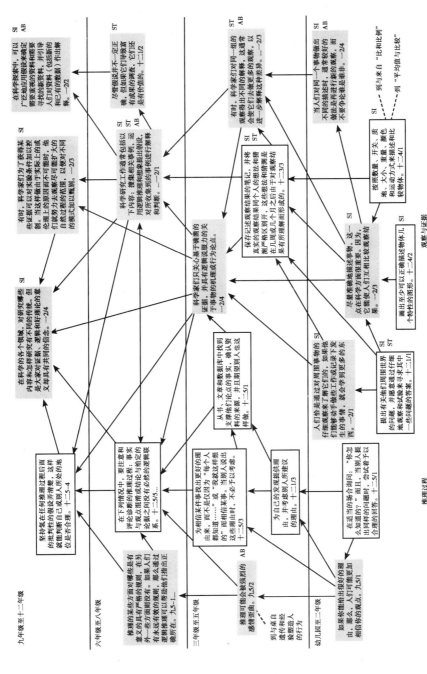

推理过程

以《面向全体美国人的科学》、《科学素养的基准》为基础，科学课程如何实施才能实现科学素养的目标，《科学素养的设计》面向以下五类读者，提出了科学课程设计的建议①：

● 行政管理人员和教师组织实施与全国新的科学素养前景相一致的课程变革。

● 教材编写人员和出版者用一种理念的框架来创新和修改他们的教材，努力达到具体的学习目标。

● 从幼儿园到12年级课程的设计人员把课程的科学、数学和技术教育各组成部分组合成一个相互关联的整体。

● 教育改革的领导者引入对长期的、重大的课程改革起作用的近期变革。

● 学院的教职员为新聘任的和有经验的教师讲授课程分析和设计的原则。

《科学素养的设计》既不是科学教科书本身也不是科学教科书编写指导手册，它提供了如何将各类高质量的教材组合成从幼儿园到12年级互相关联的课程整体提出建议，使其适合已确立的学习目标，这样同时也保持了地方对自己教材负责的美国传统。它主要包括以下三个部分内容②：

第一部分（设计和课程）：论述了普遍的设计原则在课程设计中的应用（第一章：课程设计）和研究了对设计最为重要的课程特点（第二章：课程规范）。

第二部分（未来课程的设计）：展望了如何通过大量高质量的教学板块，最终完成课程设计（第三章：用组合的方法进行设计）的过程，描述了课程模块的特点和选择课程模块的指导原则（第四章：课程模块），最后构想了三个不同学区进行课程设计可能的模式（第五章：课程设计的设想——三个构想的事例）。

第三部分（改进现有的课程）：通过实施专业培训计划，改进现有的课程，并在此过程中准备对最终的改革应采取的步骤提出建议（第六章：培养专业能力），强调了解当前内容过多而又肤浅的课程中最重要的概念

① 美国科学促进会：《科学素养的设计》，中国科学技术协会译，http://2061.cast.org. cn/n11115958/n11117730/n11153324/11160083.html。

② 同上。

（第七章：减轻课程负担），加强跨学科、跨年级课程的相关性（第八章：增进课程的相关性）。第三部分的引言部分，用较多篇幅阐述了进行改革的实际建议，这与第二部分也有关联。

从"2061计划"的实施过程可以看出，以美国为代表的20世纪科学课程改革的历程看，科学课程的改革已经走出学校教育的领域，跳出"泰勒原理"的课程设计框架，站在国家和社会发展的更广阔的领域、更长远的发展的角度来思考科学教育改革问题。西方学者研究发现，"大学中科学和工程专业学生的注册人数以及中等学校课程中数学和理科的比重都对经济条件产生了积极的影响。……西方国家的许多学者都坚信，发达国家的未来，包括它们的经济、安全、全球地位以及对人类社会的吸引力，都取决于成功的理科教育"。[①]同样，教育公平问题在科学教育改革中得到关注，《科学教育改革的蓝本》把科学教育中的"公平"问题摆在了首要位置进行讨论，并指出"美国人虽然都承诺机会均等原则，并深信民主的核心就是公平原则，而与这种承诺同时并存的，却是另一种明显的现象，即美国人中的某些群体要比其他群体更有可能参与科学活动。"并从性别、黑人学生、西班牙裔学生、印第安裔学生、亚裔学生、残疾学生、经济状况不良家庭学生接受科学教育的差异进行了实证分析，并提出促进教育公平的对策。应该说，科学课程改革的方法论在发生根本性变革，这也可能是跳出"钟摆效应"的一种先兆，对我国科学课程改革是一个值得借鉴的经验。

科学社会学的研究成果被越来越多地吸收进科学课程改革领域。以"2061计划"为例，科学的本质被作为构成科学素养的一个基本要素纳入科学课程改革。比如，《科学素养的基准》中提出学生在十二年级结束时应该知道："科学进步与发展在很大程度上依赖于社会其他部分的状况，与此同时，历史又依赖于科学与技术的发展。"[②]科学社会学认为科学的进步是一种社会建构的过程，极端的科学社会建构论者倾向于社会决定论的观点，温和的社会建构论者更倾向于科学与社会互动论的立场，《科学素养的基准》把科学的进步受社会制约、与社会各部分存在互动关系的

---

① 孙可平、邓小丽：《理科教育展望》，华东师范大学出版社2002年版，第91页。

② 美国科学促进会：《科学素养的基准》，中国科学技术协会译，科学普及出版社2001年版，第15页。

观点引入了科学素养的结构。科学研究中的性别平等、机会均等的问题，同样被引进科学素养的结构，《科学素养的基准》在三至五年级、六至八年级学生学习结束时，应该达到的科学素养目标中提出："科学研究包括不同种类的工作，有许多各年龄段、不同背景的男人和女人都在从事科学工作。""直至最近，妇女和少数民族由于受到教育和就业机会的限制，他们基本上不能参与许多科学机构的正规工作。只有极少数克服了这种障碍的人才有机会参与，但他们的工作仍可能被科学机构漠视。"① 科学道德问题、科学家作研究为一个社会利益群体受到政策和环境制约等科学社会学问题同样被引入科学素养的结构，《科学素养的基准》在十二年级学生学习结束时，应该达到的科学素养目标中提出："现行的科学道德认为，对人类的研究只能在得到实验对象允许的前提下进行，即使这种约束限制了某种可能很重要的研究项目或是影响了研究成果的取得。""当科学家本人或与其相关的机构或社区的利益面临危险时，科学家这个群体对于其明显的利益的偏爱不见得比其他群体少。"② 等等。

　　科学社会学关于科学本质的研究成果也被吸收进科学素养的教育结构。《科学素养的基准》提出："科学家们相信这个世界是能被认知的，但它永远无法被完全认知。"这说明科学教科书提供的结论具有局限性、发展性，并不是绝对真理，这一点应该说是对传统科学知识结论的一种发展。同时，它传递了科学事业是一个永恒的探究性事业的信念。科学并不能解释或解决世界上的所有问题，"有些事物不能用科学的方法来有效地考察。因为，人们不能对这些事物的性质进行客观的测试，例如道德问题"。这不仅是向学生传达一种更加科学的科学知识观，而且是对科学主义的一种纠偏。

　　美国的科学教育改革是通过一个个专业团体通过理论推广和建立改革实验学校进行推进的，这和我国行政普遍式推进方式存在本质的不同，这是我们理解美国科学教育改革的一个基点。除了"2061 计划"这个在美国产生重大影响的改革计划外，美国国家科学院通过制订《国家科学教育标准》、美国国家科学教师协会制订的《范围、顺序和协调方案》等都

---

① 美国科学促进会：《科学素养的基准》，中国科学技术协会译，科学普及出版社 2001 年版，第 14、15 页。

② 同上书，第 15 页。

对美国推进科学课程改革产生了重要影响。

在对不同国家、地区和学校的科学教育计划存在的差异进行系统分析之后，美国国家科学教师协会在 1995 年制订了一个《范围、顺序和协调方案》。在这个方案中提出，中学所有学生在 6 年中都要学习科学课程，包括物理学、化学、生物学和地球空间科学；运用基本概念和原理协调科学科目之间的学习；学生以前的知识和体验视为其先入知识；安排好学习内容的顺序，让学生从实际感受到从形成抽象表达的过程中学习科学；在介绍有关专有名词之前，给学生形象的感受；在下一个更高的抽象阶段，重温以前的概念、原理和理论；把科学和非科学领域（历史、音乐、美术）联系起来，展示科学技术的应用；激励学生运用科学探究的方法去解决自然科学领域与个人和社会有关的问题；减少教学内容，强调对较少内容的更深入的理解。

改革的实践表明，让中学生贯穿 6 年分阶段学习科学要比集中学习更容易理解和保持所学的内容。科学内容呈现的结构顺序，要有利于满足学生的学习需要。在科学教学中，理解能力的发展源自从有形的经验和现象抽象出符号化概念和图式，学生在形成自己的智力技能时，需要与某一个概念有关的不同方面的经验，只有让学生依靠自己的第一手经验才可能很好地理解重要的科学概念和过程。当学生成熟时，他们就能从一般性具体的、直接经验进行归纳推理，发展到从比较抽象的理论层面进行逻辑思维和归纳概括。科学教育不应该要求学生去记忆事实和资料，而是从科学应用的角度让科学教育变得更加有意义。描述性或直观性的科学内容安排在前段，实验和半量化的内容安排在中间阶段，抽象的理论化的内容安排在最后阶段学习。计算机、技术与实践应用要安排在 6 年的每个阶段。在教学中，要注意同一个科学概念在不同学科之间的内在统一性。地球和空间科学、生物学、化学和物理学有着某种共同的性质和过程，这些学科之间的一致性要求知道科学概念之间的内在关系和学科结构，在某科目中读到一个科学概念、法则和原理要能从其他不同的科目建立多样化的理解。最重要的是要让学生按照他们能够理解和应用的方式进行教学——不论他们将来是做普通公民还是成为科学家。

与"2061 计划"、《范围、顺序和协调方案》主旨相统一，1996 年美国推出了科学教育史上第一部全国统一的科学课程标准：《国家科学教育标准》，并提出基础科学教育面向全体学生，把培养大批具有科学素养的公民而非少数科学家或工程师作为中小学科学课程的最高目标。《国家科学教育标准》共分科学教学标准、科学教师的专业进修标准、科学教育的评价标准、科学内容标准、科学教育大纲标准和科学教育系统标准六个部分。

《国家科学教育标准》为科学教育提供了一个行动框架，定义了科学教育应该使学生具有的基本能力，这些基本能力对不同背景、不同未来期望、不同科学兴趣、不同发展方向的学生的要求是一样的。标准规定了学习目标、课程设计、教育方法、评价方式、学科关联应该达到的水准；教师需要具有的职业技能、实现教学目标所需要的课程资源；提出了制订长期的科学教育计划可能出现的影响因素，以及其他因素在实施过程之中引起的结构、组织、教学内容的持续变化；提出了在国家课程标准指导下积累教学经验，调动教师主动性的建议，提供评价教学效果、教育机会、教育水准的程序。

《国家科学教育标准》旨在通过科学教育，让学生在学习科学时能够领略到做科学本身所带来的充实感和兴奋之情；使学生能运用科学的原理和方法做出个人的各种决策；使学生能够积极参与讨论关乎全社会的各种科学问题；具备科学地解决问题的能力，包括：创造性地解决问题的能力、判断思维的能力、与他人协同工作的能力、有效地运用技术的能力、懂得活到老学到老的价值；理解科学概念；了解科学学科之间的联系；对于我们是"如何知道"科学事实这一过程有惊羡之感；了解科学探究过程；理解科学的本质；掌握对自然界进行独立探究的必要技能；形成运用技能、能力和秉持科学态度的习惯；理解科学与技术的区别与联系。

其中，关于中学技术课程标准中提出的系统概念是非常复杂的，主要包括：因果关系、变化与守恒、多样化与差异、能量与物质、进化与平衡、模型与理论、概率与预测、结构与功能、系统与交互作用、时间与比例。这些概念虽然不需要设置独立的单元进行讲解，但至少需要联系学科、主题实际进行学习。课程教学的重点是教给学生思维习惯，比如，乐于探究、在回答问题和解决问题中合作、尊重事实、信赖数据、富于怀疑精神，学生应该通过回答问题、解决问题、做出结论、采取行动等提高自己的技能。教学内容应该接近学生的生活和周围世界，有利于学生形成新知识、新技能和科学态度。课程和指导的核心是探究的深度而不是主题的宽泛。

撰写教育改革报告、制订课程标准与实施教育改革是两种不同的行动。前者要求有一组明确的改革理念和对理念的清晰解释与辩护，是一种"课程理想"。实践则需要上千个学区、数以百万计的学校职员进行变革，是一种实实在在的"课程实践"。"课程理想"与"课程实践"之间必然存在偏差，这已被课程改革史所证实。

针对科学教育改革过程中出现的"理想"与"实践"的差距问题，伍德哥·W. 伯比（Rodger W. Bybee）提出自己的 14 条建议①。

● 为了适应科学教育的变革，学校职员必须进行相应的变革，而对学校职员进行变革的最重要的影响因素是校本基础上的实践支撑。

● 科学和技术素养是 K–12 科学教育的主要目的，这种目的是面对所有学生的，而不是针对科学与技术领域个性化的职业。

● 科学教育课程是否适应 21 世纪科学与技术面临的挑战，要对科学教育计划和教师进行全面的重新评估。

● 对目前科学课程的内容用学生可以接受的、可以涵盖标准要求的、主要概念的内容所代替。

● 淡化地球与空间科学、生物学、化学、物理学等学科的刚性边界，加强学科之间的联系，加强学科教学与技术、数学、伦理、社会现状等生活实际的联系。

● 要求学生掌握科学和技术课程的概念和过程。

● 作为一位公民在许多方面需要了解科学与技术，通过科学教育让学生知道科学与技术是一项社会事业，是人类思想和社会行动的产物。

● 科学探究是让教学更加有效的重要保证，学生的学习依赖于学生对经验意义的自我建构，建构主义的方法要求不同的课程和教学方法与之相适应。

● 要让学生理解科学研究的内涵，掌握现代科学知识，科学教学应该包含科学技术的精神和品质。

● 要让学生从自然现象的问题（科学）以及人类如何与其所处的环境和谐共存（技术）开始，通过主动地探究过程，寻找科学技术问题

---

① Science Curriculum Reform in the United States. ColoradoSprings, *Colorado*: *Biological Sciences Curriculum Study*, 1995. Edited by Rodger W. Bybee and Joseph D. McInerney.

的答案。让学生有机会提出自己对自然现象的解释和解决问题的方案，然后与科学和技术课程中的概念相比较，让学生有机会通过应用使他们所理解的知识进入到新的状态。

● 培养全体美国人的科技素养是解决教育公平、保证弱势群体接受科学教育机会的关键所在。

● 科学教育改革的理念还没有完全地进入科学和技术课程的主题细节，当代的科学课程改革坚决不能忽视青少年本身就是科学课程的一个部分，而不是位于科学课程之外。

● 如果教学评价不进行相应的改革，那么科学课程改革将成为一个空洞的口号。从地方学校到联邦教育发展评估委员会，教学评价的变革必须反映课程和教学改革的成果。鼓励教师精讲、讲深，但考核过多的事实细节会损害科学教育的改革。

● 科学教育的改革必须纳入整体教育改革的视野，传统的仅仅依靠更新教科书、购置新型设备、增设新课程的方法来提高科学教育质量是徒劳的。必须整体、系统地看待 K－12 科学教育的重构，包括所有科目和学生、教师职后发展培训计划、教师职前培训改革和管理者的支持等。这种全面系统的改革又是以校本的变革和重构为基础的。

二、对我国科学课程改革的启示

2001 年中国科协按照科学素养的国际普遍标准：对于科学知识（科学术语和科学基本观点）达到基本的了解程度，对于科学的方法达到基本的了解程度，对于科学技术对社会和个人所产生的影响达到基本的了解程度等指标，对我国公民的科学素养状况展开了全面调查。调查结果显示：我国每千人中只有 14 人具备基本科学素养。这还不及美国 10 年前的 1/6，但已是中国 5 年前调查结果的 7 倍。小学以下人群中具备科学素质的人很少；受过九年义务教育的人，所具有的科学素质也是十分初步的，要么学过没记住，要么学过不理解。

据 2000 年瑞士国际管理发展学院（IMD）发布的《世界竞争力年鉴》显示，在所列 47 个国家和地区的国际竞争力中，关于国民素质竞争力方面，我国排名比 1999 年下降了 2 个位次。劣势项目中如灵活性和适应性排名第 47 位，合格工程师的易得性排名第 47 位，均为参评国家和地区的最后一名；文盲率排名第 46 位，信息技术技能的可获得性排名第 46

位，均排在倒数第二名；当前公共教育经费总支出排名第 44 位，人文发展指数排名第 43 位等。可以看出，当前我国国民素质状况已经成为提升我国国际竞争力的一个瓶颈。

科学素质与技术能力是国民素质的重要组成部分，是在新世纪实现中华民族伟大复兴的重要基础。因此加强基础科学教育，对提高我国国民素质尤其是科学素质是十分必要和紧迫的。

要想通过科学教育的改革达到实现提高我国国际竞争力的目标，最根本的是我们要有原创性的改革方略。在借鉴和吸收国外科学教育改革措施的基础上有所创造，有所超越。自洋务运动以来，我们的科学教育改革借鉴有余、原创不足，与国际改革浪潮跟随有余、引领不足的问题，十分突出，很难适应国家竞争力提高的需要，需要认真反思。何思源在 1932 年发表的《中国教育危机的分析》一文中就知识阶层长期失业，考取公务员千里选一，考录教师岗位百里挑一，这一中国特有现象，而且延续至今，指出主要原因是教育制度模仿欧美所致。"中国四十年之教育制度，大都由欧美各国辗转抄袭而来。欧美以工商立国，中国以农业立国，立国之基础既殊；欧美为资本主义集中已成立之社会，中国为产业落后自由演化之社会，社会构造异。"因此，模仿外国教育构建我国教育制度与体系，必然导致学校教育难以适应国家经济社会发展需要这一局面。科学课程改革也是如此。

第三章

科学课程与社会再生产

　　课程社会学的研究更多的是从意识形态、阶级不平等的角度来探讨课程问题，而且对我国该领域产生重要影响的西方课程社会学研究者，严格意义上说是教育社会学研究者，如哈格里夫斯（David Harareaves）、艾普尔（Michael W. Apple）、伯恩斯坦（Basl Bernstein）、迈克尔·扬（M. Young）、鲍尔斯（S. Bowles）、金蒂斯（H. Gintis）等都可以称为西方马克思主义流派的教育社会学者。马克思主义理论作为我国教育研究的根本方法论，从事课程社会学的学习和研究工作，学习和运用马克思主义分析范式，同时借鉴西方马克思主义教育社会学理论成果，研究科学课程问题是一种方法论的必然选择。社会化和社会选择是教育社会学研究的基本问题，也是课程社会学研究的核心命题，而在马克思主义者看来，社会化和社会选择的根本功能在于再生产现存的社会样态。为此，本章主要目的在于尝试运用马克思主义再生产理论分析科学课程的社会功能问题。

第一节　马克思主义社会再生产理论

　　社会的延续和发展是一个再生产的过程。无论在哪个阶段的社会形态中，再生产都占有相当重要的位置，它是社会延续的一种样态、一种机制。那么，什么是社会再生产呢？马克思说："不管生产过程的社会形式怎样，它必须是连续不断的，或者说，必须周而复始地经过同样一些阶段。一个社会不能停止消费，同样，它也不能停止生产。因此，每一个社会生产过程，从经常的联系和它不断更新来看，同时就是再生产过程。"① 《现代汉语词典》把再生产解释为："指生产过程不断重复和经常更新。

---

① ［德］马克思：《资本论》（第1卷），人民出版社1975年版，第621页。

有两种形式，即按原规模重复的简单再生产和在扩大规模上进行的扩大再生产。"① 马克思在《资本论》中对社会再生产的分析主要是从经济再生产的角度进行的，随着欧美工业化进程的加快，教育在社会发展和个体生存中的功能越来越重要，教育竞争与公平的问题越来越引起社会学家的关注，马克思再生产理论被引入到教育社会学研究成为一个自然的过程。

一、马克思主义社会再生产理论释义

再生产理论在整个马克思主义经济理论中占有重要地位。其著作《资本论》就是一部研究资本再生产的主要论著。马克思与恩格斯曾这样说道："我们首先应确定一切人类生存的第一个前提也就是一切历史的第一个前提，这个前提就是：人们为了能够'创造历史'，必须能够生活。但是为了生活，首先就需要衣、食、住以及其他东西。因此，第一个历史活动就是生产满足这些需要的资料，即生产物质生活本身。"② 由此，可以看出马克思、恩格斯的人本思想。在马克思、恩格斯看来，人类历史活动的逻辑基点和动力系统就是人类的生活本身，生活的基本需要是物质生活需要，要满足人类生存的、基本的物质生活需要，个体和社会必须从事生产活动，而且由于人类的生命延续是持续的，生活的需要也是延续的，生产活动自然就是周而复始的。只要人类存在，生产活动就不会停止，再生产是生产活动的本质属性。马克思在考察社会总资本的再生产和流通的同时，发现了整个社会再生产的一般规律，他认为，在任何社会中，社会生产总是连续不断地进行的。他说："一个社会不能停止消费，同样，它也不能停止生产。因此，每一个社会生产过程，从经常的联系和它不断地更新来看，同时也就是再生产过程。"③

二、马克思主义对社会再生产的分类

马克思把社会再生产分为简单再生产和扩大再生产、外延的扩大再生产和内含的扩大再生产。简单再生产指所有剩余产品全部用于非生产性消费，没有积累发生，生产过程在原有规模上重复进行。扩大再生产是指把

---

①　中国社会科学语言研究所：《现代汉语词典》，商务印书馆 2002 年版，第 1567 页。

②　《马克思恩格斯选集》第 1 卷，人民出版社 1956 年版，第 32 页。

③　《马克思恩格斯全集》第 23 卷，人民出版社 1975 年版，第 621 页。

剩余产品并不全部用于非生产性消费，而是把一部分剩余产品用于积累，生产过程在扩大的规模上进行，扩大再生产是资本主义再生产的基本特征。对此马克斯·韦伯从新教伦理与资本主义精神的角度，对资本主义再生产的本质是扩大再生产的社会根源进行了解释，他认为勤劳与节俭关乎基督教信徒死后能否升入天堂，因此，资本家把剩余产品不断投入再生产就又有了一种宗教解释。简单再生产和扩大再生产对以家庭为基础的个体教育投资与个体因接受优质教育和高等教育而获得良好的职业和经济收益这一教育现象，有借鉴和启示意义。目前国内外关于个体教育投资与收益的研究，以及对高等教育收费制度合理性的辩护，与再生产理论有一定的联系。

外延的扩大再生产，是指单纯依靠增加生产要素的数量，即依靠增人、增资、增生产资料，扩大生产场所来扩大生产规模。内含的扩大再生产则是依靠技术进步，依靠改善生产要素质量，依靠提高劳动的效率和生产资料的效率取得①。马克思说："如果生产场所扩大了，就是外延上扩大；如果生产资料的效率提高了，就是在内含上扩大。这种规模扩大的再生产，不是积累剩余价值转化为资本引起的，而是由从固定资本的本体分出来、以货币形式和它分离的价值再转化为追加的或效率更大的同一种固定资本而引起的。"② 外延扩大再生产与内含的扩大再生产对高等教育大众化阶段的发展特点和路向有借鉴意义。以规模扩张为特征的大众化快速发展，以全面转入内涵建设、全面提高高等质量特征的科学发展，均可以从马克思社会再生产理论中找到启示。此外，今天的国际经济竞争已经转向依靠知识创新和科技进步为特征的知识经济形态的竞争，知识经济是典型的内涵式扩大再生产，这种扩大再生产必然依靠教育对创新人才的培养来实现，马克思社会关系再生产理论引入教育社会学研究领域也不足为奇了。

三、马克思主义对社会再生产过程的分析

马克思在《资本论》中对社会再生产的分析并非简单的经济活动分析，而是上升到价值分析，因此其对教育再生产的研究具有重要的指导意义。马克思根据社会产品实物形态的最终用途把其分为生产资料（第 I

---

① 刘国光等：《马克思的社会再生产理论》，中国社会科学出版社 1981 年版，第 101 页。

② 《马克思恩格斯全集》第 24 卷，人民出版社 1972 年版，第 192 页。

部类）产品和消费资料（第Ⅱ部类）产品，也就是说第一部类的产品继续用于生产的部门，第Ⅱ部类的产品用于消费。马克思说："这两个部类中，每一部类借助于这些资本而生产的全部年产品的价值都分成：代表生产上消耗掉的、按其价值来说只是转移到产品中去的不变资本 c 的价值部分和由全部年劳动加入的价值部分。后者又分成：补偿预付可变资本 v 的部分和超过可变资本而形成剩余价值 m 的部分。因此，每一部类的全部年产品的价值，和每个个别商品的价值一样，也分成 c＋v＋m。"① c、v、m 可以理解为分别被分配为成本、工资和利润。由于第一部类不能满足自己的消费资料，第二部类也只能向第一部类购买生产资料，两者之间必然形成交换关系。对于简单再生产而言，第Ⅰ部类的工资和利润全部用于购买消费资料，为了保证生产和消费的顺利进行，必须满足公式 I（v＋m）＝Ⅱ（c），也就是两个部类要保持合适的产量比例。在社会再生产中，扩大再生产是现实的样态，因此，就要把剩余价值用于扩大再生产，也就是 m 被分成两部分，m/x 用于消费，x 表示一个不确定的比例，m－m/x 用于扩大投资（包括增加劳动力、提高工资），成本、工资和利润就被划分为 c、△c、v、△v、m、m/x，同样的，两个部类还要保持一个等量关系，于是就形成新的等式 I（v＋△v＋m/x）＝Ⅱ（c＋△c）。

马克思关于社会再生产的理论并非单纯的经济学研究，其间渗透着深厚的社会学思想，马克思说："把资本主义生产过程联系起来考察，或作为再生产过程来考察，它不仅生产商品，不仅生产剩余价值，而且还生产和再生产资本关系本身：一方面是资本家，另一方面是雇佣工人。"② 也就是社会再生产不仅是经济再生产，更是资本主义社会关系的再生产，涉及社会关系和人的社会地位再生产时，就必然把教育纳入影响要素来分析，这是社会再生产理论对教育再生产理论影响的基础。

工业化和以知识经济为特征的后工业社会，提高劳动生产率越来越多地依靠提高劳动者素质，以及科学技术创新在生产中的应用，教育在个体和社会再生产中的影响越来越大。个体的工资收入并不完全用于物质消费，而是把越来越多的工资收入分配到教育投入中去，而且对个体及其家庭的经济和社会收益产生了较大的影响，教育投入本身拥有"个体再生

---

① 《马克思恩格斯全集》第 24 卷，人民出版社 1972 年版，第 439 页。

② 《马克思恩格斯全集》第 23 卷，人民出版社 1975 年版，第 634 页。

产"的特征，这是教育社会学和教育经济学研究感兴趣的课题，而马克思关于社会再生产的理论成果，对此有重要的指导意义。此外，广泛必然曾经说过，资本流通过程的总体就是再生产过程的形式。

四、马克思主义对社会再生产本质的分析

马克思在《资本论》第一卷中主要是把资本在流通领域所经历的形式变换和物质变换假定为前提。其第二篇至第六篇与第七篇把资本主义生产过程分为了两个部分：

"马克思在《资本论》第二篇至第六篇采取的是解剖麻雀的方法，从静态、单个企业、单个资本家和工人的关系这一角度，得出资本主义生产的本质是剩余价值的生产这一结论。但是，资本主义生产同其他一切生产一样，并不是单独的和偶然的行为，它进行着，而且必须连续不断地进行。因此，对资本主义生产本质的认识，必须从再生产的角度作进一步的研究。马克思在第七篇中就是从历史的、动态的、全社会范围的角度，从资本家阶级与工人阶级之间的关系考察资本主义再生产过程。"[①] 无论从哪方面来考虑，简单再生产都是扩大再生产的基础和前提，而简单再生产与扩大再生产的区别就在于简单再生产是生产过程在以前规模基础上的重复，扩大再生产最显著的特点就是资本的积累。当资本家把剩余价值当作资本使用，资本主义生产就不是简单再生产，而是以资本积累为特点的扩大再生产了。

当资本积累到一定阶段，劳动生产力就会相应地得到提高，而劳动生产力的发展就会造成相对的人口过剩问题，促进产业后备军的形成。在资本积累的过程中，一方面，生产力的提高使不用原来所需的工人数量就可以完成相等的工作；另一方面，同样数量的劳动力就可以完成更多的劳动量；还有，通过排挤较高级的劳动力就可以推动更多低级劳动力。产业后备军的扩大增大了就业工人身上的压力，他们要想生存就必须听从资本家的安排与摆布，被迫降低自己的工资标准。

从再生产的角度来看，资本主义再生产的本质显示资本家为了占有更多的剩余价值，有着无限扩大再生产的倾向，科学技术的创新和应用使再

[①]　闫庆民、唐路元：《对马克思再生产理论的再认识》，载《财经科学》2000 年第 2 期，第 50 页。

生产的持续进行产生了现实的可能性，而科学技术的创新一是依赖教育培养创新人才，二是高等学校的科技创新成果直接转化为生产力。

因此，教育在社会再生产过程中作用越来越大，对教育与经济再生产关系的研究自然容易引申到对教育与社会地位再生产关系的研究。也就是说，教育通过社会选择的功能，实现了社会分层，而这种分层的过程却受着现存社会等级关系的制约，或者说统治阶层通过占有权力、经济资本，决定着教育在发挥社会分层功能的过程中，向有利于现有统治阶层、再生产现存的社会等级关系的方向发展。这种教育再生产的过程，从马克思主义社会再生产的原理和方法分析中，得到了理论支撑和方法论借鉴。

第二节　西方马克思主义教育再生产理论

随着科学技术的飞速发展，人们越来越意识到教育在人们现实生活中的重要性。人们通常认为，教育教学的过程仅仅是单纯的知识传授的过程，并没有意识到除此之外，教育还具有社会再生产的功能。教育再生产指的是"学校知识直接有助于现存经济和政治结构的意识形态，实践和特权制度的合法化与永久性的某些特点"。[①]

一、教育与资本主义经济制度再生产

按照直接再生产理论，教育具有"再生产"或维护资本主义经济制度的功能。事实上，学校教育制度有着与资本主义经济制度相对应的结构模式和运行机制。鲍尔斯与金蒂斯认为，教育是社会的一部分，脱离了社会就无法了解教育，教育与社会的基本经济制度是相联系的，并按照经济基础决定上层建筑的社会规律进行资本主义社会的再生产，鲍尔斯和金蒂斯的观点侧重于认为教育的再生产功能是通过隐性的意识形态渗透来实现的。与鲍尔斯和金蒂斯不同的是，米利班德（R. Milliband）虽然承认经济制度对教育再生产的决定作用，但他注意到了统治阶级"有意识"地对教育的"关注"，在教育与经济制度的关系中融入了统治阶级的"强烈意志"，奥尔萨瑟（L. Althusser）更是把教育视为国家机器的一个组成部

---

① 张家军：《论教育再生产——教育功能的社会学审视》，载《贵州师范大学学报》2009年第1期，第106页。

分，认为教育与法庭、宣传机器等一样，承担着再生产资本主义生产关系的职能。

（一）教育作为社会化工具对资本主义价值合理性的辩护

资本主义教育是如何实现资本主义制度再生产的呢？西方马克思主义者认为，主要通过意识形态的辩护和个体的社会化，从价值合理性上再生产资本主义制度。鲍尔斯和金蒂斯认为，社会通过灌输资本主义"意识形态"，如"专家治国，英才统治"或者"教育机会均等与能人统治的意识形态"来实现的。通过教育，人们形成了这样一种观点，即社会上最主要的职位应由最有才能的人来担任，收入、财富和地位上的不平等是因个人能力的不同，而不是资本主义经济制度本身的缺陷造成的。这种通过个体的意识形态社会化达到再生产资本主义生产关系的机制，带有很大的潜移默化性，学校隐性课程的研究对此项功能的揭示有一定的参考价值。

从本质上看，这些观点不像结构功能主义那样对再生产理论的分析仅仅停留在表层上进行合理辩护，而是在此基础上进行了更深层次的批判与解析。鲍尔斯和金蒂斯认为，这些观念只不过是一些掩饰事实真相的意识形态，能力并不是经济成功的一个主要标准，相反，决定经济成功的关键是一个人的社会经济背景。其实，杜威对这个问题的看法是："一个生长在音乐家的家庭里的儿童，不可避免地使他在音乐方面所具有的任何能力得到激励，而且，相对地说，要比在另一环境中，可能被唤醒的其他冲动受到更大的激励。"① 当然，杜威的立论点并不是在于说明资本主义制度的不合理性。

那么，资本主义为什么需要灌输这样一种意识形态呢？这些意识形态的社会化过程又是怎样的？鲍尔斯和金蒂斯认为，资本主义社会虽然可以"使用国家的警察力量"和通过反工会法的方法"直接使用暴力"，但是，使用暴力毕竟会起反作用，要保证资本主义制度长久成功，需要建构一种为社会秩序辩护的意识形态，这是一种符号暴力而不是直接暴力，通过社会化过程能使它们成为日常生活惯常的行为准则。

孔子也早就说过，"道之以政，齐之以刑，民免而无耻；道之以德，

---

① ［美］约翰·杜威：《民主主义与教育》，王承绪译，人民教育出版社 1990 年版，第18 页。

齐之以礼，有耻且格"①。因此，学校教育就成了为社会阶级结构再生产的一个重要因素。教育促成学生形成了"经济上的成功取决于能力和适当的技能"这样一种意识。在信仰、价值观方面，教育使个人的自我意识、抱负和社会阶级身份适应了社会劳动分工的要求。比如，学校对"温顺"、"服从"、"毅力"、"依赖性"、"与组织融为一体"、"遵守时间"等行为加以鼓励，而对创造性、自主性的行为则加以惩罚。通过学校教育学生变得谦恭，但丧失了主动精神和自决、自我发展的能力，也就是说，资本主义制度所要求的那些行为类型和个性特征通过教育实现了社会化，也就是说通过教育内化了资本主义主流价值观，使一代一代的社会新人持续认同并不断维护着资本主义生产关系。

　　这种社会化的过程不仅表现在思想领域，而且在显性的组织结构和社会关系的属性方面，学校内的组织架构和社会关系与公司的组织架构和社会关系也是对应的，在这样的一种组织架构内，新的一代人通过实践行动，潜移默化地适应着资本主义科层制的管理模式和运行机制。这完全可以通过学校与公司之间组织架构的内在统一性看出来。

公　司	学　校
（1）工人对工作没有支配权。 （2）工人对工作内容没有选择权。 （3）从事工作的目的在于得到工资或资格。 （4）工作中力求避免因工作不当带来失业的后果。 （5）在劳动过程中给每一个人指定了窄小的工作范围。 （6）劳动分工引起劳动大军的不团结。 （7）职业结构具有不同"层次"。 （8）车间的工人受到严密监视。 （9）白领工人可以将自己的组织目标内在化，相对独立地进行工作。	（1）学生对学习没有支配权。 （2）学生对课程设置的权力微乎其微。 （3）学生学习的目的在于得到好的成绩和奖赏。 （4）学习中力求避免因学习不良带来学业上的失败。 （5）知识的专门化。 （6）鼓励学生之间不必要的竞争。 （7）学校教育具有相适应的类型和层次。 （8）职业教育或基础教育过程中学生的学习受到严格控制。 （9）高等教育过程中的学生具有较大的学习自主权。

　　因此，鲍尔斯、金蒂斯认为，教育制度的运行方式，并不是由教师和教育管理人员的意志决定的，学校中管理人员与教师、教师与学生的关系和政府的组织结构、公司的组织结构是一致的。因此，在资本主义社会，人的劳动是"异化"的，学校中学生的学习活动也是被"异化"的。戴

---

① 《论语·为政第二》，辽宁民族出版社1996年版，第10页。

维·布莱克莱吉把马克思关于劳动异化的理论述概括为以下四种情况①：

第一，人同劳动产品相异化。人的劳动产品成为"一种异己的东西……或成为同他对立的独立力量，人创造了对象又反过来被对象所奴役"。

第二，人不仅被劳动的产品，也被生产过程或自己的生产活动所异化。"劳动过程不是满足劳动需要，而只是满足劳动需要以外的需要一种手段"。异化使人丧失了"生产的欢乐和对产品的享受"。

第三，人与自己的"类存在"，即肉体与社会的存在相异化。类生活是一种自主的、有意识的活动。通过类生活人才能改造世界并创造出自己的"作品"，"在他所创造的世界中看到了自身"。而在异化状态下，他的生命活动成为达到某一目的手段而不是目的本身，成为仅仅用来维持生存或得到像食物、住所这些生产必需品的工具。

第四，人同自己的劳动产品、自己的生命活动、自己的类本质相异化这一事实所造成的直接结果就是人同人相异化。当人同自身相对立的时候，他也同他人相对立。异化表现在人与人之间的关系上，异化和私有财产构成了社会分化和阶级冲突的基础。马克思在《1844 年经济学哲学手稿》对资本主义劳动对人的本性的异化深刻地揭示道："劳动者生产得越多，他能够消费得就越少；他越是创造价值，他自己越是贬低价值、失去价值；他的产品越是完美，他自己越是畸形；他所创造的物品越是文明，他自己越是野蛮；劳动越是有力，劳动者越是无力；劳动越是机智，劳动者越是愚钝，并且越是成为自然界的奴隶。"②

鲍尔斯、金蒂斯联想到资本主义美国学校的教育生活，学生在接受教育过程中所处的地位、从事学习活动的目的、所拥有的权力、交往过程中形成的社会关系等，都具有"异化"的特征。比如，视"教育是生活的准备"而不是"生活本身"，无论是为了实现社会目标，还是为了实现"书中自有黄金屋，书中自有颜如玉"的个人主义梦想，都把接受教育作为一种达到某种目的的手段。"为教育而教育"、"为学习而学习"成为形而上的东西，被冷落了。这种"异化"过程的价值，就在于学校通过这种社会化功能，内化和适应资本主义生产制度，从而达到再生产的目的。

---

① ［英］戴维·布莱克莱吉等：《当代教育社会学流派》，王波等译，春秋出版社 1989 年版，第 137—138 页。

② 马克思：《1844 年经济学哲学手稿》，刘坯坤译，人民出版社 2002 年版，第 46 页。

因此，在资本主义美国，教育起着延续和再生产资本主义制度的作用，是维护和加强现存的社会秩序和经济秩序的若干社会机构中的一个。由于这一原因，教育不能充当促进更大程度平等的社会公正的力量。在这方面，教育与国家政府相似。①

怎样才能让教育避免被异化？鲍尔斯和金蒂斯认为，只有在建立了经济民主和政治民主制度的社会主义社会，劳动才不会被异化，教育才会获得解放，成为促进个人发展和平等的手段，"民主的、参与式的教育"才会出现。虽然此时的教育仍然具有经济功能，让青年人做好进入劳动世界的准备，但"当教育制度摆脱了使特权合法化的功能，便可集中力量使劳动技能的发展成为个人生活中令人愉快的组成部分"。②

（二）教育作为国家机器对资本主义经济制度的维护

米德尔班、奥尔萨斯与鲍尔斯、金蒂斯的观点不同，他们认为学校是国家机器系统中的一个重要组成机构，教育在资本主义社会再生产中的作用是统治阶级为了维护自己的统治地位而"主动努力"的结果，而鲍尔斯、金蒂斯认为教育在资本主义社会再生产过程中，是在"自由、平等"形式的掩盖下通过价值"渗透内化"实现的。社会再生产的形成不是个人行为的结果，而是客观经济力量作用的结果，是教育这一国家机器发挥强制功能的结果。米利班德认为："社会中总有一个集团，或者更确切地说一个阶级占统治地位。此外，国家也不是中立仲裁者，相反，国家的'主要目的在于维持某一阶级在社会中的统治地位'。"③ 统治阶级维持其社会统治地位靠的是国家机器，奥尔萨瑟就把教育视为国家机器的一部分，他说："我们认为，在成熟的资本主义形态中被置于重要位置的意识形态国家机器是教育的意识形态机器。"④ 他认为，资本主义社会的上层建筑可以分为两个部分，即镇压的国家机器和意识形态的国家机器。按照他的观点，下列机构可视为意识形态的国家机器：（1）宗教机构；（2）教育机构；（3）家庭；（4）法律机构（也属于镇压的国家机器）；（5）政治机构；（6）工会；（7）传播媒介，即报纸、广播、电视；（8）文化，即

---

① ［英］戴维·布莱克莱吉等：《当代教育社会学流派》，王波等译，春秋出版社 1989 年版，第 149 页。

② 同上书，第 137—138 页。

③ 同上书，第 168 页。

④ 同上书，第 179 页。

学校、艺术、体育①。意识形态的国家机器与镇压的国家机器共同维护着资本主义制度。教育在传播统治阶级的意识形态方面有着重要的地位，其地位的重要性甚至超过了政治意识形态的国家机器，教育作为国家机器中的一种社会机构不是遮遮掩掩地发挥意识形态功能的。

　　为大众设立的学校以灌输"对社会秩序顺从接受"的思想为其宗旨，通过思想的强制，教育机构起着一种重要的保守作用，充当使社会合法化的媒介。这种功能是通过三种相互关联的方法实现的②：第一，对于大多数工人阶级家庭出身的儿童来说，学校起着认可其阶级地位的作用。通过让许多下层阶级儿童看到其他同学学业优异，加剧了他们的自卑感，并认定自己的失败是由于自身不足所致。第二，教育传播中产阶级的价值观念，将"一种异己的变化、价值准则，甚至语言强加于出身工人阶级家庭的儿童"。第三，教育还向学生灌输杜尔克姆所说的"基本的价值观念"。学校所传播的价值观念是被统治阶级所认可的价值观念，这一合法化过程在大学以及中、小学校均在进行，这种功能并非学校自觉的行动，而是资本主义国家通过法律、教育政策、准入制度等强制手段推行的。

　　法律明确规定儿童在性格形成期间必须接受强迫的学校教育，教育的目的也是由法律明确规定的。因此，教育是通过各种显性的强迫式的方式再生产着资本主义生产关系：第一，教育传授儿童在未来工作中所需要的知识和技能。第二，教育灌输良好的行为准则和与儿童未来将扮演的经济角色相适应的思维方式。对于未来的雇佣劳动者，教育培养谦逊、忍让、服从的品格；对于未来的资本家和经理，教育则灌输玩世不恭、狂傲、自大甚至花言巧语、狡猾奸诈等生存之道。第三，教育通过直接和间接的方式向儿童传授资本主义社会中占统治地位的意识形态。教育不论采用新方法还是老招数，"向儿童们灌输一定数量的、包含着统治阶级意识形态的'技能'（法语、算术、博物学、自然科学、文学），或干脆就是统治阶级的意识形态（伦理学、公民学、哲学）"。③ 普兰查斯评论说："从教育方面来说，这意味着不论其背景或目的是什么，教师的所作所为必须保证教育制度发挥其再生产社会关系并使其合法化的功能。如果教师不这样

---

①　［英］戴维·布莱克莱吉等：《当代教育社会学流派》，王波等译，春秋出版社1989年版，第178页。

②　同上书，第137—138页。

③　同上书，第189页。

做，……他们将被解雇。"①

（三）教育作为文化资本分配机构对资本主义制度的再生产

法国社会学家布迪厄提出文化资本理论，认为对资本主义社会关系起决定作用的资本形式除了传统物质和人力资本之外，还有另外一种资本形式，那就是文化资本。资本是"①用来生产或经营以求牟利的生产资料和货币。②比喻牟取利益的凭借"。② 文化资本更多地表现为因拥有文化这种财富而具有牟取权力、经济、社会声望等利益的能力。布迪厄说："不同的家庭教育行动传递的文化财产。作为文化资本，它们的价值随主教育行动强加的文化专断和不同集团或阶级呈家庭教育行动灌输的文化专断的距离大小而变化。"③ 也就是说，文化资本的功效与教育文化和各阶级文化资本的距离有关，对此，伯恩斯坦关于"精制语言编码"与"局限语言编码"的理论，可以帮助我们加深理解。精制语言编码"多为中产阶级所使用，其特点是语法、句型结构正确严密，连接词富于变化，善于运用新鲜生动的形容词、副词和连词，运用符号化的情况较多，这样有利于个人自由选择组织的机会，并有利于分析推理，能够在一个比较复杂的概念层次里统整组织经验"。局限语言编码则"多为劳工阶级所使用，其特点是语法结构简单，句子不完整，机械呆板地使用形容词、副词和连接词，常以事实命题作为理由或结论，不利于精密组织的意义及关系的沟通，更无法从事深层次的讨论"。④

虽然在资本主义国家教育法律层面上消除了种族歧视，学生可以保证教育起点的公平，在同样的学校，学习同样的课程，接受同样教师的指导。但是学校教育使用的语言和文化是"精制语言编码"，类似于我们日常理解的"书面语"。上层阶级尤其是有文化的中产阶级子女，在家庭教育中从一出生就接受着这种"精制语言编码"文化的熏陶，其与学校教育语言文化的距离小，而劳工阶级的子女，由于从一出生接受的是"局限语言编码"文化的熏陶，其与学校教育语言文化的距离大。在貌似

---

① ［英］戴维·布莱克莱吉等：《当代教育社会学流派》，王波等译，春秋出版社1989年版，第174页。

② 《现代汉语词典》，商务印书馆1998年版，第1662页。

③ ［法］P. 布尔迪约、J. C. 帕斯隆：《再生产——一种教育系统理论的要点》，商务印书馆2002年版，第40页。

④ 吴康宁：《课程社会学研究》，江苏教育出版社2004年版，第463页。

"外在"起点公平、公平竞争的教育境遇下，劳工阶级的子女其实从一出生已经处于不利的地位。学校教育在实施着一种文化再生产机制。

　　之所以布迪厄的理论在今天的影响力日盛，文化能成为一种社会资本来研究，同样有其深厚的社会学基础。那就是知识经济时代，知识创新尤其是科技创新成为经济生产的核心竞争力，科学技术成为第一生产力，掌握文化知识的社会成员拥有社会资本成为一种自然的现象。西方马克思主义者开始更多地关注知识的分配和获取过程是否存在更有利于统治阶级的"再生产"过程，以及这种"再生产"过程的机制。在世界全球化、民主化、现代化快速推进的时代，统治阶级并不是不想或者不能继续使用法庭、监狱等暴力的国家机器完成其社会地位的再生产，而是越来越不能单一使用这种手段来维护自身统治地位的再生产。所以布迪厄提出，在资本主义社会中的权力关系越来越通过符号暴力来得以维持，"经济关系通过伪装他物而使自身合法化。这种伪装是以经济资本向象征性资本的转换为基础的：'财富，作为权力的最终基础，只能以象征性资本的形式行使权力。'"①

二、教育对资本主义再生产的反抗：一种教育抵制理论

　　实际上，再生产理论主要是从宏观社会结构以及教育与其他社会结构要素之间的互动关系来进行分析的，虽然有实然的分析，但也不乏应然的成分。那么学校教育真的完全处于服从的地位？学校、班级里正在发生什么？教学内容、课程与资本主义再生产之间存在什么关系？教师、学生、管理者之间的社会关系实际怎样？持"冲突与抵制"观点的教育社会学者对这些问题进行了关注和研究。

　　阿普尔在其早期著作《意识形态与课程》中，基本上沿用了再生产理论的观点：学校的教学内容与社会不平等的社会结构是相对应的。学校就像社会的镜子，需要什么样的驯服工具，学校就培养什么样的工具人。让社会底层出身的学生，通过隐性课程的学习，接受或认可他们在经济阶梯上所处的位置。

　　但在其后期著作《教育与权力》和《教育中的文化与经济再生产》中，阿普尔修改了他关于教育过程的概念。他说，仅仅认为学校再现了社

---

　　① 王宏伟：《布迪厄评介》，载《国外理论动态》2000 年第 12 期，第 15 页。

会生产关系，这未免过于简单。尽管学校肯定会出现再生产，但这种再生产理论未考虑到学校生活的复杂性以及存在于学校中的斗争和矛盾。学生拥有一种与社会主导文化不一致的文化——学生自己的亚文化。学生以自己的亚文化为参照，不但透过意识形态可以看到社会不平等的本质，而且成为对学校的控制系统进行挑战的手段。他说："在城市学校和工人阶级学校，且不提其他地区的学校，许多学生创造性地适应环境，这样，他们便可以吸烟、逃学、嬉笑打闹，悄悄地控制课堂生活的节奏，并且整天都想这么混下去。更有甚者，这些学校的许多学生干脆不上学校所开设的一切课程。他们尽可能冷落数学老师、历史老师、职业课和其他课程的老师。他们也尽量拒绝接受严守时间、穿戴整齐、服从指挥以及在经济生活中其他更加根深蒂固的价值观方面的隐性教育。这些学生的真正任务就是等着下课铃响。"①

也就是说，隐性课程不是被学生消极接受的，而是以学生亚文化为中介来实现社会化过程的。在这样的过程中，学生在一定程度上对社会的霸权文化进行了抵制，形成了学校系统内部的反抗力量。虽然在一般情况下，这种不平衡的对抗不会取得成功，但也足以说明学生在学校的行为并不是完全取决于经济力量和社会力量的，他们并不是学校试图传播思想的消极"载体"。在这个不平衡的交互作用过程中，社会霸权文化与学生亚文化都被改造了。

吉罗也看到了再生产理论贬低了教育制度中人的自由和自我决定的重要性。他认为，学生在学校的生活，并不像直接再生产理论让我们相信的那样，完全受制于经济和社会制度，他们有某种自主，而且学校从整体上看，也具有某种独立性。他说，"工人阶级的学生不仅仅是资本主义的副产品，屈服于权威教师和学校……学校也是一个竞争场所，它不仅以结构矛盾和意识形态矛盾，而且以学生集体的抵制意识为特征"，"人民创造历史的观念已被忽视"了。②

威利斯则对工人阶级子女所形成的亚文化——"反学校文化"进行了关注。他认为反学校文化涉及学生对权威的抵制和反对，是工人阶级的某种态度和价值观在学校的一种反映。学校为避免成绩不良而采取的措施，如进行综合能力分组、采用个别化的教学方法等，为什么最终却毫无用处？这是由于出身于工人阶级家庭的学生文化与学校主导文化的内在冲突造成的。反学校文化的最基本、最明显的特征是对"权威"的根深蒂固的、普遍的和体现着个人倾向的抵制。反权威的态度表达方式有多种多样，如：逃学，吸烟，喝酒，穿戴不合习俗的衣服，破坏公物，参加暴力行动，偷窃，轻视知识和文凭，不停地寻找别人的弱点，有顽固的种族主义和性别主义思想等。这与车间文化中工人的抵制、反抗权威、挑剔、暗中与官方唱对台戏，以及在消遣和娱乐方面大显身手的文化行为是相似的。持反学校文化价值观的学生会认为，脑力劳动是女性从事的劳动，是对男性气概的威胁。这种反抗文化恰恰又达到了资本主义社会再生产的目的，这种文化满足了资本主义劳动力再生产的需要，其和车间文化的相似性，也有利于学生从学校转入工厂工作时的文化适应，有助于资本主义社会秩序的延续。

那么，学校中工人阶级子女只是学校的一部分，反学校文化应该只是学校文化的一部分，其他文化类型又是怎样的？对此，哈格里夫斯对学校的亚文化群体分成两类进行了研究：学习型亚文化和捣乱型亚文化。他又把学习型亚文化分成两个能力组，以男生为对象进行了研究。研究表明，第一能力组的学生，服从学校的一切规定。如：重视学习成绩，目的明确，学习勤奋努力；讨厌在课堂上"捣乱"的同学和不努力学习的同学；讨厌教师为了其他学生而放慢教学进度；注重良好的师生关系，对教师信任自己感到自豪等。第二能力组的学生把学习成绩看成是达到某种目标的手段。在课堂上参加学习，为的是获得毕业文凭，以便找到较好的工作；除了努力学习之外，也愿意在学校"混日子"和到处玩耍。捣乱型亚文化组的学生大多在消磨时光，从而诞生了真正的反学校文化。

哈格里夫斯的研究发现，亚文化的形成并不与经济地位呈对应关系：学习型亚文化和捣乱型亚文化中的男生都出身于工人阶级家庭。只是高能力组的男生多出身于具有进取精神、工作勤奋、注重人际关系和行为举止、责任感强、富有应变能力、尊重私有财产的家庭。

我们认为，哈格里夫斯的研究并不是对"反学校文化"理论的否定。一方面，目前还没有研究说明出身资本主义上层家庭的学生不具有"反学校文化"的现象；另一方面，出身工人阶级家庭的子女也存在认可社会主导文化或者称霸权文化的现象，也不能否认出身上层阶级的学生不是形成反学校文化的群体。事实上，任何国家，任何时代，出身下层阶级的学生认可主导文化，是使其步入社会上层的必要条件，这也是社会分层与流动的条件。正如中国的"科举制度"极大地维护了封建社会的统治一样，工人阶级家庭出身的学生对资本主义社会的霸权文化的认可，同样维护了资本主义制度，实现了资本主义的再生产。

第三节　教育再生产机制的分析

在人类社会已有的历史进程中，大到一个国家，小到一个社群组织，人是分等的。马克斯·韦伯是较早提出社会分层理论的社会学家，也是较早关注教育选择功能的社会学家。马克斯·韦伯在社会分层理论中提出了社会分层三重标准理论：财富—经济标准，权力—政治标准，声望—社会标准。财富是指社会成员在经济市场中的生活机会，权力意味着在某种社会关系中贯彻自己的意志并排除所有反抗的机会，声望则是指个人在其所处的社会环境中所得到的声誉和尊敬。很显然，不同的个体或社群拥有以上三种社会资源的能力和水平是不同的，社会因此分成不同的等级，这就是社会分层。但是什么样的人应该处于什么样的阶层上？这就需要社会有一个选择机制。教育承担了社会选择的重要功能，当然其他社会因素，比如家庭社会背景，也起着很重要的作用，那么，这种再生产机制是如何运行和实现的？马克思主义社会再生产理论以及其他社会学家关于社会分层和社会流动机制的分析可以给我们以启示。

一、社会分层

马克斯·韦伯认为，现代的社会生活中的各个工作领域起用人才，需要重视人的专业能力，做到量才录用；人事升迁，则需要依据个人的功绩表现，而非个人关系；生活与工作，需要有固定的法令与规章作为准绳，一切照章办事，同时，在组织中都有合理的目的，以约束正式的工作关系及非正式的人际关系。在这种情况下，选择与录用人才是十分重要的。所以，韦伯非常重视教育的选择功能，并以教育的选择功能来论述教育制度与社会结构之间的关系。① 也就是说，通过教育的社会选择功能，把不同的个体输送到不同层次的社会岗位上去，社会分层、社会选择与教育构成一种系统的互动社会机制。

分层（stratification）一词来源于地质学研究，原来指地质构造的不同层面。社会学借用"分层"一词来分析和说明社会的纵向结构。关于社会分层的定义主要有两种维度：一类是视其为客观过程的界定，即认为社会分层是指社会成员在社会生活中因获取社会资源的能力和机会不同而呈现出高低有序的等级或层次的现象或过程；另一类是视其为主观方法的界定，即认为社会分层是指根据一定的标准将社会成员划分为高低有序的等级或层次的方法。②

自马克斯·韦伯提出了社会分层的三重标准之后，许多社会学家在此基础上进行了发展，这些发展了的社会分层标准背后又隐含着各自的社会倾向，从宏观上看，这些社会倾向可以分为两大类：一类旨在发动和组织社会运动、阶级斗争，因而它更强调社会不平等对立与冲突的一面，更强调不同阶层、群体、阶级之间应有的本质区别，并致力于揭示冲突的内在根本原因；另一类则旨在调和各利益群体或阶级，依此目的划分的阶层、阶级的标准则可以较为宽泛，不同群体、阶层、阶级的区分多是非本质的。在我国，社会分层的区分标准是人们的行业和职业。行业这一范畴界定人们的工作领域，而职业这一范畴昭示人们具体的工作内容。在很长一段时间里，人们并不承认行业和职业的差异，认为不同群体利益一致，只是分工不同。但是，当人们对中国现阶段行业和职业差别作深入分析时，便发现人们的行业和职业不同，人们的社会境遇差别很大。近年来，在我国不强调阶级而强调阶层差异的教育社会学研究逐渐发展起来，这对于解决社会问题具有重要的意义。

我国社会学家陆学艺以职业分类为基础，以组织资源、经济资源和文化资源的占有状况为标准，把我国社会成员分成十大阶层。组织资源包括行政组织资源与政治组织资源，主要指依据国家政权组织和党组织系统而拥有的支配社会资源（包括人和物）的能力；经济资源指对生产资料的所有权、使用权和经营权；文化资源指社会（通过证书或资格认定）所

① 鲁洁：《教育社会学》，人民教育出版社 1990 年版，第 11 页。

② 刘祖云：《社会分层的若干理论问题新探》，载《江汉论坛》2002 年第 9 期，第 89 页。

认可的知识和技能的拥有。这十大社会阶层分别是①：

1. 国家与社会管理者阶层：指在党政、事业和社会团体机关单位中行使实际的行政管理职权的领导干部，目前在整个社会阶层结构中所占比例约为 2.1%；

2. 经理人员阶层：指国有、集体、私营和中外合资、外商独资大中型企业中非业主身份的中高层管理人员。这一阶层目前在整个社会阶层结构中所占比例约为 1.5%。

3. 私营企业主阶层：指拥有一定数量的私人资本或固定资产并进行投资以获取利润的人，这一阶层目前在整个社会阶层结构中所占比例约为 0.6%；

4. 专业技术人员阶层：指在各种经济成分的机构（包括国家机关、党群组织、全民企事业单位、集体企事业单位和各类非公有制经济企业）中专门从事各种专业性工作和科学技术工作的人员，这一阶层目前在整个社会阶层结构中所占比例约为 5.1%；

5. 办事人员阶层：指协助部门负责人处理日常行政事务的专职办公人员，主要由党政机关中的中低层公务员、各种所有制企事业单位中的基层管理人员和非专业性办事人员等组成。这一阶层目前在整个社会阶层结构中所占比例约为 4.8%；

6. 个体工商户阶层：指拥有较少量私人资本（包括不动产）并投入生产、流通、服务业等经营活动或金融债券市场且以此为生的人，这一阶层目前在整个社会阶层结构中所占比例约为 4.2%；

7. 商业、服务业员工阶层：指在商业和服务行业中从事非专业性的、非体力的和体力的工作人员，这一阶层目前在整个社会阶层结构中所占比例约为 12%；

8. 产业工人阶层：指在第二产业中从事体力、半体力劳动的生产工人、建筑业工人及相关人员，这一阶层目前在整个社会阶层结构中所占比例约为 22.6%；

9. 农业劳动者阶层：是目前中国规模最大的一个阶层，指承包集体所有的耕地，以农（林、牧、渔）业为唯一或主要的职业，并以农（林、牧、渔）业为唯一收入来源或主要收入来源的农民，这一阶层目前在整

① 陆学艺：《当代中国社会阶层研究报告》，社会科学文献出版社 2002 年版，第 9 页。

个社会阶层结构中所占比例约为 44%；

10. 城乡无业、失业、半失业者阶层：指无固定职业的劳动年龄人群（排除在校学生），这一阶层目前在整个社会阶层结构中所占比例约为 3.1%。

社会分层必然伴随着社会流动，社会成员或群体拥有由社会下层向社会上层流动的欲望，"王侯将相，宁有种乎？"就是这种流动欲望的体现。社会流动是指社会成员从一种社会地位向另一种社会地位，从一种职业向另一种职业的转变。这种转变可能由低的社会阶层向高的社会阶层流动，也可能是由高的社会阶层向低的社会阶层流动。前一种流动人们往往尊其为"成功"，后一种流动人们称其为"失败"。在现代开放社会，教育在社会流动中发挥着重要的作用，这种作用主要是通过教育的选择功能实现的。

二、教育的选择功能与社会分层

社会层级的存在和层级间社会成员的流动需要一种流动机制，通过政治、经济等途径可以实现层级间的流动，如投资经营成功、中彩票、职务升迁等都可以实现社会层级间的流动。但在现代社会，教育是实现社会流动最基本的途径。中国是历史上最早发挥教育选择功能的国家，科举制度是实现教育社会选择功能的重要手段，自隋朝大业元年（605 年）始到清朝光绪三十一年（1905 年）举行最后一科进士考试为止，经历了一千三百多年。科举考试是教育发挥社会选择功能的重要体现，今天的高考制度也是如此。因为步入上层社会是社会群体的普遍心态，可选择的社会途径当然很多，比如兴办实业，但现实和大多数社会群体还是理性地选择通过接受教育，获得较高的文凭，步入白领职业阶层，从而达到社会流动的目的。教育对国家而言不仅拥有社会选择的功能，而且教育选择往往具有"公平、客观"的属性，人们往往把实现社会流动目的失败归因于"自我努力不够"、"个人天赋不足"，从而达到维护社会稳定的目的。

英国功能主义社会学者特纳（Ralph H. Turner）和霍珀（Earl Hopper）认为社会选择是教育的主要功能。他们认为教育制度就其实质来说是选择的制度，只是在如何选择、何时选择、选择的对象与标准等方面存在差异而已。每一个社会都发展了自己的选择制度，但是当一个社会采取了解决选择问题的某种方案后，它又会遇到其他问题，特别是对抱负进行限制的问题。

拉尔夫·特纳在《赞助式和竞争式的社会流动与学校制度》一文中提出，我们生活在一个由不同阶层组成的社会里，每一个不同层次之间都存在着收入、名望和权力上的差异。一种情况是父母属于哪个阶层，其子女也出不了这一阶层。另一种情况是存在着最大程度的社会流动性。对于一个出身于下层阶级、有才干的儿童来说，提高自己在阶级制度中的地位具有经济上的意义。从政治上讲，让一些人收入微薄而无法改善自身状况是十分危险的。从道德上讲，把一个人放到他无法施展自己才华的地方，或者反过来，让一个人去担任他并不胜任的重要职务都是不公正的。希望促进社会流动性的人总是认为通过教育选择可以规划出一个更公正、更有效率的社会。①

厄尔·霍珀同样认为教育的主要功能在于选择，他说："教育制度的结构，尤其是工业社会的教育制度，应主要从其选择过程的结构去理解。"② 在他的《教育制度分类的类型学》一书中，把选择分为三个阶段：将能力分为类型和层次、与此相适应的教学、分配工作或继续训练。提出了选择应考虑的四个基本问题：怎样选择，何时选择，谁入选，为什么入选。

对于怎样选择，他提出了两种极端的可能性。一种选择是标准化的、集中并统一管理的。这需要一个全国统一的教育大纲，进行同样的考试，由行政部门对整个体系加以管理。另一种可能是实行分散的、非标准化的选择制度。按照这个制度不存在全社会共同的因素，也没有中央组织机构。现实世界的选择多介于这两种极端的制度之间。

对于何时选择，他认为对于选择实施得比较早的社会，往往基于这样的认识：能力是先天的，不变的；一个儿童所接受的教育应与今后的经济贡献相联系。选择进行得比较晚的社会，实施观念多为平均主义的。这种实施观念强调环境的重要性，强调人人都有获得最大限度教育的权利，要让英才与非英才共同接受教育。霍珀认为，在一个严格划分为不同阶层的社会里，最好的选择形式是在竞争观念与英才统治合法化观念指导下的标

---

①　赵长林：《教育与社会秩序——结构功能主义的观点》，载《教育理论与实践》2003 年第 8 期，第 3 页。

②　[英] 戴维·布莱克莱吉等：《当代教育社会学流派——对教育的社会学解释》，王波等译，春秋出版社 1989 年版，第 86 页。

准化晚期选择；另一方面，在一个阶级结构比较灵活的社会里，最有效的选择方式仍然是标准化的，但应是保护性观念与家长制合法化指导下的早期选择。

对于谁入选，为什么入选的问题，霍珀认为"大多数划分为不同阶层的社会解决这一难题的方法之一就是发展十分确切的合法化观念，以便对哪一种人得到社会的最高评价做出规定"。①

美国社会学家帕森斯在《学校班级作为一种社会体系》一文中，对班级的社会选择功能进行了研究。他认为班级作为一个"准社会"，它会根据社会的职业结构分配人力资源。在现实中，每个学生都在班级中承担着一定的"社会角色"，而这些社会角色的产生是基于学生的成就表现。

我国的学校教育同样具有这种社会再生产的功能，有的学生被选为"班级干部"这一领导层岗位，班级中存在"团支部书记"和"班长"这两个党政一把手，以及党政两个管理组织体系，有的担任小组长这一"中层管理"岗位，大多数学生作为班级中的群众角色，处于被领导的地位；有的被标定为学业成功型，鼓励接受更高水平和质量的教育，向步入社会中高阶层奋斗；有被标签为学业失败者，鼓励接受职业教育，被沉淀到一般职业者阶层。

总之，通过教育的社会选择功能，那些"学业成就优异者"被输送到白领、金领等中高社会阶层，那些"学业失败者"被输送到蓝领等较低社会阶层。当然，这其中也有个别社会成员虽然没有接受高层次的教育，但通过其他社会途径也跃迁到了中高社会阶层。教育的选择功能不但拥有筛选、过滤的功能，而且拥有让社会成员感受社会公平的功能，一是认可"社会差异存在的合理性"，这种认可是建立在"学业成绩水平的差异"上的，学校的选择具有公平性和合理性；另一方面通过教育的社会选择功能实现社会流动，使社会成员"振奋起来"，进入激烈的竞争状态，让社会获得最优的成员。据对北京市 2000 户城市居民家庭的调查显示：受教育程度和从业情况成为影响居民收入的重要因素——学历与收入呈正相关关系。2004 年，收入最低的为未上过学的群体，他们的年人均可支配收入为 9049.8 元。收入最高的为研究生群体，人均可支配收入为

---

① ［英］戴维·布莱克莱吉等：《当代教育社会学流派——对教育的社会学解释》，王波等译，春秋出版社 1989 年版，第 91 页。

23567.3 元。另外，文化程度较高的群体收入增长较快，文化程度较低的群体收入增长较慢。最高文化群体（研究生）与最低文化群体（未上过学）的收入差距拉大收入比由上年的 2.1∶1 上升到 2.6∶1。[①]

三、社会分层与教育

教育对社会流动、社会分层具有重要的作用，反过来，社会分层对个体受教育机会又有重要影响，这种影响的大小与社会环境又有很大的联系。

沈祖超、阎凤桥以 5 所西安民办高校作为研究对象，对学生家庭背景与其受教育机会进行了实证分析，其研究数据表明：农业劳动者阶层、产业工人阶层、商业服务人员阶层家庭子女就读民办高校比例分别是 42.9%、17.5%、11.2%，总计占到了 71.6%；而国家与社会管理者阶层、经理人员阶层、私营企业主阶层家庭子女就读民办高校的比例分别是 2.1%、1.6%、1.0%，总计只有 4.7%，如下表 3 - 1。[②]

表 3 - 1　　　　　民办高校学生父母职业与中国十大社会阶层

职业类型	父亲		母亲		中国十大社会阶层	
	人数	比例（%）	人数	比例（%）	阶层名称	比例（%）
失业下岗	208	5.9	350	10.1	城乡无业（半）失业阶层	4.8
农民或渔民	793	22.6	1169	33.7	农业劳动者阶层	42.9
工人	531	15.1	467	13.5	产业工人阶层	17.5
专门人员	117	3.3	74	2.1	商业服务人员阶层	11.2
一般职员	316	9.0	393	11.3	个体工商务人员阶层	11.2
公务员	246	7.0	113	3.3	办事人员阶层	7.2
技术人员	303	8.6	97	2.8	专业技术人员阶层	4.6
高级管理职员	140	4.0	65	1.9	私营企业主阶层	1.0
个体户或私企经营者	830	23.6	684	19.7	经理人员阶层	1.6
其他	26	0.7	57	1.6	国家与社会管理者阶层	2.1
合计	3510	99.8	3469	100.0		2.1

---

① 绳国庆：《居民收入学历职业是关键》，载《北京统计》2005 年第 2 期，第 23 页。

② 沈祖超、阎凤桥：《社会分层对于高等教育分层的影响：西安民办高校学生家庭背景的实证分析》，载《北京大学教育评论》2006 年第 2 期，第 77 页。

　　王伟宜对部分省份高校学生家庭所处社会阶层调查研究显示：在部属重点高校当中，"国家与社会管理者、经理人员、私营企业主和专业技术人员"这四个社会较高阶层的辈出率为2.39—5.46，约为平均数1的2—6倍，其中"国家与社会管理者和专业技术人员"这两个阶层的辈出率在所调查的五类高校中最高，分别为5.46和3.62，这说明，这两个阶层的子女处于明显的优势地位，拥有更多的就读于部属重点高校的机会；而"商业服务业员工、产业工人、农业劳动者和城乡无业、失业、半失业者"这四个较低阶层的辈出率则远低于平均数1，这显示出，这几个阶层的子女处于最不利的地位，他们只能获取很少的进入部属重点高校就读的机会。在所有阶层当中，国家与社会管理者阶层子女进部属重点大学的机会是城乡无业、失业、半失业者阶层子女的17倍。

　　公立普通本科院校中不同社会阶层辈出率的分布情况基本上类似于部属重点高校，所不同的是，国家与社会管理者、经理人员、私营企业主、专业技术人员和办事人员这五个阶层的辈出率都有不同程度的降低，而与此同时，"个体工商户、商业服务业员工、产业工人、农业劳动者和城乡无业、失业、半失业者"这五个社会阶层的辈出率都有所上升，如下表3-2①。

　　社会分层不仅影响接受什么样质量的教育，而且还影响能否接受教育。西方学者的研究结果表明：家庭经济阶层愈高，子女实际享有教育机会的可能性就愈大。美国鲍尔斯的实证研究结果表明：在美国，年收入在3000美元以下家庭的子女实际享有教育机会的可能性要比年收入在15000美元以上家庭的子女的相应可能性小6倍以上，如下表3-3。②

　　近年来，国内外学者在关注社会分层更多的是经济分层对接受高等教育机会的影响外，开始关注社会分层在其他教育阶段的影响。随着对布迪厄文化资本理论引介和研究，对家庭文化资本与子女受教育机会的相关性研究开始增加，研究表明：文化分层对教育机会的影响远比经济分层要大，而且不易受家庭其他背景因素的干扰而出现大幅度波动。此外，对种族、性别、语言与接受教育机会的相关性研究也引起学者的关注，而且深

---

　　①　王伟宜：《同社会阶层子女高等教育入学机会差异的研究》，载《民办教育研究》2005年第4期，第56页。

　　②　马和民：《新编教育社会学》，华东师范大学出版社2009年版，第263页。

表3-2　高校学生家庭所处社会阶层比例与辈出率

社会阶层	国家与社会管理者	经理人员	私营企业主	专业技术人员	办事人员	个体工商户	商业服务员工	产业工人	农业劳动者	城乡无业失业半失业人员	合计
社会阶层构成比例 A（%）	2.1	1.6	1.0	4.6	7.2	7.1	11.2	17.5	42.9	4.8	100.0
所有抽样学生家庭所处阶层构成比例 B1（%）	8.2	4.0	5.9	12.3	6.0	16.8	5.7	13.3	25.5	2.2	100.0
辈出率（=B1/A）	3.39	2.52	5.93	2.67	0.84	2.37	0.51	0.76	0.59	0.47	/
部属重点高校学生家庭所处阶层构成比例 B2（%）及	11.5	3.8	4.3	16.6	6.7	10.7	4.2	13.4	27.3	1.6	100.0
辈出率（=B2/A）	5.46	2.39	4.26	3.62	0.94	1.50	0.38	0.76	0.64	0.33	/
普通本科院校学生家庭所处阶层构成比例 B3（%）及	6.6	2.9	3.5	11.9	5.5	17.3	5.5	14.7	29.5	2.5	100.0
辈出率（=B3/A）	3.15	1.82	3.51	2.59	0.77	2.44	0.49	0.84	0.69	0.51	/
公立高职院校学生家庭所处阶层构成比例 B4（%）及	5.7	3.5	2.0	10.0	5.2	18.4	7.0	14.9	30.6	2.7	100.0
辈出率（=B4/A）	2.72	2.19	2.00	2.18	0.72	2.59	0.62	0.85	0.71	0.55	/
民办高职院校学生家庭所处阶层构成比例 B5（%）及	9.7	4.8	10.7	11.2	6.2	23.3	6.0	12.4	12.6	3.1	100.0
辈出率（=B5/A）	4.6	3.0	10.7	2.4	0.9	3.3	0.5	0.7	0.3	0.6	
独立学院学生家庭所处阶层构成比例 B6（%）及	10.9	8.9	17.7	9.3	8.0	22.0	6.1	9.1	6.3	1.6	100.0
辈出率（=B6/A）	5.20	5.54	17.74	2.02	1.12	3.09	0.55	0.52	0.15	0.34	/

入到学校课程知识这一微观领域。

表 3 - 3　　　　美国家庭收入不同阶层的子女未升入大学者的比例

家庭收入	未升入大学者的比例（％）
3000 美元以下	80.2
3000—3999 美元	67.7
4000—5999 美元	63.7
6000—7499 美元	58.9
7500—9999 美元	49.0
10000—14999 美元	38.7
15000 美元以上	13.3

　　1973 年美国教育经济学家迈克尔·史潘斯发表了《筛选假设——就业市场信号》一文，对教育通过社会选择再生产社会关系的机制进行了研究，提出了"筛选理论"即教育是帮助雇主识别能力不同的求职者，以便把他们安排到不同职业岗位上的一种装置或手段。教育的经济与社会价值主要体现在[①]：

　　一是教育的经济价值主要不在于提高个人的能力，从而提高生产率，而是对求职者的天生能力进行鉴别和筛选，使雇主有可能适当地把能力不同的求职者安排到相应的职业岗位上，以便人尽其才，各得其所，整个经济机体可以正常、有效地运行。

　　二是教育水平与工资收入呈正相关。由于能力与教育成本呈负相关，因此，为达到某一产出目标，雇主招聘能力较高者所必须支付的在职学习和培训费用通常比雇用能力较低者所支付的要低，更何况，有些工作只有能力较高者才能胜任。因而，雇主在雇用时，将为能力较高者支付较高的工资，而为能力较低者支付较低的工资。由于教育水平是反映求职者能力的有效信号，教育水平越高，能力越强，所以，教育水平较高者所得工资较高，而教育水平较低者所得工资收入较低。

第四节　科学课程与社会再生产

　　科学课程作为学校教育系统中的构成要素，其本身与其他学科领域的

---

　　① 转引自曲恒昌《"筛选假设"与"文凭疾病"的防治》，载《北京师范大学学报》（社会科学版）1998 年第 3 期，第 21—22 页。

课程共同实现着教育社会再生产的功能。在现代知识社会，全面提升国民科学素养，提高国家科技创新能力已经成为世界各民族国家的一项基本国策，学校科学课程是实现个体和社会群体社会流动的重要影响因素。

一、科学课程在学校知识体系中的地位

科学知识地位的提升是随着工业革命的兴起，科学与技术从古代两个并行的结构，融合为一个相互转化和相互促进的科技知识体系，并展示出强大的改造自然和社会的力量，并从哲学的体系中逐渐独立出来成为显学，牛顿就曾将其经典力学的著作取名为《自然哲学的数学原理》。斯宾塞把科学称为最有价值的知识，培根提出知识就是力量，孔德则认为人类知识的发展经过了三个阶段，即神学阶段、形而上学阶段和实证阶段，其分别产生的神学知识、形而上学知识、科学知识，以科学知识为最高层次。

科学知识的课程地位在不断提高，这可以从科学课程所占学校课程学分的比重变化和其知识体系的不断衍生来理解。1923 年民国新学制颁布时，初级中学课程设置中，数学与自然科学课程所占必修课程的学分为 46 学分，占必修总学分的 28%，自然科学课程本身所占比例为 9.7%，见表 3 - 4。

2001 年我国启动新一轮基础教育课程改革，各省在教育部颁布的《义务教育课程设置实验方案》的基础上，制订了本地区义务教育阶段课程设置方案，2002 年山东省教育厅颁布的义务教育课程设置实验方案中，初中阶段总周学时为 102，其中数学总周学时为 13，生物总周学时为 6，物理总周学时为 5，化学总周学时为 3，数学与科学课程总周学时数合计为 27，占初中阶段总周学时的 26.5%，科学课程（生物、物理、化学）总周学时占初中阶段总周学时的 13.7%，见表 3 - 5。

表 3 - 4　　　　　　　　1923 年新学制下初级中学课程表

学科	必修科目												选修他种科目（主要是职业科）或补习必修科目
	社会科			言文科		算学科	自然科	艺术科			体育科		
	公民	历史	地理	国语	外国语			图画	手工	音乐	生理卫生	体育	
	6	8	8	32	36	30	16	12	4	12			16
学分	164												
	180												

资料来源：吕达：《课程史论》，人民教育出版社 1999 年版，第 302 页。

表3-5　山东省基础教育课程改革实验区义务教育阶段课程安排表（试行）

课程		年级									周总课时	
		一	二	三	四	五	六	七	八	九		
品德与生活		3	3	/	/	/	/	/	/	/	6	
思品与社会		/	/	3	3	2	2	/	/	/	10	22
思想品德		/	/	/	/	/	/	2	2	2	6	
社会	历史	/	/	/	/	/	/	2	2	2	6	10
	地理	/	/	/	/	/	/	2	2	/	4	
科学	科学	/	/	2	2	2	2	/	/	/	8	
	生物	/	/	/	/	/	/	3	3	/	6	22
	物理	/	/	/	/	/	/	/	2	3	5	
	化学	/	/	/	/	/	/	/	/	3	3	
语文		8	8	7	7	6	6	5	4	5	56	56
数学		4	4	4	4	5	5	4	4	5	39	39
外语		/	/	2	2	3	3	4	4	4	22	22
体育		4	4	3	3	3	3	3	3	3	29	29
艺术	音乐	2	2	2	2	2	2	1	1	1	15	30
	美术	2	2	2	2	2	2	1	1	1	15	
综合实践		/	/	2	2	2	3	3	3	3	19	46
地方与学校课程		4	4	3	3	2	2	4	3	2	27	
周总课时数		27	27	30	30	30	30	34	34	34	276	
学年总课时		945	945	1050	1050	1050	1050	1190	1190	1122	9592	

资料来源：《山东省教育厅关于转发教育部关于印发义务教育课程设置实验方案的通知》（鲁教基字〔2002〕19号）. http: //www. sdedu. gov. cn/sdedu_ztxx/xinkecheng/200609/t20060901_3646. htm.

　　2003年教育部颁布的普通高中课程实验方案中，增加了技术课程领域，数学、科学与技术学习领域，再加上地理课程中的自然地理部分，数学、科学、技术、自然地理课程的必修学分达到了39学分，占高中阶段必修总学分的33.6%。如表3-6。

　　从民国1923年新学制颁布到新中国各个时期的课程方案，不难看出，数学与科学在整个学校知识体系中占据着比较高的地位。甚至在一个时期，社会流传着"学好数理化，走到天边都不怕"的谚语。在科技创新决定经济竞争、国家安全的全球化时代，西方发达国家更是注重数学与科学教育，而且这些国家占据着"遗传"优势：一是现代自然科学成长于西方发达国家，最早把科学教育引入学校课程体系；二是西方发达国家的学校科学教育，不仅在课程学时、学分这些外显的形式上占据优势，更重要的是这些国家的科学课程内容与教学方式同样处于领先地位。三是以美国为代表的西方发达国家对科学教育的功能有更高意义上的期待。在工业化早期，科学教育是作为国内经济社会发展的需要来发挥科学教育的功能的，1958 年美国颁布《国防教育法》以来，以美国为首的西方国家一直站在全球化竞争，维持本国经济、军事、科学技术在全球化霸主地位的战略高度，来理解和推动科学课程改革。美国的"2061 计划"就是站在这样一个高度来设计的。

表 3 - 6   普通高中课程设置表（实验）

学习领域	科目	必修学分（共计116学分）	选修学分 I	选修学分 II
语言与文学	语文	10	根据社会对人才多样化的需求，适应学生不同潜能和发展的需要，在共同必修的基础上，各科课程标准分类别、分层次设置若干选修模块，供学生选择。	学校根据当地社会、经济、科技、文化发展的需要和学生的兴趣，开设若干选修模块，供学生选择。
	外语	10		
数学	数学	10		
人文与社会	思想政治	8		
	历史	6		
	地理	6		
科学	物理	6		
	化学	6		
	生物	6		
技术	技术（含信息技术和通用技术）	8		
艺术	艺术或音乐、美术	6		
体育与健康	体育与健康	11		
综合实践活动	研究性学习活动	15		
	社区服务	2		
	社会实践	6		

资料来源：教育部关于印发《普通高中课程方案（实验）》和语文等十五个学科课程标准（实验）的通知（教基［2003］6 号）http://www.edu.cn/20041118/3120905.shtml.

美国的课程论学者古德莱德（Goodlad），对 70 年代美国中学教学计划中各学科所占百分比进行了调查（如表 3 - 7），在初中阶段数学与科学所占比例为 30%，综合高中的数学与科学所占比例为 24%。在 70 年代美国课程改革侧重职业生活教育的背景下，数学与科学的课程比例仍然保持这样的比重，可以看出，美国中学对数学和科学教育的重视。另外一个现象就是数学的比重低于英语，外国语课程的学时比例远低于数学与科学课程，初中只有2%，高中只有4%，说明美国非常重视母语的教育，这一点和我国不同。

表3-7　　　　　美国70年代中学教学计划中各学科所占比例比较表

高中		初中	
课程名称	百分比	课程名称	百分比
职业教育	24%	英语	22%
英语	18%	数学	17%
数学	13%	社会研究	14%
社会研究	13%	科学	13%
科学	11%	职业教育	11%
体育	9%	艺术	11%
艺术	8%	体育	10%
外语	4%	外语	2%

资料来源：汪霞：《国外中小学课程演进》，山东教育出版社2000年版，第34页。

在世纪之交，美国更加重视科学教育，早在80年代初，《国家在危险之中：教育改革势在必行》的研究报告发布，在美国掀起了"高质量教育"改革运动。报告提出，美国35州的教学计划只要求学习1年数学，28个州只要求学习1年科学。报告提出五项新基础课程，要求凡高中毕业生均要学习4年英语、3年数学、3年科学、3年社会研究、半年计算机科学。1985年美国开始着手制订《美国2061计划》，以对美国未来的数学、科学和技术教育进行宏观规划，1991年布什总统又签发了《2000年的美国：一种教育战略》，进一步强调了英语、数学与科学"新三艺"课程在学校课程体系中的地位。从这样一条脉络不难看出，美国把科学教育改革越来越上升到国家战略来推动。

科学课程在学校知识体系的地位，科学技术作为第一生产力，在决定着一个民族国家的政治、经济、国防甚至文化安全的全球化竞争时代，无论是从显性的政策引导，还是日常的职业选择，科学课程的学习成就自然对个体的社会选择必然发挥着重要的功能。

二、科学课程与社会选择

科学课程进入学校教育初期，在整个学校课程体系中的地位是比较低的，主要是为了适应工业化发展对技术工人的职业技能的需要而开设的。后来，在大学和中学，科学课程也区分为带有"学术"品位的和"职业"品位的两种类型，"学术"品位的科学课程主要为升入大学，将来从事带有研究意味工作的学生而开设，目标是培养科学家和工程师，"职业"品位的科学课程主要为升入职业学校或大学的学生开设，目标是培养技术工人。因此，科学课程一方面作为学校整个课程体系的一个组成部分和其他课程一起承担着社会选择的功能，另一方面，其自身从进入学校课程体系之日始就带有其特有的"社会选择"的功能。

科学课程通过社会选择，实现社会分层的功能，并不意味必然带有社会再生产的功能。马克斯·韦伯通过衡量不同社会群体拥有财富、权力、社会声望的不同，把社会群体分成不同的社会阶层，他说："等级地位应该是指一种在社会评价中典型有效地要求的特权化或受特权损害，或它建立在下述事实之上：a）生活方式：—因此也建立在 b）正式的教育方式；即：1）经验的训练；或者 2）合理的教育，并且具有相应的生活形式；c）出身威望或职业威望。实际上，等级地位首先表现在：1）联婚；2）共餐，可能还有：3）往往是垄断性地占有特权的获益机会或者坚决拒绝某些特定的获益方式；4）其他形式的等级惯例（'传统'）。"[①] 在韦伯关于等级的划分中，体现了社会行为方式作为一种社会分层资本的思想，如对生活方式的关注。这被后来的布迪厄纳入文化资本的范畴。

就现代社会而言，社会分层和社会合理流动应该有助于促进社会发展，提高社会生产效率。但是，前提是教育机制和社会选拔机制要公平地把最适合的人送到其最适合的社会位置上去，做到人尽其才。但是，在现代产业社会，"人们不是由于获得资源而取得某种地位，而是由于取得某种地位而获得一定的资源。也就是说，社会资源的分配结构是由既定的、制度化的地位等级来决定的。人们根据他取得的那种制度化的地位，去谋求资源，而不是相反"。[②] 许多社会学家的研究均支持家庭地位对下一代获取社会资源的影响是显著的，1967 年社会学家布劳（Blau）和邓肯（Duncan）对 20 世纪 50、60 年代美国的社会流动机制和职业结构进行了

① ［德］马克斯·韦伯：《经济与社会》（上卷），林荣远译，商务印书馆 1997 年版，第 338 页。

② 张人杰：《国外教育社会学基本文选》，华东师范大学出版社 2009 年版，第 128—129 页。

研究，并把先赋性因素和自致性因素作为自变量，把个体在社会流动中获得的社会地位作为因变量，建立了一个如下因果模型：

$$\text{地位获得} = \left\{ \underset{\text{先赋性因素}}{\underline{\text{父亲职业地位，父亲教育程度}}}, \underset{\text{后致性因素}}{\underline{\text{本人教育程度，初职和现职}}} \right\}$$

他们的研究表明，父亲受教育程度是子女地位获得的重要影响因素①。在科学界，父辈对下一代受教育程度和所学专业有着不同程度的影响，即若父辈在科学方面有很高的造诣，那么他的孩子也从事科学研究的可能性就会比较大。在科学史上，曾经出现过一些著名的科学家族，这些科学家族为科学的发展做出了巨大的贡献。例如：以一家人五次获得诺贝尔奖而留下佳话的居里家族、培养出 11 位著名科学家的伯努利家族等科学家族。也就是说，家庭科学教育与学校科学教育的整合具有社会再生产的功能。

哈里特·朱克曼通过对美国 71 位在 1901—1972 年诺贝尔奖获奖者的家庭出身进行调查与分析也得出结论：获得诺贝尔奖的科学家大多出身于那些能够给子女提供良好的教育以及各种从事科研机会的家庭里，如表 3 - 8②。

表 3 - 8　　　美国培养出来的诺贝尔获奖人（1901—1972）和具有博士学位的科学家（1935—1940）的父亲职业情况

父亲职业	专业人员	经理和企业主	农民	零售、服务事务工作人员	熟练和非熟练工人	情况不详	总数
诺贝尔获奖者比例（%）	53.5	28.2	2.8	7.0	8.5	—	71
科学家比例（%）	29.1	18.7	19.5	13.1	18.0	1.5	2695

说明：专业人员是指大学教授、教师、医生、工程师、律师、法官、牧师和艺术家等。

哈里特·朱克曼从科学计量学的角度，揭示了家庭科学教育资本对个人在科学领域成长的影响。当然科学社会学家并不持有家庭要素决定论的观点，总体认为个人的天赋和后天的个人努力起了决定性的作用。但是，科学社会学家从科学计量学的角度也认可非天赋因素对个体社会地位的获

① 周怡：《布劳—邓肯模型之后：改造抑或挑战》，载《社会学研究》2009 年第 6 期，第 1—2 页。

② 张九庆：《自牛顿以来的科学家——近现代科学家群体透视》，安徽教育出版社 2002 年版，第 140 页。

得具有重要影响。

　　除了家庭因素对个体社会地位的获得具有重要影响之外，学校科学教育资源也对个体社会地位的获得起到了重要的影响。哈里特·米克曼发现："在美国从事研究的所有诺贝尔奖金获得者中，大约有一半恰好都是在 4 所大学获得学位的，即哈佛大学、哥伦比亚大学、加州大学伯克利分校和普林斯顿大学"[①]"此外，那些人常常是接受者的导师。因此，在某种意义上，那些诺贝尔奖金获得者是其他诺贝尔奖金获得者的学生，这是用不着奇怪的，因为以前的诺贝尔奖金获得者就是应邀为未来的得奖进行提名的少数科学家当中的成员。朱克曼概括了这些情况：有机会向著名的研究者学习'重要的东西'的年轻科学家，在开始他们自己的事业时就早已有一个优势。"[②] 这一研究结论，印证了学校科学教育精英传统的再生产机制。

　　不仅西方的科学社会学家研究了科学精英的再生产机制，而且我国留美学者曹聪对我国科学界社会分层问题也进行了计量学分析，他在《中国的科学精英》一书里曾对 500 多名中国科学院的院士进行了调查，结果显示："在 396 名院士中，父亲为教师或教授的有 102 名，占 25.8%；父亲为医生、律师、科学家、工程师等专业人士的有 66 名，占 16.9%；而父亲为农民的只有 35 人，占 8.8%；父亲为工人的只有 2 人，占 0.5%。在 205 名院士中，父亲有大学学历、留学外国大学或清朝中过举的共占 69.3%。与院士的谈话也表明，家庭的教育，对他们有相当大的影响。"[③]

　　此外，我国学者关于科学课程改革更加依赖科学探究方法改革和科学课程资源的研究，意味着学校科学教师资源与教学仪器设备硬件资源占优势的城市学校的学生，比乡村学校接受科学教育的学生占据竞争优势。除了学校因素外，家庭因素在高考制度中谋取科学教育制度资源的优势也体现了科学课程在社会再生产中的功能。"绍兴一中 2009 年参加航海模型加分测试的 19 名考生中，13 名考生的家长分别是越城区副区长、市建行行长、市财政局副局长、市交警支队科长、市教育局科长、绍兴一中党委书

---

　　①　乔纳森·科尔：《科学界的社会分层》，华夏出版社 1989 年版，第 81 页。

　　②　同上书，第 258 页。

　　③　刘运体：《科学家的社会资本对其在科学共同体中位置的影响》，华中科技大学硕士学位论文，2009 年，第 26 页。

记、绍兴一中分校党委书记、绍兴一中分校副校长、古越龙山股份公司董事、绍兴汽运集团公司副总、昌安实验学校校长等，其余 6 名都是教师子女。"①

关于家庭和学校尤其是大学科学教育资源对个体社会地位影响的实证研究，从学科视角揭示科学课程在社会再生产过程中的功能，科尔认为"大多数科学家都意识到，科学是一个高度分层的体制。科学是由相对少数的精英支配的，对这一点没有多少异议"。② 我们认为这种功能更多地体现在科学课程实施过程中的文化浸润，也就是显性课程与隐性课程的交互作用中。

在学校课程结构中，我国中小学基本上将各类学科分为三类：强势学科（一般包括语文、数学、英语）、中势学科（一般包括物理、化学、生物、地理、历史等）、弱势学科（如自然、劳动等学科）。这些强势学科平时占用的课时是中势学科及弱势学科的几倍甚至十几倍，占用的教师资源也相当多，并且连带着强势学科的教师也自觉地比弱势学科的教师高人一等。而平时强势学科学习好的同学便是教师心中的好学生，标签理论可以很好地解释，这些好学生由于"累积效应"而占据社会阶层的高位，而这种分层的背后，并非客观公平地以个人能力为社会选择的资本，还有社会关系资本和学校科学教育资源资本后致因素在起作用，这种作用更多地以文化资本的方式起到再生产的功能，只不过功能主义者认为这种科学课程的再生产功能是社会协调一致的必然选择，冲突理论者认为这是社会冲突与改造的起因。

---

① 李剑平：《浙江高考航模加分者被指多来自权势家庭》，载《中国青年报》2009 年 5 月 15 日，第 3 版。

② 乔纳森·科尔：《科学界的社会分层》，华夏出版社 1989 年版，第 41 页。

第四章

科学探究与民主政治

　　通过科学探究学习科学是世界科学教育改革的基本路向，也是我国当前科学课程的核心目标之一。科学探究是由杜威系统提出来，并由布鲁纳、施瓦布等课程专家逐步完善与发展起来的。当前科学探究的所有特点几乎都可以从杜威的思想中找到根据。目前，我们对为什么要通过科学探究学习科学、什么是科学探究、怎样进行科学探究等问题的理论与实践研究，大多只停留在技术理性的层面，没有关注其文化与精神本质。出现了对科学探究作为一种教学方法的片面赞美与泛化，过于关注科学探究作为一种科学教学方法的实施模式、过程、步骤的研究，而缺乏对科学探究作为一种教育理念的深层解析，出现了科学教师在课堂实践中只关注形式的活跃，而缺失了对科学探究科学性、思想性、方法性、严谨性、学术性的理解。我们太多地受功利主义文化的影响，仅仅想知道科学探究对于我们科学教育的改造有什么好处，我们应该一步一步地怎么去做，而没有与教育、社会的终极价值关怀相联系，也自然没有与我们的文化传统、社会现实相联系，而这两点恰恰是杜威倡导科学探究的出发点。

第一节　杜威科学探究的哲学隐喻

　　杜威在其《逻辑：探究的理论》一书中，把科学探究的过程分为五个阶段[①]：第一个阶段是出现不确定的或有疑问的情境。第二阶段是问题的设定与理智化。第三个阶段是决定解决问题的方法或假设。第四个阶段

　　[①]　转引自田光远《科学与人的问题——论约翰·杜威的科学观及其意义》，复旦大学出版社 2006 年版，第 58—61 页。

是推理。第五个阶段是以行动检验假设。《美国国家科学教育标准》提出的一个完整的科学探究过程一般包括：提出科学问题、设计研究方案、收集证据、构造有问题的答案、交流探究过程和探究结果五个步骤①。其中，对5—8年级学生提出的科学探究能力与杜威的观点更为相似，这些能力包括②：

1. 确定可以通过科学探究回答的问题。

2. 设计和进行科学研究。

3. 利用适当的工具和技术收集、分析和解释数据。

4. 培养运用证据进行描述、解释、预测和构建模型的能力。

5. 通过批判和逻辑性思维建立证据与解释之间的关系。

6. 承认和分析提出的可供选择有解释和预测。

7. 交流科学过程和解释。

我国《全日制义务教育（3—6年级）科学课程标准（实验稿）》提出的科学探究过程主要包括：提出科学问题、进行猜想和假设、制订计划和设计实验、获得事实与证据、检验与评价、表达与交流，与美国科学教育标准基本一致。比较目前科学课程改革中所倡导的科学探究模式与杜威的五步探究法，不难看出，我们倡导的科学探究的模式在本质上并没有超越杜威的划分。从这个意义上说，我们对杜威科学探究思想的文化隐喻进行剖析，也即是对当前科学课程改革所强调的科学探究方法的剖析。

科学探究是杜威经验主义哲学的自然引申，也是其重要的理论支撑点之一。杜威的经验主义是建构在对传统的实证主义和理性主义的深刻反思基础之上的。无论是实证主义还是理性主义，都把主体与客体、物质与意识一分为二。要么物质决定意识，意识是对物质的镜式反映；要么理性决定着人们对物质世界的认识结果，普遍性知识只有通过理性、依靠理性、符合理性才是可靠的。判断我们的认识是否为真，要么通过是否符合外在的客观世界来证实，要么通过是否符合理性来确定。实证主义者坚守只有建立在实在或可证实的"硬核"基础上的知识体系才是可信的；理性主

---

① ［美］国家研究理事会：《美国国家科学教育标准》，戢守志等译，科学技术文献出版社1999年版，第175页。

② 同上书，第177—178页。

义者则认为，"完全确定性的寻求只能在纯粹认知活动中才能够实现"。①
实证主义和理性主义一直在影响着我们的认识活动，但都有不可破解的
困境。

　　杜威对此两种观点都持批判态度，他认为人总是通过行动使意识与自
然、个体与他人发生着交互作用，这种交互作用就是经验。杜威说："我
的经验论是把经验当作是行为（但不是这个字眼所具有的'行为主义'
的那个专门的意义），是把经验当做是有机体和环境的交互活动。"② 在杜
威那里，经验类似物质、意识等哲学核心概念，成为杜威实用主义哲学体
系的基石。"杜威认为，长期以来传统哲学对'知/行'、'身/心'、'主
体/客体'、'精神/物质'、'心灵/肉体'、'事实/价值'、'手段/目的'
等所做的'二元论'式的区分，从根本上说就是由于没有能够真正理解
'经验'所导致的恶果。"③ 经验具有主观性与客观性相统一的特征，也就
是说，人一采取行动就把主观和客观统一起来了，对主观/客观再进行区
分就变得毫无意义，就人的认识而言，这个世界本身是客观还是主观的也
是没有意义的，对人有意义的就是行动和经验。因此，杜威说："经验包
含一个主动的因素和一个被动的因素，这两个因素以特有的形式结合着。
只有注意到这一点，才能了解经验。"④ 经验并非静态的，它又是时间和
行动的函数。"经验在本质上是'实验的'（experimental），是一种改变
'所与'的努力。它是以规划未来、探求未知的领域、与未来相联系为其
明显特征的。"⑤

　　经验是实验的，意味着传统的、寻找终极价值的哲学与关注物质世界
的科学在本质上并不是对抗的，科学与人文的对立只不过是传统哲学坚
守、稳固、扩张其势力范围的结果。"在哲学和真正科学之间没有什么裂
痕。""哲学为了要保持它的高级形式的知识的地位，便不得不对自然科

　　① ［美］杜威：《确定性的寻求：关于知行关系的研究》，傅统先译，上海人民出版社 2004
年版，第 6 页。
　　② ［美］杜威：《人的问题》，傅统先等译，上海人民出版社 2006 年版，第 306 页。
　　③ 转引自田光远《科学与人的问题——论约翰·杜威的科学观及其意义》，复旦大学出版
社 2006 年版，第 30 页。
　　④ ［美］杜威：《民主主义与教育》，王承绪译，人民教育出版社 1999 年版，第 148 页。
　　⑤ 转引自田光远《科学与人的问题——论约翰·杜威的科学观及其意义》，复旦大学出版
社 2006 年版，第 41 页。

学的结论采取一种痛恶的和敌意的态度。"① 既然哲学与科学之间没有本质上的冲突，现代社会的现代性是以科学的巨大成就为标志和条件的，科学的方法运用在社会和人生事务上就是自然事情，而不是传统的科学与人文对立主义者所主张的，科学应该仅仅留守在自然世界的领地里，在人的精神世界，只有精神科学才有资格关心人生事务。因此，杜威把实用主义的核心特征概括为："把那应用在物理和生物现象上的科学的验证知识的方法，推广到社会的和人生的事务上去。这种运用，在其各种情况下常被称为实用主义、实验主义或工具主义。"② 从这个意义上说，实用主义具有科学主义的偏向。

杜威所说的科学的验证知识的方法是什么呢？这种方法就是探究。在杜威看来，"探究是一种受到控制的或者有方向的转化行动。它把一个不明确的情境转化为明确的情境。在这种情境里，它的组成成分的区别和关系都是那么明确，从而将原初情境中的要素统一为一个完整的整体"。③ 在杜威的哲学体系中，行动、操作和探究在本意上并无大的区别，核心思想是主观与客观、理论与实践通过行动一体化。

一、科学探究具有实践性

科学探究意味着科学家与自然世界之间构成了一个行动的整体，也意味科学探究是一个连续的过程。传统的观点认为，科学发现在于通过观察、逻辑推理去认识一个静止的、外在的客观世界，科学对客观世界的认识，其实就是一种消极沉思与镜式的反映。而杜威的探究意味着主动地、内在地参与到改造世界的行动，是心灵与自然的互动过程。"思想的任务不是去符合或再现对象已有的特征，而是去判定这些对象通过有指导的操作以后可能达到的后果。"④ 按照杜威的经验主义哲学，科学不再是消极地观察和表述世界的方式，"而是操作、介入世界的一种方式（或多种方

---

① ［美］杜威：《确定性的寻求：关于知行关系的研究》，傅统先译，上海人民出版社 2004 年版，第 25 页。

② ［美］约翰·杜威：《人的问题》，傅统先译，上海人民出版社 2006 年版，第 7 页。

③ 转引自田光远《科学与人的问题——论约翰·杜威的科学观及其意义》，复旦大学出版社 2006 年版，第 54 页。

④ ［美］杜威：《确定性的寻求：关于知行关系的研究》，傅统先译，上海人民出版社 2004 年版，第 136 页。

式）。科学家是实践者，而不是观察者"。①

为了表达自己的哲学观点，杜威提出用素材（data）去代替"对象"（object）。在杜威看来，素材与对象的不同之处在于，对象是我们认识的最终结果。比如作为对象的岩石，我们认识它的硬度、种类、成分构成等，我们认知结果的最高境界就是完全认识岩石本身。而作为素材的岩石，除了具有对象的特征以外，我们还把它当成实验材料，当成开展认识活动的起点而不是终点，比如让它发生这样或那样的物理反应或化学反应，它可能产生新的事物，这些新的事物又会成为我们探究的新起点。杜威说："素材是指还要进一步解释的题材；是一些还需要加以思考的东西。对象是最后的东西；它们是完备的、已完成的；思考它们只是对它们加以解说、分类、进行逻辑上的安排，进行三段式的推论等等。但是素材是指'运用的材料'；它们是征兆、证据、标志，某些尚未达到的事物的线索；它们是中间的而不是最后的；是手段而不是终极的事物。"②

杜威认为，科学概念、科学规律只是我们便于理解问题、分析问题、解决问题的工具，它本身是否与客观世界相符并不在他的研究视野，或者说对这个问题没有必要讨论。他说："科学的每个分支，如地质学、动物学、化学、物理学、天文学，以及数学的不同分支，算术、代数学、微积分等，其目标都是要建立一套自己特有的概念，作为理解各自学科领域内各种现象的钥匙。……但是，定义、一般的公式和分类等，其本身并不是目的（在小学教育中经常有这样的看法），而是作为加强理解的工具，必须帮助说明含糊的东西和解释疑惑的问题。……最初的概念可能适用的范围非常有限，如果通过推理，使观念中的意义能够比最初的观念扩大了应用范围，那么，就会有事半功倍的效果。"③

---

① J·劳斯：《知识与权力：走向科学的政治学》，盛晓明译，北京大学出版社 2004 年版，第 39 页。

② ［美］杜威：《确定性的寻求：关于知行关系的研究》，傅统先译，上海人民出版社 2004 年版，第 97 页。

③ ［美］杜威：《我们怎样思维·经验与教育》，姜文闵译，人民教育出版社 2005 年版，第 153 页。

二、科学探究从问题开始

在杜威看来，科学探究的过程就是问题解决（problem-resolving）的过程，探究活动起始于问题与困惑。在这一点上，杜威的经验哲学与传统科学哲学的观点不同。传统的科学哲学认为，科学认识起始于观察、感知，然后通过分析与综合、归纳与演绎得出一个普遍结论，再把结论与证据的符合度进行检验，最后得出一个正确的结论。而杜威的经验哲学则认为，科学探究起始于问题，"一切反省的探究都是从一个有问题的情境出发的，而且把这个情境不能用它本身来解决它自己的问题。只有把这个情境本身所没有的材料引入这个情境之后，这个发生问题的情境才能转化而成为一个解决了问题的情境"。① "思维起源于某种疑惑、迷乱或怀疑。思维不同于自发的燃烧；思维的发生也不是依据普遍的原则，而是由于某种事物作为诱因而发生。"②

科学探究是一个持续探索的过程，而非问题解决的终结过程，这一点和传统科学哲学也非常不同。杜威说："推论的探究是连续不断的；一步跟着一步，利用着、检验着和扩充着过去所已经获得的结论。"③ 人类理智的进步抑或称作人类知识的进步是一个有规律的循环过程，但并不是简单的机械累积的过程，因为新的问题与旧的问题之间并不必然有逻辑联系。"我们真正知识的进步，经常是部分由于在先前认为清楚、明白和当然如此的那些事物中发现了不理解的东西，部分是由于使用直接理解到的意义作为工具或手段，去理解那些尚不清楚的和可疑的意义。"④

杜威并不否认人类对确定性（即所谓的真理）的追求，不确定、不稳定在心理上总会给人带来不安全感，通过探究活动人们将当前的迷惑的、纷乱的、困难的状态变成一种澄清的、一致的、稳定的状态，这种状态并非认识活动的终结而是新的困境和新的问题的起点，人类的探究活动

---

① ［美］杜威：《确定性的寻求：关于知行关系的研究》，傅统先译，上海人民出版社2004年版，第189页。

② ［美］杜威：《天才儿童的思维训练》，张万新译，京华出版社2001年版，第15页。

③ ［美］杜威：《确定性的寻求：关于知行关系的研究》，傅统先译，上海人民出版社2004年版，第186页。

④ ［美］杜威：《我们怎样思维·经验与教育》，姜文闵译，人民教育出版社2005年版，第120页。

因此持续而不断。杜威科学发现和科学发展的逻辑是人的探究活动的"自找麻烦"，而传统的科学哲学对科学发现和科学发展的理解，在于对自然世界的博大精深和人类认识活动的有限性的矛盾，因此，人类需要不断地探索，每一次正确的科学探索都或大或小地彻底解决一个问题，从而得到一个为真的知识，存入知识宝库里，然后人类在原有的基础上，不断地认识更加复杂的事物或者是新的事物，不断获得更多的真的知识，科学的知识宝库不断丰富，科学知识的发展过程自然是一个机械相加的累积过程。

三、科学探究的问题具有生活性

杜威的哲学是实用的、经验的，也是关于生活、为了生活的。生活、经验、行动在杜威的哲学中是一体的。杜威所谈的生活既包括日常的低层次的生活（比如，准备家庭午餐），也包括复杂的高层次的生活（比如，处理一件社会事务）；既指称个体的生活，也包括指称群体的生活。杜威指出："我们使用'生活'这个词来表示个体的和种族的全部经验。……'生活'包括习惯、制度、信仰、胜利和失败、休闲和工作。"[①] 在杜威看来，群体的生活比个体的生活更重要，因为个体成员的生与死是不可避免的，而群体的生活则是需要持续下去，这种群体生活的延续必然离不开教育。"社会通过传递过程而生存，正和生物的生存一样。这种传递依靠年长者把工作、思考和情感的习惯传达给年轻人。没有这种理想、希望、期待、标准和意见的传达，从那些正在离开群体生活的社会成员给那些正在进入群体生活的成员，社会生活就不能幸存。"[②]

杜威认为，科学通过技术应用在改变着、形成着一种新的社会生活，那种认为科学冲击人文学科，只有人文学科才是解决人类生活问题的哲学，似乎回到古希腊时期的生活才是真正自由的生活的观点是十分褊狭的。杜威认为，这种区分之所以是褊狭的，因为其哲学基础是古希腊柏拉图主义的翻版。柏拉图主义者认为，高尚的理性知识是统治阶段（哲学王）需要掌握的，技术的、实用的生活知识是下等人需要考虑的事。他们又把科学分成纯科学与应用科学，纯科学在地位上又高于应用科学，这

---

① ［美］杜威：《民主主义与教育》，王承绪译，人民教育出版社1990年版，第3页。

② 同上书，第4页。

在本质上与把人文科学和自然科学相区分有着相同的哲学基础。杜威评论说："用亚里士多德的术语，有人认为因为有的东西是神圣的和永恒的，所以是高贵的，而'理论'则是和这些高贵的东西有关系的；有的东西仅仅是世俗的、最坏的、是卑贱的，最好的也不过是过眼浮云的，而'实践'则是和这些世俗的东西有关系的。"① 但是，对于真实的社会生活而言，群众对科学技术的认识主要源自使用冰箱、空调、电灯、燃气灶、手机、汽车等实实在在的日常实践，"科学在他们看来就是对他们日常生活所发生的意义；它对他们的日常职业，对他们在家庭、邻居和工厂的生活中所特有的利用、享有所加的限制等等所产生的后果；以及它对他们的工作或没有工作的后果"。② 杜威批评反科学的人文主义者限制了科学技术在人类生活中的应用、在教育中的扩展和对豁达人生的追求，他甚至怀疑这种人道主义的关心是否是真诚的，是否是维护一种制度化的阶级利益而设计的一种人文骗局。

　　杜威的观点并非没有依据，从科学课程史来看，19 世纪末学校科学课程主要以实用的科学技术知识为课程内容，目的是让学生理解自然并能够使用科学技术。当然，这类课程是为下层劳动阶段子女准备的，根本目的在于向工厂输送合格的产业工人。"这类以大众理科教育为核心的理科课程在理科教育发展的初期阶段产生了很好的社会效果，这是因为该课程与学习者的文化背景具有较为密切的关系，它为学习者提供了使用科学知识的机会，学习者根据自己对日常生活有关的事物的观察，使用和练习科学的推理和思考。"③ 但是，这种针对下层劳动子女开展的科学教育，很快在学校课程中消失了，对其消失的原因分析有很多，其中，有一些科学教育专家认为这种实用科学技术课程的消失缘于中上层阶级实现社会控制的目的。"当时，统治阶级的基本教育理念便是：提高上层和中产阶级的方法和'素养'。而'普通事物的科学'的成功向这一教育理念提出挑战。因为它的成功完全可能导致社会基层的再生产及其合法化，从而使下层和中产阶级受到了更好的教育。也许正是上层和中产阶级对这一挑战的恐惧导致了这一课程的废弃。""在 19 世纪 50 年代，英国的《泰晤士报》

---

① ［美］杜威：《人的问题》，傅统先译，上海人民出版社 2006 年版，第 136 页。

② 同上。

③ 孙可平、邓小丽：《理科教育展望》，华东师范大学出版社 2002 年版，第 5 页。

（*The Times*）提出了取消小学的'普通事物的科学'课程，用更加可以接受的科学观点来取代它的观点。……《泰晤士报》还提出这样的观点：当时所需要的是一种'纯粹'和'抽象'的科学。"①

　　杜威的观点与当代课程社会学家的观点十分相似，认为学校知识的分层、分级是社会群体分层、分级在学校知识领域的一种映射。理性的、抽象的科学代表的是一种高地位的知识，普通中学、大学传授这种知识；而实用的、职业性的科学技术知识是一种低地位的知识，职业中学、职业技术学院传授这种知识。即使在普通学校和职业学校之间架起一座立交桥，这也只是一种形式上的教育机会平等，但他们起点的差异已经决定了将来各自的阶级趋向。当然，从科学发展的历史看，杜威的观点也许有些偏颇，哲思意义的纯粹科学的确存在，洪堡所倡导的科学发现五项原则，尤其是宁静与自由的原则，对于推动原创性的科学发现是必要的。对于我们未曾进入象牙之塔就呼喊着走出的国度而言更是如此。

　　但是，如果从学校科学教育的角度来思考杜威的观点，则是非常有意义的。因为科学的发展和对科学的理解需要一个渐进的过程，虽然我们倡导把科学前沿渗透到中小学科学前沿，但这种渗透是浅层次的、带有辅助性、补偿性的，从科学教育的整体结构来看，在基础教育阶段做好基础性的知识累积是必要的。这种基础性的科学知识较之科学的前沿理论具有更多的日常生活性，而且现代科学越来越注重解决人类面临的生活问题，比如环境问题、能源问题等，与人们的日常生活的联系也越来越密切。从这个意义上说，杜威对科学探究生活性的阐述对于我们的科学教育改革是非常有价值的。杜威说："科学探究总是从我们日常生活中所经验的环境中的事物出发的；总是从我们所看见、所玩弄、所享受和所忍受的事物出发的。"② 科学家从事的科学研究工作也是如此，"天文学家、化学家、植物学家都是从粗糙的、未经分析的经验材料着手的，都是从我们所生活、遭受、动作和享有的这个'常识'世界着手的"。③ 当然，这种生活性并不能简单地理解为一切科学活动和一切科学知识都与生活常识直接相关，有的是基于生活常识而衍生的。

_____

① 孙可平、邓小丽：《理科教育展望》，华东师范大学出版社 2002 年版，第 5—6 页。

② ［美］杜威：《确定性的寻求：关于知行关系的研究》，傅统先译，上海人民出版社 2004年版，第 101 页。

③ 同上书，第 172 页。

四、科学探究的问题具有情境性

在杜威的看来，科学思考的起点是问题，问题产生于生活情境。如果没有特定的情境中所遇到、所激发的迷惑、纷乱、困难，就不会有真实的问题产生，也就不会有科学思考和科学探究行动。"在杜威关于认识问题的所有著作中，有一个基本的思想，就是坚信任何关于认识的充分考虑都必须将认识置于探究实际发生的背景中去考察。"① 因此，"情境"是科学思考的起点，杜威的科学探究理论被称为"情境主义"。

问题的情境性具有两层意思，一是问题源自一个具体情境中出现的疑惑，二是理解这个问题、探究这个问题不能离开这个具体的情境。也就是说，探究的问题是在特定情境中产生的真问题，而不是凭空臆造的假问题。对问题的理解、探究要在特定情境中进行，具有历史性、时空性，问题的探究要与某个具体情境下的具体认知实践活动相联系。在这一点上，杜威和理性主义不同，理性主义总是想离开具体的事物，探寻普遍的真理。问题情境可能是真实的自然情境和社会情境，也可能是模型化了的情境，或者是具有文化特性的情境。"语言和包括科学在内的各种社会设施都是问题的重要成分，也是解答问题的因素。"②

杜威的情境主义自然引申出真理的实用主义观点。按照杜威的观点，好奇心是人的天性，探究是生命体的本能，哪里有生命，哪里就有行动，这种行动是人与人、人与自然环境、人与社会环境的交互作用，在这种交互作用中，人们自然会遇到困惑、迷乱和困境，这种困境可能是精神上的或肉体上的，这些困境会使人产生不安全感、不确定性，出于好奇心和安全的本能，人们不得不寻求安全和确定性。杜威说："人生活在危险的世界之中，便不得不寻求安全。"③ 无论是寻求心灵的安全还是肉体的安全，必须把问题、困惑和迷乱解决，怎么解决呢？那就需要探究。

首先，针对问题情境，提出假设。要注意的是杜威所说的假设决不是凭空臆断，而是经过基于事实判断和理性推理得出最佳可能性，这和警察

① 托马斯·E. 希尔：《现代知识论》，刘大椿等译，中国人民大学出版社 1989 年版，第399 页。

② 同上书，第 401 页。

③ ［美］杜威：《确定性的寻求：关于知行关系的研究》，傅统先译，上海人民出版社 2004年版，第 1 页。

基于案情分析提出的破案假设相似。同时，假设只是一种可能的结果，一种"预测"。在探究过程中，假设的结果可能有三种，一种结果是被证伪，需要丢弃；一种结果是拥有部分合理性，但需要重新构造新的假设；第三种结果是被证实。其实，假设的最终结果到底如何，我们在完成探究过程之前是未知的，一旦确立了一个假设，这个假设对探究活动就具有了指导性，人们把"假设"与"问题情境"相联系，通过推理建构一种解决方案和行动计划。最后，以行动检验假设，也就是通过实验来检验行动的结果与假设预测的结果是否一致。杜威说："每当我们的探究所导致的结论解决了促使我们从事探究的问题时，我们便有了知识。"①

按照杜威的观点，是否成为知识或者是否拥有了为真的知识，是以解决具体情境的具体问题为标准的，而不是以追求抽象的、普遍的结论为标准的，杜威说："有人认为科学的发现乃是揭露最后实有、一般存在所固有的特性。这种见解是旧形而上学的一种残余。"② 在杜威那里知识是否为真，既不是靠理性标准，也不是以是否符合外在于人的客观实体为标准，而是以是否能够解决问题为标准，难怪人们把实用主义概括为"有用即真理"，虽然偏颇，但也有几分道理。

值得注意的是，探究得出的结论即使能够解释问题，这种结论也不是终极的真理，探究行动不会终止。第一，在探究的过程中，人们会借助于思维、已有的知识、各种素材开展实验研究，原有的问题情境会丰富和变化，这又会衍生出新的或者更加复杂的问题，产生衍生的探究行动。第二，情境中的具体问题一般不会有纯粹的单一性，其本身往往是非常复杂的，探究的结论不可能完全把问题解决，也就不具有终极性。第三，人的探究活动是与人类相伴生的，永不停止的，现在通过探究得出的结论一方面会成为已有知识体系的一部分，在相互印证中得到丰富和发展，另一方面在未来的人类的探索中作为一种工具和研究基础，也会得到丰富和发展。

因此，杜威的科学发展观与实证主义的线性累积观不同，实证主义认为，科学的发展是一个个被证实了的大大小小、不同学科的伪真的知识的

---

① ［美］杜威：《确定性的寻求：关于知行关系的研究》，傅统先译，上海人民出版社2004年版，第198页。

② 同上书，第100页。

集合，科学知识之所越来越丰富，是因为自然界非常复杂，人类的认识活动在原有的基础上不断丰富和发展，就像用砖瓦砌一座墙。而杜威的科学发展观是一种探究的发展观，问题与知识是符应的，能够解决问题的知识既是"阶段性的真知识"，随着新的问题、更加复杂问题的出现，科学探究活动持续不断，阶段性为真的知识不断被作为工具去解决问题，同时又被重新检验，从而得到扩展、丰富和发展，生活、问题、行动、探究、经验、知识成为一种生长的链条，知识与人的生活、生长而共同生长、共同发展。因此，杜威认为："一个科学家最感觉到遗憾的就是他达到了一个不能再产生问题的情景。这种状态会是科学的灭亡而不是科学生命的完善。"①"推论的探究是连续不断的；一步跟着一步，利用着、检验着和扩充者过去所已经获得的结论。说得更翔实些，过去知识的结论是进行新的探究的工具，而不是决定它们的有效性的准绳。"②说得简单一些，在杜威那里，所谓真的知识无非是能够解决人类面临问题和困境的答案，是阶段性、与问题相符应、自认为正确的"知识"或"结论"。

第二节　科学探究与民主政治

我们在上面系统地分析了杜威科学探究的哲学基础，目的在于揭示科学探究所建构其上的哲学观，因为哲学观决定了一个人的世界观、人生观、生活观和价值观。通过剖析，我们希望一方面能为从技术理性的视角研究科学探究的科学课程的教师提供科学认识论的理论分析框架，有助于教师从深层次把握科学探究的精神实质；另一方面我们从意识形态的角度，揭示科学探究所隐含的意识形态功能，揭示其文化价值追求与我们社会现实的文化冲突，让课程实践者给予适当的理解和关注。这种理解和关注一方面可以消解课程实践者的困惑，另一方面有助于课程实践者通过反思性应用，选择恰当的文化立场。

一、什么是民主社会

杜威的哲学、教育哲学都有一个核心的价值追求，就是为了维护民主

---

①　［美］杜威：《确定性的寻求：关于知行关系的研究》，傅统先译，上海人民出版社 2004 年版，第 99 页。

②　同上书，第 186 页。

社会、改良民主社会、发展民主社会。杜威所说的民主社会并非简单指称一种民主政治体制：民主选举、每位公民都有平等的选举权和被选举权、言论自由、宗教自由、代议制度等，它更指称一种生活方式，它存在于人们日常生活所有事件与关系之中，存在于个体或群体相互作用的态度之中，它在本质上是一种合作与共生。也就是说，建立民主的政治机构不是民主社会的最终目的，民主在本质上是一种人道主义的生活方式和社会系统。"民主主义不仅是一种政府的形式；它首先是一种联合生活的方式，是一种共同交流经验的方式。人们参与一种有共同利益的事，每个人必须使自己的行动参照别人的行动，必须考虑别人的行动，使自己的行动有意义和有方向，这样的人在空间上大量地扩大范围，就等于打破阶级、种族和国家之间的屏障，这些屏障过去使人们看不到他们活动的全部意义。"① 要把握杜威的民主思想，需要从三个方面进行考虑。

第一，杜威所说的民主社会既有不变的核心元素，比如：民主、平等与自由，同时又是不断发展、进化和完善的。很显然，在杜威的民主哲学中有达尔文进化论的元素。杜威并不认为资本主义美国的民主制度是完美的，静态的，也不认同社会革命理论，他实质上把民主社会看成是一个通过解决问题不断完善的探究过程，这个过程既是民主社会自身所具有的禀性，也是民主社会发展的要求。他说："依我的看法，关于民主主义的观念，我们所能犯的最大错误，是把民主主义看成是某种固定的东西，看成在观念上和外部表现上都是固定的东西。""作为生活方式的民主主义不能站着不动。如果它要继续存在，它亦应往前走，去适应当前和即将到来的变化。如果它不往前走，如果它企图站着不动，那它已开始走上导引到灭亡的道路。"②

怎样使民主主义社会向前发展呢？杜威认为，第一，要对民主主义的意义不断地加以重新探究，把民主视为一种不断演进的存在。"民主主义的观念本身，民主主义的意义，必须不断地加以重新探究；必须不断地发掘它，重新发掘它，改造它和改组它；同时，体现民主主义的政治的、经济的、社会的制度必须要加以改造和改组，以适应由于人们所需要与满足

---

① ［美］约翰·杜威：《民主主义与教育》，王承绪译，人民教育出版社 1990 年版，第 92 页。

② ［美］约翰·杜威：《人的问题》，傅统先译，上海人民出版社 2006 年版，第 36 页。

这些需要的新资源的发展所引起的种种变化。"① 第二，要建立与民主发展要求相适应的教育体系，民主主义的教育既是发展民主主义的力量，又是维护民主社会的重要力量。他引用霍勒斯·曼的话说："教育是我们惟一的政治安全；在这个船以外只有洪水。"② 资本主义的美国虽然已经拥有了民主制度，但霍勒斯·曼关于教育对社会的促进与适应的关系问题依然存在，而且显得更加重要、更加紧迫。杜威说："比以前更迫切、更困难的问题，就是如何使教育制度适应民主社会和民主生活方式的需要之问题。"③

第二，民主是一种协商的机制，是实现社会协调发展的基础。尽管民主制度并不完善，并处于历史的发展过程中，但在杜威看来，民主可以让人从不同的利益角度，对获取的社会信息进行处理，在协商中达到一种利益共享。在这一点上，杜威忽视了某些资源的稀缺性，以及这种稀缺资源争夺矛盾的不可调和性，在这一点上，社会冲突理论给予了深刻的剖析。但杜威通过"调整"、"相互影响"，实现多种利益集团之间共同利益的协调，达到求同存异的结果，也的确反映了现代社会的一些基本特征。

杜威关于民主社会利益协调机制特征的论述，实际上突出了两个基本观点：第一，民主社会的社会群体之间存在丰富的共同利益和复杂的利益关系，社会的运行有赖于社会群体对这种共同利益的认识。第二，民主社会的社会群体之间的相互影响是自由的、平等的，这种自由的交往会使社会为了应付多方面的交往所产生的新情况，而不断地重新调整社会习俗。由于在民主社会里，各种利益相互交织、相互渗透，这种利益关系需要不断地改进和调整，这种改进和调整又是民主的和自由的，必须有赖于社会群体和个体对社会利益关系的理解。

民主社会的协商机制靠什么呢？一靠制度，二靠教育。在制度和教育之间，杜威更重视教育的作用。社会的利益协调不能靠强制和说教，而是通过相互间的信任、协商、讨论、说服而达成。他说："政治民主的发展是用相互商量和自愿同意的方法来代替用强力从上层使多数人屈从于少数人的方法。"④ "我们相信，互相协商和通过说服而取得信任，比那些另外

① ［美］约翰·杜威：《人的问题》，傅统先译，上海人民出版社2006年版，第36页。
② 同上书，第35页。
③ 同上书，第36页。
④ 同上书，第45页。

的方法，能够在任何广阔的范围内提供质量更好的经验，难道这不是我们有所选择的理由吗?"① 这种建立在相互信任基础上的协商、讨论、说服、达成共识需要一个基础，那就是必须建立在社会理解的基础上，这种理解又必须要借助于教育才能实现，这也正是民主政府热情于教育的原因。他说："一个民主政府，除非选举人和受统治的人都受过教育，否则这种政府就是不能成功的。民主的社会既然否定外部权威的原则，就必须用自愿的倾向和兴趣来替代它；而自愿的倾向和兴趣只有通过教育才能形成。"② 因此，杜威说："没有我们所想的家庭教育和学校教育，民主主义便不能维持下去，更谈不到发展。教育不是唯一的工具，但它是第一的工具、首要的工具、最审慎的工具。"③ 也就是说，民主社会的利益调整需要民主协商，需要通过教育认识各种社会利益、社会利益之间的复杂关系、人类社会的共同利益以及人的共生关系。

第三，民主的社会是自由、平等的社会。民主的社会制度和生活方式是建立在自由和平等基础之上的。对我们而言，民主是一个外来词，其对应的英文单词是 democracy，源自希腊语 dēmokratia. dēmos 人民 + kratein 统治；管理。"民"字在汉语里应该有两层意思，一是指平民，二是多数人。《说文解字》中把"民"解释为"众萌也"。"主"应该指主人、当家做主。《现代汉语词典》把"民主"解释为："指人民有参与国事或对国事有自由发表意见的权利。"④ 因此，民主要有三个要件：一是民众对国事要有自由发表意见的权利；二是每个人都是平等的，其发表的意见同等重要；三是在平等协商的基础上，达成共识。要达到这三个要件，平等和自由是条件和前提。

杜威同样把平等和自由作为民主的两个核心要素。他认为，人的平等不受智力、经济、社会地位差异的影响，每个人的意见和需要在质上都是同等重要的，当然，杜威所说的平等应该是指道义上、法理上和制度上的

---

① ［美］约翰·杜威：《我们怎样思维·经验与教育》，姜文闵译，人民教育出版社2005年版，第255页。

② ［美］约翰·杜威：《民主主义与教育》，王承绪译，人民教育出版社1990年版，第92页。

③ ［美］约翰·杜威：《人的问题》，傅统先译，上海人民出版社2006年版，第28页。

④ 中国社会科学院语言研究所词典编辑室编：《现代汉语词典》，商务印书馆1998年版，第884页。

平等，他也承认个体差异，人对社会的贡献存在差别。他说："每一个人有平等的权利表达他自己的判断，虽然当他的判断与别人的判断构成一个集合的结果时，他的判断的重要性在数量上也许并不是平等的。简言之，每一个人都同样是一个人；每一个人都享有平等的机会来发展他自己的才能、无论这些才能的范围是大是小。再者，每一个人都有他自己的需要，而这些需要对他自己看来是重要的，正像别人的需要对别人看来是重要的一样。……每一个人都应该有机会来贡献他可能贡献的任何东西，而他的贡献的价值是由它在由类似的贡献所组成的这个整体中所占有的地位和功能来决定的，而不是根据任何类型的先天地位来决定的。"①

平等是自由的前提和条件。在不平等的社会里，也存在自由，这种自由是以特权的形式表现出来的，是特权阶层的特殊享受物。民主社会的自由是对每一个公民而言的，是平等环境下的自由。每个人都可以自由地思考、自由地发表个人的意见。否则，就难以构成杜威所言的民主社会。因为，在杜威那里，民主社会是每个个体都平等参与的政治生活和社会生活体。杜威说："归根到底，自由之所以重要，是因为它是发挥个人潜力和促进社会发展的条件。没有光线，人就会死亡。没有自由，光线就会暗淡无光，黑暗就会降临大地。没有自由，古老的真理，就会变成腐朽不堪，以致再不成其为真理，而成为外界权威的单纯命令。没有自由，新真理的寻求和人类得以更安全更舒适地阔步其中的新道路的开辟就会停止。使个人获得解放的自由，是社会向更人道更高尚的目标发展的根本保证。"②

单纯从上面的话来理解杜威，可能会强化我们在对待自由的问题上的一种错觉，认为自由就是率性而为，不要约束和管理，像阿Q那样想干什么就干什么。其实，自由主义作为liberality（慷慨）的衍生词，是指"仁爱、慷慨宽宏以及开放的心灵等古典美德"。③ 在古希腊，自由意味着参与集体决策的权利，当然不包括奴隶阶层。在近代美国，公众争取自由的历史更多地是争取参与国家事务和权利，即选举权和被选举权。现代社会的自由更多地意味着在法律约束和保护下的不受干涉或独立的领域。我们认为除了法律之外，自由还应是在主流道德约束下的自由。杜威不赞成

---

① ［美］约翰·杜威：《人的问题》，傅统先译，上海人民出版社2006年版，第47页。

② 《哲学研究》编辑部编：《资产阶级哲学资料选辑》（第八辑），上海人民出版社1966年版，第241—242页。

③ ［英］约翰·格雷：《自由主义》，曹海军等译，吉林人民出版社2005年版，第1页。

放任主义的自由，而是一种带有社会性的自由，"一种普遍的、共享的个人自由，且这种自由得到社会化的、有组织的理性控制的支持与导向"。①
"民主可悲的崩溃就由于这一事实：把自由和经济领域内、在资本主义财政制度之下最高程度的、无限制的个人主义活动等同起来，这一点注定了不仅使得平等不能实现，而且也使得一切人们的自由不能实现。"②

杜威的自由观是现实主义的，哲学意义上的，也是社会学意义上的。哲学意义上的自由在于追求一种终极意义，社会学意义的自由意味着一种现实的社会过程。应该说杜威将二者很好地结合在了一起。杜威认为不存在绝对的自由，自由总是和社会的现实情境相联系。"在某一地方有自由，在另一地方也就有限制。在任何时候存在的自由系统总是在那个时候存在的限制或控制系统。……自由总是一个社会问题，而不是一个个人问题。因为任何人所实际享有的自由依赖于现存的权力或自由的分配情况，而这种分配情况就是实际上在法律上和政治上的社会安排——而且当前特别重要的是在经济上的安排。"③ 此外，杜威并不把平等和自由当成民主社会的最终目标，而是当成发展民主社会的手段，平等、自由、民主社会始终处于一种动态的互动之中。

二、科学探究与民主社会的发展

从我们以上对杜威民主思想体系的解析来看，他与单纯的政治学家、经济学家、哲学家、社会学家都不同。作为哲学家的杜威有抽象的、终极的价值追求；作为社会学家的杜威又具有现实主义的精神，既关注社会理想，又关注社会实现；作为教育家的杜威，了解教育的社会功能和价值，他把民主社会的希望更多地寄托在了教育身上。杜威在哲学的立场上是科学的人文主义者，甚至可以称之为偏重于科学主义的人文主义者。他对科学尤其是对科学方法和科学精神情有独钟。从本质上看，杜威实用主义哲学方法论的基础是科学实验方法，科学实验方法的核心是科学探究，科学探究以及演变出来的"做中学"其实都属于进步主义教育思想体系，强调通过自主探索、平等协商、自由表达、达成共识的民主教育训练，从而

---

① ［美］约翰·杜威：《新旧个人主义——杜威文选》，孙有中等译，上海社会科学院出版社1997年版，第41页。

② ［美］约翰·杜威：《人的问题》，傅统先译，上海人民出版社2006年版，第97页。

③ 同上书，第94页。

来实现培养民主社会公民的目的。因此，科学探究的社会价值不仅在于，甚至主要不是在于掌握科学知识、提高科学能力，而是在于再生产民主社会制度。

第三节　科学探究与民主价值观的养成

科学探究是解决一个未知的问题，在未知的世界面前，每个试图解决问题的人都要开拓思路，自由思考，每个人的思路、意见、方案（当然要符合探究的情境）都是平等的，都有可能是走向问题解决的有效方案。为了解决问题，人们需要相互交流意见，寻找解决问题的办法和方案，达成共识，在这个过程中，谁也不比谁拥有更多的真理，大家是平等的，思想是自由的。科学探究的过程自然就是一种体验民主的过程，也是一种民主训练过程。

一、科学探究体现的是平等的民主价值观

从社会学的观点来看，教学方式本质上是社会制度、社会关系在教学过程中的体现，教师作为社会代言人的角色，并非体现在知识传授中的说教上，而且在日常生活行为中会自觉、自动地体现出来。传统的"独白"式的讲授方法、对"师道尊严"的维护，其实维护的是教师在课堂中的"一把手"、"一言堂"角色。课堂教学中教师的"一把手"、"独白"角色和社会事务中的"一把手"、"一言堂"管理模式是一种符应关系。只不过不同的社会学流派对这种符应的态度存在差异，功能主义者站在维护社会稳定协调的立场上，希望通过教育的社会化过程，让未来的社会公民适应、维护这种传统的"一言堂"式的社会体系，而冲突理论则揭示了教育的符应功能是对不平等社会关系的一种再生产，教育是一种保守主义的事业。

关于教育生活与社会生活的符应关系，杜威也进行过深刻的剖析，但他对这种符应关系的态度具有二重性。对于集权社会而言，他持批判否定的态度，对其所倡导的民主社会而言又持肯定的态度。总体上看，他是一种现实的实用主义者，这也许是美国对待世界事务态度的哲学源泉。关于学校教育的符应功能，杜威评论说："我们不妨承认：学校必须有某种社会方向。我们不妨承认：这种必要性是含蓄在教育的性质之中的……是含

蓄在教师的人格之中、在学校的生活之中、在学生与学生和学生与教师的关系之中、在行政组织和安排之中、在学校房屋的建筑之中并且含蓄在所教的科目之中。"①

　　那么，科学活动与民主社会之间存在怎样的关联呢？在杜威看来，科学活动的根本特征就是实验活动，即探究活动。由于杜威反对主观/客观世界二分法，认为科学不是对外在的静态的客观世界的镜式反映，因此，也就不存在一种绝对的真理，也就不存在因为有人自认为拥有真理而处于权威的地位。这就消解了先赋权威的可能。科学探究的本质是对不确定情境的问题的解决，在待解决的问题面前人们都是探索者，谁也不比谁拥有更多的优势，共同的合作、协商、探求是共同解决问题所必要的，也是符合群体的共同利益的。因此，这种方法具有民主性和平等性的特征。

　　科学对民主社会的价值，不仅在于其隐性的价值陶冶，还在于其方法具有普适性的特征。不仅能够解决科学问题，而且能够解决民主社会的人生问题。在杜威看来，道德问题在本质上也是探究的过程，通过探究过程中的协商而达成一种社会契约。杜威说："归根结底，民主主义的问题是个人尊严与价值的道德问题。通过互相尊重，互相容忍，接受关系，总结经验等，民主主义到底还是唯一的方法，使人们能够成功地进行我们全体都牵涉在内（不管愿意与否）的实验，人类最伟大的实验——在这共同生活的实验中，每个人的生活，在最深刻的意义上是有利的，对自己有利，同时也有助于他人的个性之培养。"② 而科学群体采用的科学探究的方法恰恰具有这个特点，"科学中所运用的方法仍是一种公共的和公开的方法，而这种方法只有当在同一领域内工作的一切人们达到了共识，达到了信仰的统一的时候，才得到成功和才能成功"。③ "政治民主的核心是用讨论和交换意见的办法来裁决社会上的差别。这种方法大致接近于用实验探究与检验的手段来影响变化的方法：即科学的方法。"④

　　杜威正是基于对科学探究活动特点的评价：科学探究的活动是解决共同关心的问题（或利益），科学家的活动不带有私立性，科学活动是一种公开的方法，科学结论是科学家群体达成的共识，科学家达成共识的过程

---

① ［美］约翰·杜威：《人的问题》，傅统先译，上海人民出版社 2006 年版，第 64 页。

② 同上书，第 34 页。

③ 同上书，第 88 页。

④ 同上书，第 131 页。

需要重证据，需要争论、协商，这个过程是公开的、民主的、平等的，才得出科学探究的方法与民主社会的活动方式是一致的这样一种结论。在杜威那里，科学探究的社会价值不仅仅于，甚至主要不是在于掌握科学知识、提高科学能力，而是在于再生产并不断完善民主社会制度。

　　因此，新课程改革在倡导探究式的新型教学模式，对"独白"、"灌输"的深刻批判，对"对话"、"探究"的深情讴歌，实际上是在批判师道尊严的不平等师生关系，提倡建立一种"新型的民主平等"的师生、生生关系。这种倡导的背后是社会主义政治民主进程的加快和民主体制的日趋完善。胡锦涛总书记在党的十七大报告中指出："人民民主是社会主义的生命。发展社会主义民主政治是我们党始终不渝的奋斗目标。"把推进社会主义民主作为政治制度和国家的生命、作为党的奋斗目标来阐述，达到前所未有的高度。俞可平在《民主是个好东西》一文中提到："我们正在建设中国特色的社会主义现代化强国，时于我们来说，民主更是一个好东西，也更加必不可少。马克思主义经典作家说过，没有民主，就没有社会主义。"①

　　但是，中国的社会主义民主社会从本质上不同于杜威所构想的民主社会，更不同于西方的现实民主社会。正如胡锦涛总书记在十七大报告中所指出：社会主义民主政治体系是"坚持党的领导、人民当家作主、依法治国有机统一"的政治体系，而且社会主义民主是不断发展着的具有中国特色的社会主义民主，"社会主义愈发展，民主也愈发展。在发展中国特色社会主义的历史进程中，中国共产党人和中国人民一定能够不断发展具有强大生命力的社会主义民主政治"。

　　因此，在中国选择和推进民主制度，必然受中国社会的经济制度、地缘政治和国际环境、文化传统、国民的素质、公民的生活习惯等因素的制约。如何实现民主与集中、民主与秩序、民主与法制的辩证的、有机的统一是社会主义民主政治改革要解决的问题，也是我们推进课程改革要思考的问题。因为教育在任何国家都是其意识形态的一个重要组成部分，教育与社会政治文化的脱节，不仅造成教育过程中教师和学生的思想冲突和迷茫，而且培养的学生也难以适应现实的社会生活，教育的"失范"就不可避免。当然，教育不仅要考虑当下的现实社会，更要着眼于社会的未来

---

① 俞可平：《民主是个好东西》，载《党员干部文摘》2007 年第 2 期，第 34 页。

发展。

二、科学探究倡导理性的自由精神

我们认为，通过教育倡导平等、自由和民主的精神来维系和完善民主社会制度是杜威民主主义教育思想的核心内容。那么，杜威为什么如此重视科学探究与民主社会的关系呢？除了前面我们分析的科学探究在涵养一种平等的民主价值观之外，他认为科学和科学探究的方法还隐含着自由精神和批判精神。

杜威认为科学教育具有两种价值，一种是生活价值，当代社会人们的衣食住行离不开科学，另一种价值是科学具有陶冶人的精神的价值。他说："在学校内为什么要注重自然科学的教授呢？有两个理由可以说明它：（一）因为自然科学的教材与人生有密切的关系；（二）自然科学能陶冶人精神上的习惯。……民治主义的社会，应该注意给人民以科学的经验。假如学校内不注重科学，这一种经验，怎么能够有呢？要想作一个民治国家，若不是训练人民使他自己思想，自己判断，自己观察，他们的思想信仰专靠别人传授，那么，这样的人民，去共和国家，如同水和油搀在一处一般，永远不能相和的。普通学校的通病，就是教师同学生，都认科学为一种专门的学问，不拿它当作最好的方法，去锻炼他们的判断、发明、观察的力量。"① 在杜威看来，科学和科学探究方法对民主自由精神的涵养主要体现三个方面：

第一，科学探究是对问题或者是对未知世界的探求，这种探求无论是提出假说、收集证据还是对研究结论的交流与表达，对于个体而言，需要自由地发散思维去寻求最佳答案，个体与个体之间（师生或生生）或者研究小组之间必然是平等基础上的自由交流，因为在获得具有共识意义的结论之前，每个人都可能拥有或部分拥有正确的意见。这种思想的自由体现了杜威对自由理解的一个基本观点，即"更多地给予个人以自由，把个人的潜力解放出来，这个观念和这个理想是自由精神永远存在的核心"。②

---

① 袁刚等编：《民治主义与现代社会：杜威在华讲演集》，北京大学出版社2004年版，第622页。

② ［美］约翰·杜威：《人的问题》，傅统先译，上海人民出版社2006年版，第104页。

　　第二，科学探究并非毫无根据或毫无理性基础的那种"自由"探索。正如前面所分析的，科学探究的问题或假设具有情境性，无论是探究的问题还是对问题的解答，如果离开了具体的情境就没有意义。此外，科学探究不是凭空进行的，它围绕着问题，立足于具体的情境，依赖于已有的经验，受理论的指导。已有的经验可能是实践的、生活的，也可能是理性的。杜威说："实验思维的第二个特点就是利用观念去指导实验，就是说，实验不是杂乱无章、没有目的的动作"①。这种具体的、带有理性的自由探究对于杜威所倡导的民主社会的自由习惯的养成具有重要的意义，因为杜威反对无政府主义绝对的自由。他说："这种绝对主义，这种忽视和否定时间的相对性之理论，是早期的自由主义容易堕落为假自由主义的主要原因。"②

　　第三，自由是历史的、具体的、发展的。科学探究恰恰可以养成历史的、发展的、变化的观点。在杜威看来，民主社会的自由不同于传统的自由主义，它是发展了的、更加具体、更加完善、更加现实的自由。人道主义的、宗教的、理性主义意义上的自由和无政府主义的自由都是有局限的，前者是为社会上层阶级服务的，因为人道主义的自由带有施舍的意义，当一种自由是他者给予你的，他就不会是真正的自由。宗教的、理性主义的自由依赖于知识，只有拥有高深的神学知识或者理性知识的人才配享受这种自由。无政府主义的自由本质上源于是资产阶级的利益诉求，意在挣脱封建主义束缚的行动自由、贸易自由、思想自由、言论自由、出版自由。杜威评论说："在欧洲大陆，所谓自由党差不多全是大工业、银行和商业的政治代表。""只要阅读放任政策的自由主义的党徒所出版的刊物，便知道他们所珍视的商业中投机者的自由，而且他们认为这种自由差不多是一切自由的中心。"③ 民主社会的自由是对传统自由的发展，只有拥有发展的、现实的观点，才能更好地理解民主社会的自由，而在杜威看来，科学探究恰恰拥有涵养这种品性的特点。"自由主义有历史和相对性的观念。它知道个人和自由的内容是随着时代的改变而改变的"④。而

　　① ［美］约翰·杜威：《确定性的追求》，傅统先译，上海人民出版社 2004 年版，第108 页。

　　② ［美］约翰·杜威：《人的问题》，傅统先译，上海人民出版社 2006 年版，第 112 页。

　　③ 同上书，第 107—108 页。

　　④ 同上书，第 112—113 页。

"科学的态度是一种对于变化发生兴趣而不是对于隔绝的和完备的固定物质发生兴趣的态度"。①

三、科学探究倡导合作意识和批判精神

科学探究是对未知世界的探求，一方面需要理性的自由思考，另一方面对问题的解决需要合作、信息交流、通过协商达成一致结果，而这一个过程与民主社会的生活方式在本质上是相通的。杜威说："自由不仅是目的，而且是方法；只有通过个人自愿的合作，个性的发展才是安全的和持久的。""自由是从个人的参与中争取得来的"②。杜威思想的追随者悉尼·胡克（Sidney Hook）也说："只有通过科学探究的方法，我们才能认识到共同利益，设计政治和教育程序以满足它们和检验其程序的充分性，科学方法也是那些持有相互冲突的形而上学和宗教信念的人们之间进行合作的唯一方法。"③ 科学探究的活动不是孤立的个人活动，也不是对立的阶级活动，因为所有的人都是面对着一个未知的世界而开展探究。因此，科学探究是由共同的问题和情境组成的探究利益共同体，合作意识是科学探究活动所倡导的，也是内在需要和自然培养的一种意识。

科学探究的方法和精神并非仅限于科学研究活动和科学教育活动，它也适用于人文社会科学领域和日常生活领域。在民主社会，没有任何问题能够超出探究的方式来解决，民主社会负责任的公民的培养应该是启发思考的教育，是通过探究实施的教育。对此，李普曼评论说："至少从约翰·洛克的时代以来，民主观念的一个前提之一便是，民主社会的成员不但应该是有知识的，而且应当是有思考力的；不但应该知晓争论的问题，而且能够以理智的态度全力对待这些问题。……哲学的教学法把课堂转变成为一个进行协作探究的群体，在那里每个人都一样地有资格讲话，每个人又都向他人学习；在那里，当全班成员的对话在每个参加者的头脑中内化为一种内在的评判时，这种对话就变成了所谓思维过程的基础。"④ 他曾以"民主政治"这个主题的探究教学来阐述他的这种教育思想。

---

① ［美］约翰·杜威：《确定性的追求》，傅统先译，上海人民出版社2004年版，第99页。

② ［美］约翰·杜威：《人的问题》，傅统先译，上海人民出版社2006年版，第110页。

③ 转引自汪秀丽《胡克自由观探要》，复旦大学博士学位论文，2007年，第49页。

④ ［美］M. 李普曼：《社会探究》，陈本益编译，山西教育出版社1997年版，第2—3页。

社会探究：民主政治①

从前，在我们的祖先都还长着尾巴的时候，一个妇女碰巧生下一个没有尾巴的孩子。这个小怪物是前所未见的。人们被吓坏了，命令立刻把这个东西处死。过了一段时间，另一个妇女也生下一个没有尾巴的孩子，这孩子也被立即处死。然而，越来越多无尾巴的小东西诞生出来，并且他们的父母对自己的孩子仅仅因为没有尾巴而被残酷处死也大为惊骇，于是，这种孩子被允许活下来了。

他们同正常的儿童一起长大，说同样的语言，除了无尾巴之外，与其他儿童完全一样。他们长大成人后开始抱怨他们的地位，声称他们没有一点权利和特权。人们极不情愿地把他们当作"二等公民"。但这仍然不能使他们满意。他们继续吵闹，最后，他们被给予了与有尾巴的一等公民同等的地位。

但是到了这个时候，没有尾巴的人已经很多，占大多数。他们立即提议并得以通过一项法律，内容是说有尾巴的公民从现在起被看作是"二等公民"。他们的支配地位持续了很长的时间，最后产生出这样的规定：一个妇女若生下长有尾巴的孩子，她就立即遭到整个群体的谴责，那孩子则被曝弃在山腰而死。

问题：

1. 这个故事包含有教训意义吗？如果有，它是什么？

2. 这个故事是否类似斯威夫特在《格利佛游记》一书中所描述的一件事：两个国家因为争论鸡蛋是从大的一端打破好还是从小的一端打破好而打起仗来？

3. 这个故事是在嘲笑当今社会中人们在细小问题上的争论吗？

4. 这个故事是在嘲笑民主制度，还是在竭力显示人类可笑的反复无常？

5. 这个故事的目的，是在于说明多数人统治的原则，还是在于说明任何人都可能要求的"个人的或者少数人的权利"？

科学探究不仅是一种民主思想的熏陶、民主生活方法的训练，对维护

---

① ［美］M. 李普曼：《社会探究》，陈本益编译，山西教育出版社 1997 年版，第 55—56 页。

和发展民主社会有好处；不仅对科学家、对学校教育是十分有用的，而且对我们每一个人解决日常生活中的问题也是有用的。例如，有一天小明肚子突然疼起来了，可能的原因有哪些呢？是受凉了还是食物中毒？是盲肠炎还是其他毛病？首先得搞清楚疼的部位，再想一想，最近是否淋雨了还是天气突然变冷时衣服穿少了？吃了哪些东西？根据这些情况做出初步的设想，然后再请医生诊断，通过必要的检查和化验，就可以找出原因并对症治疗①。

　　作为民主社会的公民需要拥有批判意识，批判意识的核心要素是独立思考、不迷信权威，其本质上是一种不断反思和超越的品质，它不是简单否定，也不是彻底否定，被批判反思的对象是我们进一步探究的基础。如果没有批判反思，我们就容易全盘接受先人或别人的知识和经验，并自觉或不自觉地把这些知识和经验作为固定或普遍的规范，放弃自己的独立探索。科学探究的方法恰恰倡导、培养独立思考、自由探究、不迷信权威的精神。因为探究的本质倡导一种自由和平等，它意味着不能对人的心灵进行专制，反对任何来自宗教、政治、意识形态、社会制度束缚自由思考的做法。因此，杜威认为，在学校开展科学，倡导科学探究的方法，有助于训练学生形成自己思想、自己判断、自己观察的习惯，从而适应、维护、发展杜威所设想的民主社会。

---

① 袁运开等：《科学》，华东师范大学出版社2001年版，第10页。

第五章

科学课程知识的社会学研究

科学知识是科学课程的核心要素，无论是理性主义还是经验主义，本质主义还是非本质主义，逻辑实证主义还是证伪主义抑或是历史主义，都不否认科学知识的存在，只是对什么是科学知识，科学的本质是什么，不同的学者从哲学、社会学、历史学、政治学等不同的视角进行研究，对科学和科学知识的观点和看法不同而已。而正是这种争论和不同侧面的研究成果，让我们对什么是科学，科学课程知识的本质是什么，有了一个多元化的认识。在当前的科学课程改革中，科学哲学、科学社会学对科学以及科学知识的诸多研究成果越来越多地被吸收到科学课程改革的实践之中。

第一节　知识论发展的理路

对什么是"知识"，人们存有多种分歧和不同的认识，这主要依赖于你的哲学信仰。站在实证主义立场上的人们，往往把知识理解为对"实在"的一种"镜式"反映，对"实在是什么"又存在许多争论；站在实用主义立场上，任何把知识视为实践性行为的一种方式，认为观念与思想是行为的工具，用"实用即真理"来概括虽有偏颇，但基本上仍能反映其核心思想；站在理性主义立场上，往往把知识视为对事物共相的把握，对这种共相的把握要靠理性才能实现。如此等等，不一而论。

知识论是专门研究知识的学问，把知识视为"确证的真信念"，基本上是知识论者的共识，更多的分歧集中在知识如何为真，也就是知识的方法论方面。知识观是对知识的本质、来源、范围、标准、价值等的观念和认识，知识观并不等同于知识本身。

一、什么是知识

关于什么是知识的追问和回答可以追溯到柏拉图。他在《泰阿泰德》中，把知识看作是一种确证了的、真实的信念。知识由信念、真与确证三个要素组成。这是西方传统知识的三元定义。按照这种定义，知识首先是真的，但仅仅是真还不足以是知识，你还需相信它。康德把有关事物的判断分为三个层次，最高一级是知识，它不仅在主观上，而且在客观上是有关事物的真判断。齐硕姆认为，真意见必须要有充分证据才会成为知识。确证主要指命题必须有恰当的理由或证据，或者说依据一定的认识规范对信念给予证明。作为信念有可能碰巧为真的，但作为知识，却不允许有这种偶然性。

雷尔（Keith Lehrer）把知（to know）区分为三层含义：具有某种形式的能力，认识某物或某人，认识到某种信息性的东西。这三种含义不是彼此分离的，而是具有内在统一性。比如，知道乘法表，属于第一层次的"知"；认识菊花，属于第二层次的"知"，这种层次的"知"就需要分辨的能力了；掌握磁铁的性质，则属于第三层次的"知"，它不仅意味着他能够认识磁铁，而且知道磁铁分 N、S 两极，磁铁具有同性磁极相斥、异性磁极相吸的性质。

传统的知识论对知识命题的研究，一般是从事物之间的"关系"入手进行分析的。如：扎泽博斯基（Linda Zagzebski）把知识界定为一种"关系"，即人们与现实相接触的一种认识关系。知识又可区分为两类，一是有关事物的直接知识（knowledge of things），它是主体通过与实在的对象进行直接的经验接触而产生认识。二是有关事物的间接知识（knowledge about things），称之为命题知识。它是主体所认识的关于世界的真命题。麦克金（Colin Mcginn）认为由于知识表现为各种不同的表达方式所组成的一个家庭，如认识谁（who）、认识如何（how）、认识某物与他物的区别等，因此对知识的说明应当要能够提供一种有关它们的异中之同的统一说明。构成知识家庭根本性特征的概念是"辨认性知识"（distinguishing knowledge），即从与他者的不同中辨认出某物。因此，有关知识的统一理论应当以"辨别"（discrimination）概念作为核心的、基本的概念。就命题知识而言，它对某物是什么的认识（knowledge-that）。实际上，麦克金对知识的分析，吸收了维特根斯坦的"家庭相似性"的论点，他用家庭相似性来说明哲学语言游戏的共同特征。

后现代主义知识论，最有影响的是语境主义。它认为，知识或确证的问题在某种意义上是与其语境相关的，有关知识之真的论断随着相关语境的变化而变化，这种语境既包括认识对象的地理环境，如特定时空中的对象状况，同时，也包括社会共同体所形成的语言与心理的语境、认识的标准与规范等，它们一起构成知识为真的条件。

二、知识的分类

对知识定义理解的多元，必然导致知识分类标准的不同。基于哲学、学科范畴、属性等对知识的分类视角不同，知识的类型也不一样。而且每一种分类标准的内部又存在许多立场上的差异和争论。比如，在哲学认识论和方法论的基础上，知识的分类就存在很大的不同。

从认识论视角，人们一般把知识分为感性知识与理性知识（实践知识与理论知识的分类与此相似）。感性知识直接来自我们的感官，它包括感觉、知觉等，其特点是认识的直接性，不确定性；理性知识来自我们的理性能力，它包括概念、判断和推理，其特点是认识的概念化、确定性。康德认为知识分为先天知识和经验知识，先天知识可以仅仅依据概念获得，属于分析性知识，其意义的规定得自主、谓词之间的关系；经验的知识来源于感觉，属于综合性知识，是对感觉的综合。理性主义的知识观认为知识为真的基础源自理性，经验主义知识观则强调知识为真的基础源自经验。实际上，并不是所有知的命题都可以还原为具体经验的，把先验理性或者心灵作为把握知识要素的观点有其一定的合理性。但如果把知识本源归属于先验理性，不仅是唯心主义的，而且同样犯了武断主义的错误。

从学科范畴上分，知识可以分为人文知识、社会知识和科学知识，可以再细分为哲学、文学、历史、艺术、科学等学科。我国《普通高等学校本科专业目录和专业介绍》是按照一级学科、二级学科、专业来划分知识领域的。一级学科11个，分别为哲学、经济学、法学、教育学、文学、历史学、理学、工学、农学、医学、管理学，这11个学科门类又被细分为249种专业。传统的对知识客观性、理性的理解，人文知识最弱，科学知识最强，社会科学知识介于两者之间。社会科学知识具有理性和客观性的特征，如：法律知识需要一定的逻辑推理，经济活动的周期性特征也表现出一定的规律性等。

　　人文与科学的对立，源于科学在人文知识领域的不断渗透和扩张，文学、艺术创作需要的激情被理性所压抑，技术理性与政治的结合产生的意识形态，使文学与艺术等人文知识纳入政治理性的轨道，求美、求真、求善的人文精神被遮蔽。反过来，人文精神的遮蔽对求真、求美、求善的科学精神又产生了负面影响。比如，"文革"时期"批相对论""李森科主义"等反科学思潮对科学事业的创伤，不仅是科学领域的不幸，而且是人文社科领域的堕落。

　　根据知识的经济功能，经合组织把知识分成了四种类型：1.事实知识（know-what）。指的是人类对某些事物的基本认识和所掌握的基本情况。比如，中国的总人口。2.原理和规律知识（know-why）。指人类对产生某些事物和发生某些事件的原因和规律的认识。比如，生物进化规律。3.技能知识（know-how）。指人类知道实现某项计划和制造某个产品的方法、技能和诀窍的知识。比如，制备氧气。4.知道知识产生源头的知识（know-who）。即知道是谁创造的知识的知识。第1、2类是"可编撰的知识"，第3、4类是"可意会的知识"。也有学者称为"显性知识"与"隐性知识"。

　　从知识的拥有主体来分，知识分为个人知识和公共知识。罗素在其《人类知识》一书中，对个人知识与社会知识进行了区分。他认为，社会知识从总量上可以说多于个人知识，也可以说少于个人知识。因为，百科全书式的全部社会知识却不能包含个人的知识部分。"整个社会的知识和单独个人的知识比起来，一方面可以说多，另一方面也可以说少：就整个社会所搜集的知识总量来说，社会的知识包括百科全书的全部内容和学术团体会报的全部文献，但是关于构成个人生活的特殊色调和纹理的那些温暖而亲切的事物，它却一无所知。"[①] 个人知识是自身亲身体验得到的，这种知识不是能够完全用语言表达出来的，公共知识是祛魅的，排除了情感、价值、激情，追求客观、普遍与价值中立，可以用符号进行表达与传播。罗素说："'雨'不再是大家都熟悉的那种现象，而成了'从云块落到地面的水点'，'水'不再是把你弄湿的那种东西，而成了 H_2O。关于氢和氧，我们必须牢牢记住它们的文字的定义，至于你是否理解这些定义

---

① ［英］罗素：《人类知识》，张金言译，商务印书馆1989年版，第9页。

倒无关紧要。"①

　　另一位对个人知识进行系统研究的是迈克尔·波兰尼（Michael Pola-nyi），他是英国著名的物理化学家和哲学家。波兰尼认为，在科学发现中，个人知识的介入不仅不是缺陷，而且是科学知识不可或缺的、必要的组成部分。真正的科学研究是指那些具有原创性的工作，这种工作是一种技艺，无法用一套明确的规则作客观主义、形式主义的刻画，科学中的个体知识，特别是个体的判断力，起了举足轻重的作用。同时，他认为理智的激情、信念、良知、责任心与判断力的协同，自始至终伴随着科学的研究工作，理智的激情通过科学的美感和真理建立起了内在的关联。爱因斯坦也曾用"自由创造"来描述科学的发现。也就是说科学发现需要、而且必然地伴随着非理性的因素。从科学发展史来看，科学美的确成为科学发展历程中的一种信念。哥白尼提出日心说之时，并没有充足的观察证据，但地心说的烦琐的确与源自希腊精神对美和简洁的信仰相冲突。

　　从课程领域来研究知识的学者，一般立足于发展学生能力的角度来对知识进行分类。费尼克斯在《意义的范畴》这本书中指出，普通教育所关注的不应只是智力的发展，因为它是理解和形成基本意义的过程。他所说的意义有四个维度：一是有关内部经验的维度。包括感受、意识、激励以及难以明确表达的领域；二是逻辑和法则维度。任何类型的意义都要通过特定的逻辑或结构原理表达出来；三是选择性维度。从理论上说意义是无穷的，因此必须对它们进行选择，选择值得进一步发展和阐释的问题；四是表达维度。所感兴趣的意义要通过符号进行交流，符号是表达意义的中介。根据意义的四个维度，他把知识分为六种类型：符号学（Symbonics），包括普通语言学、数学、非推论性符号形式；经验论（Empirics），包括物理学、生物学、心理学、社会科学；美学（Aesthetics），包括音乐、视觉艺术、运动艺术、文学；心智研究（Synnoetics），包括哲学、心理学、文学和宗教；伦理学（Ethics），包括伦理道德的知识等；福音学（Synnoptics）包括宗教、布道和道德教化的知识等。

　　赫斯特（Hirst）是另一位在课程领域进行分类的学者，他认为在日常用语中，知识的对象是人、地方、物体、理论、技能、感受，等等。但

---

① ［英］罗素：《人类知识》，张金言译，商务印书馆 1989 年版，第 11 页。

是在哲学上，知识的对象并不是我们所知道的东西，它们有三种类型：一是"直接的客观知识"，即我们所知道的人、地方、事物；二是"知道是这样的知识"，即我们所知道的事情是怎样的，它们是用某种陈述或假设来表达的；三是"知道是怎样的知识"，即我们知道在何时何地以何种方式做何种事情的知识；"知道是怎样的知识"，知识不仅需要认知和理解，还要具备一定的能力。根据他的观点，赫斯特和彼德斯（Hirst & Peters）将知识分为七种形式：形式逻辑和数学、自然科学、道德认知和判断、美学、哲学、宗教经验以及对自我和对他人心灵的认知。

传统意义上的知识分型往往立足于"自己是最好的"，具有一种"替代论"的特点。在不同的社会发展阶段，即使同一社会发展阶段，哲学观点的对抗或共荣①，必然带来对"什么是知识"的不同回答，以一种答案代替另一种答案的思维模式既不符合知识发展的历史，也不符合知识发展的现实需要和未来。目前关于知识观转向的讨论，就存在这样的弊病。

三、现代知识观

自从人类文化具有记载以来，何种知识在人类的存在中占据统治地位，既在于该种知识的发达程度，也在于该种知识在关乎人类生存的问题上所起的作用。奥古斯特·孔德把人类知识的发展分为三个阶段，即神学阶段、形而上学阶段和实证阶段。如果把后现代知识观也作为一个阶段，则知识的发展史经过了四个阶段。石中英提出了四种知识型，原始知识型（神话知识型）、古代知识型（形而上学知识型）、现代知识型（科学知识型）、后现代知识型（文化知识型）。

知识形态和其发展本质上由相应的社会发展程度和当时人类的认识能力所决定。在原始社会，巫师是知识分子的代表，神话与仪式是知识的主要表现形态，"神秘性""情景性""隐喻性"是这个阶段知识的主要特征。在前工业社会，神学家和哲学家是主要的知识分子，宗教和哲学是知识的核心形态，其共同的特点是对世界本体的追问，传统的人文知识居于政治与意识形态的霸权地位，科学只不过是哲学和宗教的婢女，"绝对性""终极性""神圣性"是这个阶段知识的主要特征。在工

---

① 笔者认为哲学观点的此消彼长，恰得益于来自不同哲学观的相互诘难。

业社会，科学知识取代人文知识占据了知识的统治地位，科学主义是这个时代的主流哲学思潮，"专家治国"成为科学技术与意识形态最好的写证，科学家和科学技术人员是这个时代知识分子的代表，观察、实验、逻辑推理是获得知识的主要途径，"客观性""普遍性""确定性""实证性"是这个时代的主流知识观。进入后工业时代，后现代知识观逐渐呈现出主流知识观的特征和趋势，"普遍的知识分子死了"、"上帝死了"，"具体的知识分子"出现了。知识的形态呈现多元、开放的特点，"文化性""相对性""多样性""建构性""境域性"是后现代知识观的主要特点。

　　不同知识发展阶段的知识型并不是说是这个时代唯一的知识型。理性主义、怀疑主义基本上伴随着知识发展的整个历程，如果前一个阶段没有孕育后一阶段的知识型，就不会有知识的进步。宗教与科学也并不是绝对对立的，科学与人文也不是彼此不容的。后现代知识观关注被边缘化知识的同等价值，是其相对于现代知识观的进步，但它也不是无可挑剔的。如果后现代主义者建构自己的知识范型则意味着它与自我解构精神相悖。因此，激进的后现代主义者拒绝建构自己的知识范型，但却隐喻着虚无主义、相对主义的危险。建设性后现代主义谨慎地建构自己的知识范型，隐藏着重新走回现代知识观的可能。

　　理性主义、经验主义、实用主义、实证主义、逻辑实证主义、批判理性主义等哲学流派都对现代知识观产生了影响。一般意义上，人们往往从它们哲学观点的对立来讨论各自观点的局限和合理性，却忽略它们的共同追求：知识如何为真？

　　理性主义知识观认为现象世界是易错的，只有"理性"才能把握"真"的知识。希腊第一位哲学家泰勒斯提出了"万物皆源于水"的命题，毕达哥拉斯认为世界万物是由数组成的，这可以看作理性主义的起源。系统的理性主义思想来自柏拉图，他认为，世界万物是理念的摹本，在柏拉图看来，现象世界是变动不居的、虚假的，现象世界之外的理念世界是永恒的。

　　康德继承了柏拉图的思想，用"先验理性"来演绎知识的"真"，他认为，理性以超越现实为特征，以追求永恒、绝对、无限为目标。笛卡尔用"我思故我在"的命题来简约他的哲学思想，他认为，知识的可靠性在于它的明晰性，而感性经验是彼此冲突、歧义丛生的，因而是靠不住的，真正的知识只能靠人的理性去推知。黑格尔主张客观理性论，他把理性定义为自在而自为的存在，是世界本体，是客观性与主体性的统一。他说："理性是自在而自为的真理性，这种真理性是概念的主体性和概念的客体性及普遍性的单纯的统一体。""理性作为这种同一体，是绝对的实体，这种实体是真理性。"① 理性在现象学那里又找到了存在的价值，胡塞尔认为人性的本质就在于追求理性，追求理性所提示的终极目标，认为高扬欧洲人的理性精神是拯救欧洲科学，乃至拯救整个欧洲文明的希望。

　　理性主义最大的特点，是追求现象背后本质的东西，它既是形而上学的生长点，也是近代科学产生的精神源泉，因为科学的最终目标是探究自然世界的规律。怀特海说："我们如果没有一种本能的信念，相信事物之中存在一定的秩序，尤其是相信自然界中存在着秩序，那么，现代科学就不可能存在。"②

　　经验主义源自弗朗西斯·培根，他认为要获得科学知识必须按照自然本来的样子或者事物之间本质的联系去认识它。"人，既然是自然的仆役和解释者，他所能做的和了解的，就是他在事实上或思想上对自然过程所观察到的那么多，也只有那么多：除此之外，他什么也不知道，也什么都不能做。"③ 要从经验获得真理性知识，还需要采用他所定义的归纳法，这种归纳法不同于简单枚举法，不需要一个一个列举证据，而是把收集到的必要的证据列成三个表：本质和具有表、差异或缺失表、程度表，最后进行归纳。这种方法经约翰·穆勒的发展，发展成包括契合、差异、并用、排除、类比、共变、剩余七种方法的逻辑方法。

　　关于归纳法在科学发现中的意义和价值，科学家伽利略、牛顿都曾进行过高度评价。"伽利略指出：'由于特殊的（个别的）场合的数目大都是无限的，所以归纳法只要用最适合于概括的个别事例来进行证明，就具有证明的效力。'"④ 牛顿强调，科学发现必须从事实和现象出发，经过归

　　① ［德］黑格尔：《哲学科学全书纲要》，薛华译，上海人民出版社2002年版，第267—268页。
　　② ［英］怀特海：《科学与近代世界》，何钦译，商务印书馆1959年版，第4页。
　　③ 北京大学哲学系外国哲学史教研室编译：《西方哲学原著选读》（上册），商务印书馆1987年版，第345页。
　　④ 马来平：《哲学与文化视野中的科学》，广西人民出版社1991年版，第60页。

纳从事实和现象中得出科学结论。他说："在实验哲学中，命题都从现象推出，然后通过归纳而使之成为一般。""实验科学只能从现象出发，并且只能用归纳从这些现象中推演出一般的命题。"① 现在人们对归纳方法的局限性、不完备性有了深刻的认识，但在科学发现中它仍然是一种行之有效而且得到广泛运用的科学方法。

洛克是另一个经验论集大成者，他反对"天赋观念说"，认为心灵本是一块白板，人类的一切知识、一切观念归根到底来源于经验。经验主义的一个根本特征是"因果论""外界决定论""符合论"洛克的"白板说"对于传统的课程观、师生观、知识观产生了很大的影响，遭到了后现代课程观的激烈批判。

经验主义和理性主义在启蒙阶段，对于反对神学与宗教的神秘性、终极性、禁锢性起到了巨大思想作用。经验主义虽然曾在哲学领域，尤其是在科学教育领域占据着显赫的地位，但具有讽刺意味的是，其在科学研究领域并没有太大的市场和信徒。科学发现更多地表现出了"自由创造"的特征，无论是玻尔还是爱因斯坦，他们的宗教情怀，诗一般流动的思维，对美的直觉与永恒追求，成为他们自认为影响科学发现的根本动因。玻尔曾对海森堡说："当问题涉及原子时，我们只能像吟诗作赋那样使用语言。诗人正是这样，他最关心的不是描述事实，而是创造意象的情形。"② 他的话语隐喻着，对于原子物理来说，科学和诗人一样，几乎完全不是描述事实，而只是创造映象。从文学的角度来说，可见世界后面的一切都是虚构的，是一种想象的表演。除了想象，没有其他的方式谈论自然、艺术和科学界中那些不可见的东西。

实证主义哲学本质上是从经验主义生长起来的。不过，实证主义针对的对象是形而上学，是在批判形而上学的空疏和诡辩中绽露出来的。德国化学家李比希曾说："它充满空话和幻想，但就是缺乏真正的知识和切实可靠的研究；它浪费了我两年的宝贵生命。当我从这个陶醉状态下清醒过来以后，我真的无法形容我所感到的厌恶。"③

法国哲学家孔德是主张用实证方法取代形而上学的先锋。他认为，发

① H. S. 塞耶：《牛顿自然哲学著作选》，上海外国自然科学哲学著作编译组译，上海人民出版社 1974 年版，第 8 页。

② ［美］雅·布伦诺斯基：《科学进化史》，李斯译，海南出版社 2002 年版，第 353 页。

③ 刘大椿：《科学哲学》，人民出版社 1998 年版，第 3 页。

现事物内在本质的企图是徒劳的，应代之以努力发现存在于现象事物之间的一致关系，科学方法是一切领域要遵循的方法。科学唯一的目的是发现自然规律或存在于事实中间的恒常关系，这只有依靠观察和经验才能做到。用这种方法取得的知识是实证的知识，凡是没有把握这种知识的地方，我们的重要任务之一就是模仿自然科学所采用的方法来取得这种知识。孔德不仅把实证知识作为知识的最高阶段，而且把科学方法（实证方法）进行泛化，这是科学主义的开端。

实证主义认识论和方法论一般只提出和设法解决现实对象的有限问题，以经验为出发点和归宿，要求得到的结论具体明晰，一般都能用公式、数据、图形来表示，其误差限制在一定的范围之内，而且最终的结果在可控条件下可以重复接受实验的检验。具体性、经验性、精确性、可检验性是传统实证方法的特点。课程评价领域出现的数学化趋向，课程研究方法的实证主义思潮，就是这种思想的典型影响。

传统实证方法的局限性是明显的，即使对 19 世纪已经成熟的科学知识来说也不是能全部被实证的。比如，物理学中的"质点""光滑的平面"等理想模型以及建立在这些概念基础上的理论体系。为此，罗素将实证主义进一步发展为逻辑实证主义。逻辑实证主义认为只要科学知识可以通过数理逻辑还原为原子事实，原子事实具有经验基础就可以了。比如，虽然我们看不到真实的电子，但我们可以通过云室效应，推理电子的运动和存在。

相对论对牛顿力学的革命，也就意味着逻辑实证主义的终结。因为牛顿力学不仅有严密的数理逻辑，而且经过近百年的无数次实验证实，并在工业技术中获得了广泛应用，仍然没能逃脱被证伪的命运。批判理性主义的代表波普尔认为，科学的发展是"经验证伪"的，而非"经验证实"的，实证主义一是错误地追求"准确无误"的知识，二是把知识的增长过程看成是一个简单的量的积累过程。他说："我们不知道：我们只能猜测。""科学的进展并不是由于越来越多的知觉经验随时间而积累这一事实。它也不是由于我们正在越多越好地利用我们的感觉这个事实。科学不可能从未被解释的感觉经验中提炼出来。不管我们多么勤奋地收集和挑选它们。大胆地猜想，未被证明的预感，以及思辨的思想是我们解释自然的唯一手段：我们把握自然的唯一工具，我们唯一的仪器。并且我们为了获奖，就必须冒风险。在我们之中不愿意使他们的思想去冒反驳的风险的人，不能参加科学游戏。"①

托马斯·库恩的《科学革命的结构》一书奠定了历史主义知识观的理论基石。历史主义将人类科学的发展看作是一个动态的、革命性发展的过程，其中既有实证主义所强调的肯定因素所导致的量上的增长，也有证伪主义所强调的否定因素所导致的质上的变化。知识的增长是一种范式转换，是由常规科学—科学革命—新的常规科学这样一种方式增长的，不同阶段的科学范式之间存在不可通约性，这种不可通约性否定了知识的累积观。

与实证主义或传统经验主义不同，实用主义虽然强调经验，但它对真理的追溯停止在经验上，在实用主义那里，对经验以下的客体或原子事件的溯源是没有意义的。实用主义者企图从形而上学唯意志论与实证主义的决定论之间寻找第三条道路。可以说实用主义是产生于美国本土的哲学思想，由皮尔斯、詹姆士和杜威创立。传统意义上我们习惯于用"实用即真理"来概括或批判实用主义的哲学思想，从一定意义上说，这种概括有一种意识形态批判的隐喻，并不全面。

实用主义者反对真理的符合说、知识的"摹本说"，认为语言是工具而不是再现世界本来面目的图像，否认知识是精确再现实在或者符合实在的看法，为了说明知识，我们根本不必把"事物"或"意识"还原为实体。普特南说："实用主义的核心……就是坚持行为者的观点。如果当我们从事实践活动时发现我们必须采取某一种观点，使用某一种'概念体系'，那么我们就一定不能同时声称这并不是事物本身的真实样子。"②

杜威认为，把理论与实践相分离是致命的，思想本身就是行动。知识就是对某种状况的反思或者理智的把握，它产生于经验但不等同于经验。杜威认为，要了解经验必须从主动的因素和被动的因素两个方面来理解，经验是主动和被动的统一体。他以手指伸进火焰为例，仅仅把手指伸进火焰并不是经验，只有当这个行为和因火焰的灼烧引起的疼痛建立联系时才算经验③。杜威非常强调经验中的反思，所谓反思就是识别我们所尝试的

① ［英］K. R. 波珀：《科学发现的逻辑》，查汝强、邱宗泽译，科学出版社1986年版，第243—244页。

② ［美］R. 罗蒂：《实用主义的过去与现在》，张金言译，载《国外社会科学》2000年第4期，第81页。

③ ［美］杜威：《民主主义与教育》，王承绪译，人民教育出版社1990年版，第148页。

事和所发生的结果之间的联系，没有反思就不会产生有意义的经验，经验与反思是相伴而生的①。杜威的进步主义课程理论虽然被学科主义所批判，但其课程思想仍然被课程实践所青睐。即使学科主义盛行时期，家政教育仍然占有一席之地，诸如厨房里的科学等 STS 教育内容也均可从杜威的教育思想中找到源泉。

四、现代知识观的基础主义特征

传统知识观主要是建立在理性主义和经验主义基础之上的，而理性主义和经验主义虽然对知识的确证方法存在对立，但本质上它们都是基础主义的。即，知识是以某些确证的信念为基础的。这些基础信念的确证独立于任何其他信念的支持，所有其他得到确证的信念则是导出的，导出的信念由某个或某些基础信念的直接或间接的支持才得到确证。下面我们对基础主义知识观的特征进行简单的概括。

在近代哲学中，理性主义的代表笛卡尔表现出强的基础主义，"笛卡尔的基础主义"成为当代知识论中的一个重要概念与讨论对象。他首先对原有的观念加以全面的怀疑，然后找到一个不可怀疑的、确定的思想基础，由此基础出发，详尽无遗地依次演绎出有关的命题。依此思路，笛卡尔找到了"我思"这样一个著名的思想基础，并由此演绎出有关"我""上帝""世界"等存在的观念。

按照经验主义的知识与确证理论，一些经验的陈述构成了基础信念的内容（在罗素和维特根斯坦那里是原子事实），这种经验的陈述是观察性的陈述。由于观察性的陈述是能够为经验所证实的，因此，有关这种陈述是真的信念，是一种自我确证的信念。于是，在主张一切知识来源于经验，以及信念的确证性在于经验陈述的基础上，经验主义强调，一个不是关于我们自己的感觉状态（知觉经验）的信念如果要被证明是合理的，就必须诉诸我们经验陈述的信念来证明。

无论是理性主义还是经验主义知识观，都认为知识生长于不能被证实，但不需要证实的逻辑起点。这种逻辑起点在理性主义那里是"先验理性"、是"上帝"，他们强调的是演绎的方法。在经验主义那里是观察陈述、是经验、是原子事实，他们强调的是逻辑归纳的方法或精致的逻辑

①　[美]杜威：《民主主义与教育》，王承绪译，人民教育出版社1990年版，第153页。

归纳的方法。

理性主义和经验主义在现代知识的生长中都产生了积极的影响，牛顿相信"上帝"是宇宙的"第一推动力"，爱因斯坦相信"上帝不会掷骰子"，理性主义在知识的创新或革命阶段起着不可言状的作用，甚至是决定性的作用。

经验主义的逻辑实证与归纳方法在知识的累积或常规科学阶段是占据主流位置的，尤其是在学科、知识、权力日趋成熟与规范的世界里更是如此。当科学发现试图予以公开，成为共享的公共知识的时候，逻辑的或归纳的结构是必需或有效的方法和手段。无论是牛顿的《自然哲学的数学原理》，还是爱因斯坦的《论动体的电动力学》《广义相对论纲要和引力理论》论文，以及试图面向公众的《相对论的意义》《狭义和广义相对论浅说》等著作，经验的、数学的、逻辑的、实证的结构是显而易见的。

但，没有科学家把自己的发现看作是穷尽的"真理"，即使19世纪末乐观主义的"物理大厦已经建成"的言说，也没有忽视"天空中的几朵乌云"的存在。爱因斯坦在其相对论成为世界仰慕对象的时期，他相信他的理论是过渡性的，终会被新的理论所取代。把科学知识理解成客观的、普遍的、绝对的、终极的真理源自哲学方法论的形而上学思考。皮尔斯认为，"科学方法是确定信念最可靠的方法，它既排斥主观偏见，又反对盲目崇拜权威，而只依据不受个人意识影响的外部的永恒的因素，即客观事实，是一种获得关于实在的知识，达到真理的方法"。①

早在古希腊，与柏拉图主义相伴随的就有皮浪的怀疑主义。怀疑主义有着悠久的历史，西文的"怀疑论者"（skeptic）一词，来自希腊语skepsis，意指"考察""探寻"与"考虑"。公元前4世纪，皮浪宣称事物都是不可区别、不可测度、不可判定的。笛卡尔同样是一位普遍的怀疑主义者，他认为，"我清楚地看到不存在我们可以明确地将清醒与我所令人吃惊的熟睡状态区别开来的标志。这种惊奇使我几乎相信自己现在处于做梦状态"。②绝对意义上的客观性形成于中世纪的神学家和形而上学家，他们认为上帝的存在和上帝的精神是不可怀疑的，是所谓"大写的客观性"（Objectivity）。在这个黑暗的时代，怀疑主义失去了成长的土壤。

---

① 陈嘉明：《知识与确证——当代知识论引论》，上海人民出版社2003年版，第95页。
② 同上。

　　后现代主义借用宗教教义"大写的客观性"来批判现代知识的僵化与霸权。借助于客观性，现代知识的"理性"取代了宗教信仰，但"人"仍然处于被压迫的情境之中，没有什么改善，只不过压迫者披上了"合理"与"合法"的外衣，这种合理性与合法性又是自我标榜与自我评价的。对于这种客观性，布朗希尔（R. J. Browhill）总结道："第一，这种知识必须是指称于某种独立于我们自身的'实体'。第二，这种知识是可检验的。没有这种可检验性（testability），就没有客观性。第三，这种知识不必局限于感觉，但必须植根于感觉经验提供的证据（proof）。第四，这种知识必须自圆其说，就像一幅'地图'必须有其自身的独立状态和体系。第五，这种知识具有一种'非人格性'（impersonality）和'公共可传达性'（a public communicability），以至于无论我们身处何时何地都能准确地理解它们。"① 知识的客观性源自知识与客观事物的"符合论"。比如，科学知识的"真"认为是源自对"自然的镜式反映"。

　　现代知识的"普遍性"实际上是"客观性"的自然推理，既然知识是客观的、实证的、精确的、确定的，是祛除了个人意见、偏见、情感、常识的，自然是何时何地何者均适用的，是超越各种社会和个体限制的，可以被普遍接纳的。这里隐喻着一个知识生产与辩护的标准问题：什么样的知识算是真的？此外，这种标准提供了一个大同世界的可能。

　　在西方神学阶段，宗教教义是信仰冲突的根本原因，基督教作为国教的本义是为了统一信仰，消除冲突。在我国"焚书坑儒"也好，"独尊儒术"也罢，无非统一人的价值标准。现代知识因其客观性、普遍性，而成为超越国家、超越民族、超越价值判断甚至是超越信仰的客体。借助于这种客观性，西方文化成为一种全球性的帝国主义文化。因为现代知识是以西方现代科学的出现为基础的，自然是以西方为中心的，这种文化霸权造成了非西方文化知识的边缘化和不同文化之间的不平等对话。这种价值观不仅停留在知识领域，而且影响到国与国之间、民族与民族之间的关系。

　　知识的客观性必然导致现代知识的"价值中立性"。首先，现代知识是对客观事物或"实在"的正确反映，而客观事物是不以人的意志、趣味和利益为转移的，因此，作为客观实在的正确反映的知识也是不以人的

---

① 石中英：《知识转型与教育改革》，教育科学出版社 2002 年版，第 135 页。

意志、趣味、利益为转移的。其次，现代知识是以人的感觉经验为基础的，以人的理性原则为形式的，这些感觉经验的理性原则是"共同的"、"纯粹的"，超越个人的，由其建构起来的知识必然是"纯粹的""共同的"。再次，现代知识是经过无数次普遍的经验或逻辑证明的，这些证据与方法是超越个体和社会组织形式的，建立在这种普遍意义上的知识自然是价值中立的。最后，现代知识的陈述形式是数学化、符号化的，是可观察、可归纳的语句。由于这些数学、概念、符号是价值中立的，是可以被任何人所掌握的，从而保证了知识的价值中立性。

五、后现代知识观对基础主义的解构

后现代主义是一种包括后现代艺术、文学、社会学、哲学在内的文化思潮，它首先出现于艺术和文学领域。1870 年左右，英国画家夏普曼（John Watkins Chapman）因其绘画比法国印象派还要现代而被称为"后现代"绘画。从 20 世纪 60 年代开始，后现代主义开始持续地对传统的哲学、社会科学研究取向进行抨击。后现代主义理论内部存在许多差别，它并不是一个统一的理论，而是一组文化现象。但这些理论和思潮有一个共同特征，那就是解构现代主义，对进步、真理、现实和价值观等概念提出质疑，试图摧毁文化、时代和传统中的藩篱，反对任何假定的"大前提""绝对的基础""唯一的中心""单一的视角"。无疑，后现代主义的这些观点，对于倡导创造，鼓励多元思维，重建人与自然、人与人之间的关系，提升人的日常生活知识的"学术地位"具有重要的建设性意义。

学术界根据后现代主义的特点，分成建设性后现代主义与激进的后现代主义两个流派。前者在批判现代主义危机之时，力图构建新的世界蓝图，重构人与人、人与世界的关系，以罗蒂、格里芬、霍伊等为代表。后者侧重于对现代社会的摧毁，对现代工业文明的批判，拒绝建构新的世界图景，具有否定、怀疑、虚无的特点。以福柯、德里达、利奥塔、费耶阿本德等为代表。

后现代主义反基础主义、反逻各斯主义、反中心主义、反男权主义，势必对传统知识观进行无情的鞭挞和解构。后现代主义者主要从本体论、方法论、认识论的视角对现代知识的客观性、普遍性、价值中立性进行了全面、深刻的批判、反思和解构。

后现代主义者认为，知识的生产是人的活动，人是不可能脱离他所处

的文化和社会环境而存在的，因此知识的成长也不可能脱离其所扎根的文化土壤。现代科学知识产生于西方文化，而不是东方文化，近代科学的奠基者成长于欧洲大陆，而不是亚洲大陆，都说明就科学知识本身来说，它的产生不是没有文化背景的。知识社会学对知识生产的人种志研究，更加深了对知识生产过程中非理性因素，如宗教信仰、价值观、情感、直觉、文化传统等因素的参与及其影响的认识。

因此，后现代思想家认为，知识的性质不可避免地受到其所产生、所存在的文化环境的制约，与一定文化体系中的价值观念、生活方式、语言符号乃至人生信仰是不可分割的，因而就其本性而言，它是"文化的"而非"客观的"。作为认识对象的客观事物或实体，无论是作为一种事物、一种关系或一个问题，都不是"独立的""自主的"和"自在的"，它与认识者的兴趣、利益、知识程度、价值观念、生活环境等都有着密切的关系。

波兰尼认为理智的激情在科学发现中具有选择、启发、说服的功能。科学家为什么会对此而不是对彼感兴趣？是理智的激情通过科学的美感和真理建立内在的关联。不是认识的对象"激发"了认识主体的认识兴趣，产生了认识主体的认识行为，恰恰相反，是认识主体的认识兴趣"选择"了认识对象，使认识的对象从无知的、安静的、遥远的世界中"凸显"出来，成为完整的、现实的认识过程的一个要素①。

对象的主体参与性和选择性，解构了知识客观性的神话。认识主体从认识对象那里看到的不仅有认识对象的客观属性，而且包括了由认识主体所处的文化境域所决定的社会属性。随着这种独立于认识者的实在假设被证伪，客观知识的其他属性都失去了保证，"符合性"首当其冲。"符合性错觉"的被揭示，与知识客观性有关的"可证实性"也成了问题。事实上，从古到今，也确实没有一条科学理论被完全证实了。批判理性主义者波普尔认为，"科学的理论命题不可能被经验证实，而只能被经验所证伪，即观察和实验所提供的经验事实只能证明一个理论是假，却不能证明一个理论是真"。②

---

① 郁振华：《克服客观主义——波兰尼的个体知识论》，《自然辩证法通讯》2002 年第 1期，第 11—12 页。

② 赖辉亮、金太军：《波普传》，河北人民出版社 1998 年版，第 40 页。

　　就像多米诺骨牌，客观性、符合性的被解构，"普遍性"也就失去了存在的基础。后现代主义者认为，知识的真是情境性的，而不是普遍性的。任何知识都是存在于一定的时间、空间、理论范式、价值体系、语言符号等文化因素之中的；任何知识的意义不仅是由其本身的陈述来表达，而且更是由其所位于的整个意义系统来表达；离开了这个特定的境域，既不存在任何的知识，也不存在任何的认识主体和认识行为。曼海姆从知识社会学的研究角度提出了"视角主义""相对主义""历史主义"的知识观，巴恩斯更走到了强纲领的科学知识的社会建构观，认为科学知识和所有其他知识具有对等的地位，无非是权力、政治、协商的产物，是社会建构或构造出来的①。

　　解释学宣称个体的主观经验在认识活动中不仅是不需要剔除的，而且是不可缺少的（如波兰尼）。正是个体的主观经验构成了个体提出问题、观察问题和分析问题的"视界"。认为只有在历史的过程中，人们才能获得知识的合法性，认识的过程不是以纯粹个体反映外部世界的形式进行的，而是以个体和历史"视界"不断融合的形式进行的。无视界的认识和无视界的知识都是不存在的。

　　现代知识的"中立性"是现代知识"客观性"的自然推导，是普遍性存在的评判依据。随着现代知识"文化性"的凸显，现代知识的"中立性"神话也被打破。后现代思想家认为，所有的知识生产都受着社会价值需要的牵引。随着作为第一生产力的科学与技术日趋走进社会的中心，科学知识生产成本的巨大增长，其对物质和财政支持的依赖程度是空前的，科学知识的生产跨越了"为科学而科学"的时代，与企业和政府之间建立了一种日益牢固的经济交换关系。科学技术与国家安全的密切联系，使科学知识的公共传播也受到了更多的权力限制。高科技产品的出口限制就能说明这一点。

　　在社会和人文知识领域中，根本就不存在纯粹的事实，有的只是由价值建构的事实；也根本就不存在价值中立的陈述语言，有的只是在一定历史文化中形成的独特的概念和范畴。因此，社会知识和人文知识总是包含着一定的价值追求。后现代知识的价值性还特别体现在，所有的知识在传

---

　　① ［美］史蒂芬·科尔：《科学的制造——在自然界与社会之间》，林建成、王毅译，上海人民出版社 2001 年版，第 2 页。

播过程中都是受着权力因素制约的，都是社会总体权力实践的一部分。社会的权力实践不仅仅体现为"肉体的控制"，而且还体现为"知识的控制"，尤其是在知识标准上的控制。

后现代主义知识观开辟了一个新的认识论视野。首先，它帮助人们从观念上摈弃传统"权威主义"知识观，为知识的创新开辟了思想路线。其次，后现代主义知识观对以"科学"为范型的"西方文化中心主义"进行了彻底的批判，不仅使处于日趋边缘化的人文知识重新显示了自己的存在价值，而且使被压抑、被歧视的本土文化重新合法化，为多文化的世界找到了理论支撑。对"普遍主义"知识观的解构，使个人知识，个人在知识生产中的地位发生了革命性的变化，个人不仅是公共知识的纯粹消费者，而且是知识的建构者，是知识生产网络中的一个结点，有权力对知识进行选择、批判与反驳。

对知识论发展路向的梳理为我们理解不同哲学传统的知识观提供了一个相对概括性的视野。它向我们展示了知识性质的复杂性、多元性、文化性的特征。进入 20 世纪以来，相对独立的专门研究科学和科学知识的学科——科学学逐渐从哲学中独立出来。科学学在不断发展中又逐渐分化为科学社会学、科学知识社会学、科学政治学、科学计量学、科学政策学、科学预测学等不同的分支，但它们对科学知识的研究离不开哲学和科学史的广阔土壤。

第二节　科学学对科学知识的研究

科学的产生和发展有其深刻的社会基础。比如，人类最古老的天文学和数学就产生于古代农牧业生产的需要。大约在公元前 4000 年，埃及人住在尼罗河的下游，每年 4 月到 10 月之间，阴雨连绵，河水泛滥，危害生产，因而引起他们注意天上的日月星辰。在天长日久的观察中，他们发现，每当天狼星出现，河水就会泛滥。因此，他们在天狼星出现之前，就迁移住址，这样就发展了埃及古代的天文学。但对科学本身进行社会学研究却是 20 世纪以后的事。

一、科学知识成为研究对象

1923 年《波兰科学》杂志发表了一篇《关于科学的知识》的社论，

社论指出:"关于科学的知识"这门新兴学科是研究作为整体的科学问题的学问,科学是一种社会现象,它如同艺术、宗教等文化产品一样,也是一种研究对象①。1925年,波兰的卡纳斯基在《知识科学的对象和任务》一文中,首先提出了"科学学"的概念②。

1931年,在伦敦举行的第二次国际科学史大会上,苏联代表团的B. M. 格森作了《牛顿力学的社会经济根源》的报告,引起了与会者的极大兴趣③。格森认为牛顿原理的问世与当时的社会环境密切相关,应把科学史和社会研究结合起来,从科学知识的社会范畴方面进行研究。他的观点受到当时科学史和科学社会学界的极大重视。

对科学和科学知识进行研究的奠基人应该是波兰的卡纳斯基或苏联的格森。科学学之所以在波兰和苏联产生,和这两个国家拥有科学学产生的思想基础和社会基础有关。这两个国家进入社会主义阶段之后,马克思、恩格斯的理论上升为国家意识形态,马克思、恩格斯关于把科学放在社会发展历史过程中进行分析,关于自然科学同人类社会发展的关系,关于自然科学的社会性本质,关于科学是生产力、是在历史上起推动作用的、革命的力量等一系列论述,自然为科学学研究提供了理论基础和思想源泉。另一方面,在计划经济时代,科学事业是国家计划的一个部分,要对科学研究进行规划,必然要知道科学发展的规律,要对科学本身开展研究。

此后,世界各国学者对科学的研究,使用了各种各样的学科名称,除科学学或科学的科学以外,还有科学的研究、科学的社会研究、科学社会学、科学管理和科学政策研究,等等。科学学的学科名称多样化反映了它的研究角度和重点的不断演化,人们从各个不同的方位对科学进行整体考察,探索科学发展的规律,寻觅驾驭科学的途径和方法。人们在追溯科学学的思想渊源时,往往把英国哲学家 F. 培根和法国哲学家 R. 笛卡尔和伟大的革命导师马克思和恩格斯作为科学学的奠基人。

二、培根论科学知识

F. 培根认为科学知识来源于自然和神的启示,因果性属于科学,启

---

① 　王兴成、徐耀宗:《科学学五十年》,辽宁人民出版社1986年版,第35页。
② 　方勇:《科学学的产生》,《科学学与科学技术管理》2000年第8期,第20页。
③ 　同上。

示和信仰属于神。他在《新工具》一书中宣称，世俗的事情不要干涉神圣的事情，把科学与宗教、知识与信仰分开，要求人们在感官之路洞开以后，在自然之光增加以后，不要对神圣事情发生怀疑①。培根的思想在西方科学家中具有深刻的影响，牛顿是典型的宗教信徒，爱因斯坦、玻尔、海森伯等大科学家也主张科学与宗教，或知识与信仰要区分。培根认为物质世界是客观存在，科学知识是客观世界在人们头脑中的反映，要获得科学知识必须按照自然本来的样子或者事物之间本质的联系去认识它。

人们要获得对客观世界的正确反映，要祛除四种假象：种族假象、洞穴假象、市场假象、剧场假象，怎样才能祛除这四种假象进入科学的殿堂呢？培根认为，从对个别现象的感知经由归纳的途径获得一般原理，形成可靠的知识，用真正的归纳来形成观念和公理是逐步清除假象的适当补审办法。培根提出的归纳方法不同于简单枚举法，不需要一个一个列举证据，而是把收集到的必要的证据列成三个表：本质和具有表、差异或缺失表、程度表，最后进行归纳。这种方法经由约翰·穆勒的发展，成为包括契合、差异、并用、排除、类比、共变、剩余七种方法的逻辑方法。培根认为科学具有批判精神，他的《新工具》一书就是针对亚里士多德的《工具论》而命名的，意在在批判基础上的超越，他说："哲学和精神科学却如同神像一样受到崇拜和赞颂，但是一点都不动，一步都不前进。"②

培根对科学学研究的一个突出贡献就是对科学知识进行了分类。他从人类理性出发将科学知识分成三大领域：史学、哲学（理学）和诗学。史学包括自然史和人类史两类，人类史又分为神圣的历史、先知的历史、教会史、政治史、文学史。哲学（理学）包括自然神论、宇宙论、人类论三类，自然神论没有再分，宇宙论又分为自然科学和自然目的论两种，自然科学再分为物理学、化学等学科；人类论又分为个体的、社会的两种，个体的人类论再分为生理学、心理学、伦理学等学科，社会的人类论就是政治学。对诗学没有再分类。

"知识就是力量"是培根的一句名言，这句话语隐喻着知识也就是科学知识是人类支配自然、扩大人类生存权利的工具和手段。"知识就是力

---

① 王兴成、徐耀宗：《科学学五十年》，辽宁人民出版社 1986 年版，第 9 页。

② 北京大学哲学系外国哲学史教研室编译：《西方哲学原著选读》（上册），商务印书馆 1987 年版，第 340—341 页。

量"与斯宾塞的"什么知识最有价值?"形成了近代以来科学知识的价值追求与判据。科学知识的霸权地位,很大一部分就是源自科学知识的工具价值。

科恩把培根对科学哲学的贡献归结为四条:"作为一名科学哲学家,他提倡了一种研究大自然的方法;他集中地对科学(以及广义地讲,人类知识)进行了分类;他洞察到,新科学的实际应用将会改进生活质量和对大自然的控制;并且,他设想并组织了科学共同体(强调了科学院校和科学团体的重要性)。"①

三、笛卡尔论科学知识

R. 笛卡尔是另一位为科学学研究打下坚实基础的哲学家,他是近代史上唯理论的代表。笛卡尔是解析几何的创始人,最先引进了变数和函数的观念。在物理方面,他认为纯粹的空间不存在,在整个世界中只存在物质,这些物质经常处于机械的运动中,并提出了运动量是守恒的卓越见解。在宇宙理论中,他提出星体是由微粒的旋涡运动所造成的,这是关于太阳系形成的有价值的猜测。

在哲学上,笛卡尔是位二元论者,他认为精神与物质是两种完全独立的实体,感性认识只能给人以模糊的观念,只有理性认识才能给人以清楚明白的概念,因此,真理的标准不在于实践,而在于理性。

笛卡尔认为,由感觉和思维给予我们的知识,没有一个命题的真实性不能加以怀疑,甚至可以怀疑外界和自己的存在,唯一不容怀疑的就是"我在怀疑"这一思维活动。这样,笛卡尔就找到一个坚实可靠、无可怀疑的出发点"我思故我在"②。

笛卡尔把方法论视为一切工作的首要问题,时刻在寻找一种能在科学中便利于发明和发现真理的一般方法。他认为每个人都拥有均等的获得科学知识的能力,之所以有人得到了知识,有人没有,是因为他们运用的方法不同。他说:"那种正确地作判断和辨别真假的能力,实际上也是我们称之为良知或理性的那种东西,是人人天然地均等的;因此,我们的意见之所以不同,不是由于一些人所具有的理性比另一些人更多,而只是由于

---

① [美]科恩:《科学中的革命》,鲁旭东等译,商务印书馆1999年版,第185页。

② [法]笛卡尔:《谈谈方法》,王太庆译,商务印书馆2000年版,第XII页。

我们通过不同的途径来运用我们的思想，以及考察的不是同样的东西。"
"那些最伟大的心灵既可以作出最伟大的德行，也同样可以做出最伟大的
罪恶；那些只是极慢地前进的人，如果总是遵循着正确的道路，可以比那
些奔跑着然而离开正确道路的人走在前面很多。"①

笛卡尔认为，获取真正知识的最科学的方法就是以数学为基础的唯理
性的演绎法。他认为，绝对确实的知识只能建立在绝对确实的根据上。要
想得到绝对确实的知识，必须从最简单的、最容易的问题入手，一个简单
明白的概念比许多暧昧模糊的观念有价值得多，而数学正是这样一种方
法。因为数学可以有秩序地由一个问题进到另一个问题，由一个答案进到
另一个答案，由一个发现进到另一个发现。

他认为，数学是解决问题的唯一方法，借助它可从已知求未知。于
是，他企图把数学方法用于人类全部知识领域，并期望任何科学分支都从
一个清晰明白的公理出发，按照数学的程序，像几何的方式一样，用大量
的演绎推理的方法，导出新的定律，建立新的真理。他在《方法论》中
提出了方法论四原则："第一条是：决不把任何我没有明确地认识其为真
的东西当作真的加以接受，也就是说，小心避免仓促的判断和偏见，只把
那些十分清楚明白地呈现在我的心智之前，使我根本无法怀疑的东西放进
我的判断之中。第二条是：把我所考察的每一个难题，都尽可能地分成细
小的部分，直到可以而且适于加以圆满解决的程度为止。第三条是：按照
次序引导我的思想，以便从最简单容易认识的对象开始，一点一点地上升
到对复杂的对象的认识，即使是那些彼此间并没有自然的先后次序的对
象，我也给它们设定一个次序。最后一条是：把一切情形尽量完全地列举
出来，尽量普遍地加以审视，使我确信毫无遗漏。"②

四、马克思、恩格斯论科学技术

马克思、恩格斯关于科学技术的论述，蕴含着珍贵的科学学思想。默
顿指出，马克思主义"始终一贯地坚持'生产关系'构成上层建筑的
'真实基础'这一命题。'物质生活中的生产方式决定了生活的社会政治
和精神过程。不是人们的意识决定他们的存在，恰恰相反，而是他们的存

① 笛卡尔：《方法谈·成长》（2002年第二辑），山东画报出版社2002年版，第4页。
② 同上书，第7—8页。

在决定他们的意识'"①。"马克思对构造社会与科学思想之间互动的普遍方式有着根本性的影响，对于这一点，即使有争论也是寥寥无几的。"②在强调生活关系决定人们的社会意识的同时，马克思又特别强调，"阶级是首要的决定因子，因而它是一个最有成效的分析出发点"。③ 社会学家巴伯曾评论说："如同在现代社会科学的其他一些领域中一样，在科学社会学中卡尔·马克思也是奠基人之一。"④

马克思关于科学知识形态的一般生产，科学通过物化为技术在机器上实现为现实生产力，科学是一种在历史上起推动作用的革命的力量，生产关系对科学发展起着制约作用等一系列观点，超越了把科学狭窄地理解为对自然界及其规律的客观描述的认识。贝尔纳认为："马克思主义的理论对于认识科学在历史上的地位至关重要。如果没有马克思主义，自然科学可能还只是关于宇宙以及控制的有效秘诀这类有趣资料的不断堆积，人类历史可能还是限于政治变迁的叙述，而不加以任何一贯的解释。"⑤

恩格斯认为，科学首先产生于社会和生活需要，是由生产决定的。"必须研究自然科学各个部门的顺序的发展。首先是天文学——游牧民族和农业民族为了定季节，就已经绝对需要它。天文学只有借助于数学才能发展。因此也开始了数学的研究。——后来，在农业发展的某一阶段和某个地区（埃及的提水灌溉），而特别是随着城市和大建筑的产生以及手工业的发展，力学也发展起来了。不久，航海和战争也都需要它。——它也需要数学的帮助，因而又推动了数学的发展。这样科学的发生和发展一开始就是由生产决定的。"⑥

科学与生活有着共同的社会基础，科学通过转化为技术依附于机器与人的生活是不可分的，当然科学是以被异化了的形式介入生活的。马克思指出："自然科学却通过工业日益在实践上进入人的生活，改造人的生

---

① 马来平等：《理解科学：多维视野下的自然科学》，山东大学出版社 2003 年版，第131—132 页。

② ［美］罗伯特·K. 默顿：《科学社会学散忆》，鲁旭东译，商务印书馆 2004 年版，第13 页。

③ 马来平等：《理解科学：多维视野下的自然科学》，山东大学出版社 2003 年版，第133 页。

④ 同上。

⑤ 同上书，第141 页。

⑥ 《马克思恩格斯全集》第20 卷，人民出版社 1971 年版，第523 页。

活，并为人的解放作准备，尽管它不得不直接地完成非人化。"如果把工业看成是人的力量的外在展示，那么科学就可以理解为人的本质力量，"因此，自然科学将先失去它的抽象物质的或者不如说唯心主义的方向，并且成为人的科学的基础，正像它现在已经——尽管以异化的形式成了真正人的生活的基础一样；至于说生活有它的一种基础，科学有它的另一种基础——这根本就是谎言。工业是自然界同人之间、因而也是自然科学同人之间的现实的历史关系。"①

科学的发展不仅是社会和工业生产的产物，哲学的发展根本上讲也是科学和工业发展推动的结果。"在从笛卡尔到黑格尔和从霍布斯到费尔巴哈这一长时期内，推动哲学家前进的，决不像他们所想像的那样，只是纯粹思想的力量。恰恰相反，真正推动他们前进的，主要是自然科学和工业的强大而日益迅速的进步，在唯物主义者那里，这已经是一目了然的了。"②"自然科学本身（自然科学是一切知识的基础）的发展，也像与生产过程有关的一切知识的发展一样，它本身仍然是在资本主义生产的基础上进行的，这种资本主义生产第一次在相当大的程度上为自然科学创造了进行研究、观察、实验的物质手段。"③

在现代工业社会，由于科学技术已经表现成一种生产力，成了资本家致富的手段和工具，因此，从事科学研究的人纳入了工业生产的体系，越来越成为一种社会职业者。反过来，科学在社会和工业生产的推动下，发展速度越来越快，规模越来越大。"由于自然科学被资本家用作致富的手段，从而科学本身也成为那些发展科学的人的致富手段，所以，搞科学的人为了探索科学的实际应用而互相竞争。另一方面，发明成了一种特殊的职业。因此，随着资本主义生产的发展，科学因素第一次被有意识地和广泛地加以扩展、应用并体现在生活中，其规模是以往的时代根本想象不到的。"④

科学的社会属性也就决定了科学本身具有意识形态的力量。恩格斯指出："各门科学在 18 世纪已经有了科学形式，因此它们便一方面和哲学，另一方面和实践结合起来了。科学和哲学结合的结果就是唯物主义（牛

---

① 《马克思恩格斯全集》第 42 卷，人民出版社 1979 年版，第 128 页。

② 《马克思恩格斯全集》第 21 卷，人民出版社 1965 年版，第 318 页。

③ 《马克思恩格斯全集》第 47 卷，人民出版社 1979 年版，第 572 页。

④ 同上。

顿学说和洛克学说同样是唯物主义所依据的前提）、启蒙时代和法国的政治革命。科学和实践结合的结果就是英国的社会革命。"①

马克思、恩格斯对科学和科学知识的社会属性、意识形态属性的研究为科学学的发展提供了广阔的、坚实的理论基础。纵观科学学学科发展和学科结构，其对科学和科学知识的研究不外乎两个领域。一是在微观上对科学知识的认识论、本体论、方法论的研究；二是从宏观上对科学与社会、政治、经济的关系以及科学增长模式的研究。培根、笛卡尔对科学学的影响主要是在微观领域，而马克思、恩格斯则从科学与社会、科学与生产力、科学与意识形态、科学与社会革命等诸多领域作出了奠基性贡献。

五、对科学知识的社会学研究

科学社会学的创始人罗伯特·默顿（Robort K. Merton）在 1936 年发表的《文明与文化》一文中提出，应把知识问题作为社会学研究的主要问题，"文化"的概念包括价值和规范原则，"文明"的概念则包括理论知识和实用技术②。社会经济因素对科学技术的发展具有巨大影响，科学系统内部、科学家集体以及科学、技术、生产之间具有复杂性的社会相互关系。默顿认为，科学是社会和文明的子系统，科学与宗教、经济等社会子系统之间是相互依赖的。"在一个建制化的领域里——即宗教或者经济——建立起来的社会典型化的兴趣、动机和行为是与从其他建制化的领域里——即科学——所得到的社会典型化的兴趣、动机和行为是相互依赖的。"③ 科学家会有多重社会身份和作用，他可以有科学的、宗教的、经济的和政治的社会身份，这样"在一个建制化范围内形成社会、知识和价值的成果分配到其他建制中去"。④

科学学的另一位奠基人贝尔纳，秉承了马克思主义的唯物史观，把科学置于广阔的历史背景中加以考察，认为科学是社会、经济及政治这一社会整体中不可缺少的一部分，科学是受着社会和经济力量的影响的。贝尔纳在其《科学的社会功能》一书中说："极其粗略地阅读一下科学史就会知道：促使人们去作科学发现的动力和这些发现所依赖的手段，便是人们

---

① 《马克思恩格斯全集》第 1 卷，人民出版社 1956 年版，第 666—667 页。

② 王兴成、徐耀宗：《科学学五十年》，辽宁人民出版社 1986 年版，第 48 页。

③ 同上书，第 52—53 页。

④ 同上。

对物质的需要和物质工具。"① 他认为，实验科学之所以在资本主义的条件下兴起，这是由于经济因素产生的需求和君主制的封建经济转化为买卖劳动力的商品经济的现实需要。

贝尔纳认为，关于科学的哲学思考有两种不同的观点，一种是"理想主义的科学观"，这种观点认为，"科学仅仅同发现真理和观照真理有关，它的功能在于建立一幅同经验事实相吻合的世界图像"。"他们不承认科学有任何实用的社会功能，或者至多只承认，科学的社会功能是一个比较次要的和从属的功能。""科学本身就是目的，科学就是为认识而认识的纯认识。"② 另一种观点是"现实主义的科学观"，这种观点认为"科学就是力量"，认为"功利是最主要的东西；真理似乎是有用的行动的手段，而且只能根据这种有用的行动来加以检验"。③

贝尔纳指出："现代人类已经有了一百年前根本无法想象的物质享受和力量，现在人类在征服疾病方面已经取得了真正伟大进展，现在人类已经有可能永远免受饥馑的威胁，但是他将不得不承认：如同古代道德解决不了人人有道德的问题一样，现代物质科学在事实上也解决不了普遍富裕和幸福的问题。战争、金融混乱、千百万人所需要的产品被人甘心情愿地毁掉、普遍营养不良现象、比历史上任何战争都更可怕的未来战争的威胁等，这些都是我们在描绘现代科学成果时必须指出的现象。所以无怪乎科学家们自己越来越不相信科学本身会自然而然地使世界好一点了。"④

科学已经不是贵族智力消遣的活动，而成为一种职业。科学家总得维持生活，他们的科学研究需要实验室、仪器设备、图书资料、信息交流等条件保证，他们的研究成果又极少是可以立即生产出产品来的，这样，庞大的前期投资对于科学研究来说是必要的。当前，这种投资已经不是科学家本身能够承担的，国家和企业家的投资对科学来说就非常重要。一旦科学被控制住经济命脉，也就难以逃脱社会控制的命运了，追求"为科学而科学"的境界越发不可能。因此，"科学研究和教学事实上成为工业生产的一个小小的但却是极为重要的组成部分。我们就是要在它对工业的贡

---

① ［英］J. D. 贝尔纳：《科学的社会功能》，陈体芳译，广西师范大学出版社 2003 年版，第 9 页。

② 同上书，第 7 页。

③ 同上。

④ 同上书，第 11—12 页。

献中来寻找科学在当前的社会功能"。"不管科学在发展过程上受到多大的阻碍，要不是由于它对提高利润有贡献，它永远不可能取得目前的重要地位。假如工业界和政府的直接和间接补贴终止的话，科学的地位会立即变得和中古时代一样低。"①

六、科学发展范式的争论

1925 年，F. 兹纳涅茨基在《知识科学的对象和任务》中认为，认识存在"认识价值"和"认识活动"这两个既有区别又有联系的概念。所谓"认识价值"是指一个人所赋予现象的真理特性；而"认识活动"则是指人们对现象所进行的观察、判断和推理等思维活动②。认识价值是认识活动的对象、材料、工具和产品，认识价值的每一变化中都包含着其认识活动的源泉。认识活动虽然创造知识价值，但它依赖于所活动的条件，这些条件可以是知识的、方法论的或技术的，也可以是前人的概念、工具和方法，没有这一切，也就不能产生认识价值。

他认为人类知识的发展呈现出创造性地积累认识价值和进行新的认识的过程，这一过程具有继承性和创新性两个方面。在此基础上，他总结出三条经验性原则："（一）知识的发展继续原则，即新的认识活动是前一种认识活动的逻辑的和遗传的继承。这种新的认识活动可以是原有活动变形，也可以是一种新的思想功能。（二）自由和无法预测的原则，例如牛顿的理论从逻辑和遗传的角度来看继承了开普勒、伽利略等的理论，但是这种继承关系并不包含历史的继续，也不具备知识发展的内在的合理性秩序。相反，这种认识发展表现出不合理和无法预测的特点。（三）知识秩序的不可逆原则。"③

美国科学史专家 D. 普赖斯和 F. 兹纳涅茨基一样，认为科学是一种累积的过程，他运用科学计量学的方法，得出科学发展按指数增长的规律，又称积累规范。在其著作《小科学，大科学》中，他把科学的方法运用于研究现代科学自身的整体结构问题：一是科学的指数增长和科学家的作用；二是科学的指数增长对当代社会和未来发展的影响。

---

① ［英］J. D. 贝尔纳：《科学的社会功能》，陈体芳译，广西师范大学出版社 2003 年版，第 15 页。

② 王兴成、徐耀宗：《科学学五十年》，辽宁人民出版社 1986 年版，第 43 页。

③ 同上。

普赖斯认为，当代科学超越了过去的全部成就，进入了一个新的科学时代，那是清除了一切陈腐，却保持着基本传统的时代。现代科学显得如此宏伟，它完全可以与埃及的金字塔和欧洲的大教堂媲美。国家在科学方面投入巨大的人力和财力，使科学成为国民经济的决定性部门之一。崭新的、辉煌的和无比强大的现代科学，它的大规模性质是如此令人注目，以致人们用"大科学"一词来誉之。

他测定，按科学家人数或出版物的数量，科学的规模在10—15年的周期内翻一番。如果出版物的质量不分高低，而只注重最基本的科学定义的话，则这些出版物数量翻番的周期为10年。如果当选择进行得比较严格，人们只选择相当质量的出版物和作者的时候，则翻番的周期为15年。如果选择的严格程度提高，人们只选择高质量的科学出版物时，则翻番的周期大约要延长到20年。普赖斯把科学发展的翻番周期与其他社会现象和社会事物发展的翻番周期进行了比较研究，得出的结果如下：[1]

100年——国家名人手册收录的人数；

50年——劳动力、人口、大学数量；

20年——国民生产总值、重大的发现、著名物理学家人数、化学元素的数量、仪器的精度、每千人中大学生的数量；

15年——文科和理科学士、科学期刊、科学学会学员、化合物数量、各学科的科学文摘数量；

10年——小行星发现数量、非欧几何学文献、伦琴射线文献、实验心理学文献、美国的电话数、美国工程师人数、交通的速度、发电量；

5年——国际电话通信量、铁的磁导率。

普赖斯在研究了科学发展的指数增长规律之后，进而探讨了科学发展的逻辑增长规律。他指出，指数增长在达到一界限时，就必然放慢和停止，而决不至于达到荒唐的地步。

关于科学增长的模式，恩格斯也曾经说过："科学，它的进步和人口的增长一样，是永无止境的，至少也是和人口的增长一样快……人口的增长同前一代的人数成比例，而科学的发展则同前一代人遗留下来的知识量成比例。"[2]

---

① 王兴成、徐耀宗：《科学学五十年》，辽宁人民出版社1986年版，第80页。

② 《马克思恩格斯全集》第1卷，人民出版社1965年版，第621页。

　　库恩在《科学革命的结构》一书中提出，科学的发展经历"前科学、常规科学、反常、危机、科学革命"几个阶段，然后开始新一轮的循环，他把这种模式称为科学的范式革命。他认为，凡科学上的创造发明都是从根本上推翻过去科学家们造成的普遍认识或"常规认识"，打破旧规范，创立新规范，他把这种思想和行动称为"科学革命"。

　　库恩提出的范式（Paradism，也译为范型、规范），来自希腊文，原来包含"共同显示"的意思，由此引出模式、范例等意义。库恩在《科学革命的结构》一书中，对"范式"的使用比较多，也不统一。人们一般把"范式"理解为普遍承认的科学成就，在一段时期，它为科学提出典型的问题并给予回答。如，在科学活动中，某些被公认的定律、定理及其应用的范例，科学研究的传统规范等。学习这种范式，可以使科学共同体中的新手做好参加科学活动的准备，也可以使科学共同体的研究人员遵守科学活动的共同规则，这是一种研究传统形成的条件，也是"常规科学"继续存在的前提。因此，"范式"概念是与"常规科学"概念密切相关的。

　　库恩的范式革命不仅是科学知识增长理论的一种学说，而且成为课程理论的一种方法论基础，课程"范式、范型、转型"成为分析课程改革出现的频率最高的语词之一。

　　我们认为，从亚里士多德物理思想到牛顿力学再到爱因斯坦相对论，可以说是库恩范式革命的例证。但除此之外，人们很难在科学发展中找出符合库恩范式革命的范例，而且经典力学与相对论力学也并不是严格意义上"不可通约"的。许多科学家和科学史学家并不完全信服自然科学可以清晰地划分为"常态"和"革命"相互交替的阶段。

　　西方"后现代派"则把他作为反科学的"同盟者"，他的科学革命的主张在后现代哲学、心理学、认识论、社会学、文化学、女权运动和艺术等领域得到"发展"。自波普尔、库恩和费耶阿本德等科学哲学家对科学的深刻反省以来，"后现代派"的信条就是宣称"一切知识都是由文化决定的"。科学的文化性是我们进行科学课程社会学分析的基本前提，但又需要警惕陷入相对主义和反科学的泥潭。

　　科学学关于科学方法论的批判性研究、关于科学发展的累积型模式和革命型模式的研究，关于科学作为一种社会职业，科学家作为一种社会职业者的研究，社会经济、政治、宗教、文化发展对科学发展制约性的研究等，是对科学课程及其变革进行社会学分析的理论基础。为在科学课程设计中，对诸如循序渐进的原则、学生的科学认知模式、直觉与顿悟在科学学习中的意义与价值等诸多问题进行研究，提供了一种分析视角。

科学学逐渐分化为科学社会学、科学政治学、科学计量学、科学政策学、科学预测学等诸多学科领域。在科学社会学领域，自 20 世纪 70 年代以来，又出现了以马尔凯、巴恩斯为代表的自称为科学知识社会学（sociology of science knowledge，简称 SSK）的学派。由于这些研究者以爱丁堡大学为中心，形成了所谓的知识社会学的爱丁堡学派。科学知识社会学对科学知识的客观、普遍、价值中立性进行了深刻解构。

第三节 科学知识客观、普遍、价值中立性的解构

传统的科学知识观认为，科学知识尽管有社会起源，但这种起源与科学知识的内容无关。自然界是现实而客观的，科学就是致力于提供关于自然现象世界的客体、过程和关系精确说明的事业。科学知识是对自然世界真实特征的揭示，并简约于系统的陈述之中。纯粹的、符合非个人的技术标准的科学知识，是独立于偏见、情感、自我利益等主观因素的。

但科学知识社会学家认为，科学知识并不是由科学家"发现"的客观事实组成，不是对外在自然界的客观反映和合理表述，而是科学家在实验室制造出来又通过各种修辞学手段将其说成是普遍真理的局域性知识，是负荷着科学家的认识和社会利益或受到社会因素制塑的[①]。像其他任何知识（如宗教、意识形态、常识）一样，科学知识实际上也是社会建构物。

一、传统的科学知识观

虽然传统科学知识观的形成有一个绵延的历史过程，但对知识进行系统实证研究的代表应该是奥古斯特·孔德（August Comte）。在《实证哲学教程》中，他把人类知识的发展划分为三个时期："神学时期""玄学时期"和"实证时期"。"实证时期"的知识与虚构的知识不同，是基于经验方法论的、真实的、有用的、肯定而准确的知识。这种知识的典范是

---

① 赵万里：《科学的社会建构》，天津人民出版社 2002 年版，第 2 页。

现代自然科学知识。

19 世纪，人们惊叹于自然科学成就的同时，逐渐形成了人类及其周围的世界也服从相同的物理定律与过程，观察、归纳、演绎与实验的科学方法不但可以应用于科学，而且在人类思想与行为的各种不同领域里也可以应用的观念。除孔德外，实证主义早期诠释者还包括穆勒（J. S. Mill）、斯宾塞（Herbert Spencer）和迪尔凯姆（Emile Durkheim）。他们认为，知识的科学性不再需要通过感官领悟，而是必须付诸经验的调查，没有观察就没有真理。所谓经验的就是客观既存的事实，而科学就是对那些事实的观察和描述，既然经验就是事实的，科学知识就是确证的。

进入 20 世纪，科学取得了显著的进步，相对论和量子力学的发展给传统的实证主义科学哲学带来革命性的冲击，科学理论难以与自然世界的经验一一对应，观察者与观察对象也无法分离。20 年代，以石里克（Moritz Schlick）、纽拉特（Ottoneurath）、卡尔纳普（Rudolf Carnarp）、波普尔（Karl Poper）、维特根斯坦（Ludwig Wittgenstein）为代表的逻辑实证主义者，把科学哲学引入新实证主义阶段，主张用"科学的逻辑"代替传统的认识论。

逻辑实证主义者认为，感觉经验是唯一的知识来源，科学必须要能够"证明为真"，证明的方式包括经验证明和形式上理论上的逻辑证明。所有有意义的陈述，要么是关于感知材料的可确证陈述；要么属于"分析性"陈述，诸如逻辑和数学上的陈述 $2 + 3 = 5$，5 是 $2 + 3$ 分析性陈述的必然结果，自然为真。他们认为，只有科学能给予我们真正的知识，形而上学的东西，如本质、本体、存在、第一因等，都是没有意义的，必须加以摒弃。"意义"（meaning）之所以有意义，是因为意义有所指，并且是可由经验加以检验的。只有可用经验检验的命题才是真命题，否则便只是假命题，这便是逻辑实证主义的"可证实性"（verificability）。

科学的特征是从经验出发，通过分析和演绎得出规律性的通则，通过对科学语言进行逻辑分析，排除与科学发现有关的社会、历史和心理因素，以便给科学提供纯粹的理性重建。把实证主义原则与数学、数理逻辑和语言学的成果结合起来，便是逻辑实证主义的意义理论，即一切科学都是经验科学，每一个有意义的陈述等值于某种以指称直接经验的名词为基础的逻辑结构。

逻辑实证主义者认为，科学的逻辑或一种完整的经验科学知识应该探讨以下三个问题："一是知识的基础问题，即检验科学假说的最终论据是什么，包括每一门科学有无这样的基础以及各门科学之间有无共同基础。二是理论的结构问题，即概念之间及陈述之间有系统的联系，特别是公理系统的解释问题和说明逻辑。三是理论的确认度问题，即证据在多大程度上给假说以支持，或假说从证据得到多大程度的确认。"①

无论是实证主义还是逻辑实证主义都假定，科学事实是关于外在真实世界的事实，它在某种程度上只能借逻辑和数学知识的中介才能实现，不依赖或反映社会现实。新老实证主义者共享的科学世界观包括：②

1. 科学主义（scientism）。不论自然的还是社会的问题，其研究方法是同一的。在现代文化中，知识的意义是由科学来界定的，自然科学已为所有科学提供了方法标准，在自然科学方法与社会科学方法之间是没有必然判别的。

2. 自然主义（naturalism）。所有的科学都研究外在于自身的对象，这些对象可化约为可观察的原子单位，运用模像理论、对应理论和比配理论进行分析。

3. 经验主义（empiricism）。科学的基础是观察，实证知识建立在能够观察和确证的事实的基础上。科学家通过实验揭示客观存在的一般规律，再根据规律提出假说来预测将要发生的事情。

4. 价值无涉（value freedom）。科学不对其论题进行价值判断，主张价值不能从事实中获得。只有事实是可以检验的，价值则不然。对科学真理的追求可以独立于道德反省或个人的主观因素而实现，真理是关于客观实在的说明性陈述，是可以检验的。科学知识不同于所有其他人类知识，可以检验证实，是普遍为真的。

5. 工具性的知识（instrumental knowledge）。实证科学是确定知识，因而也是有用的，可以准确预测和操纵社会的运行。实证主义者追求技术上有用的知识，并相信它们可以运用于不同形式的社会改革。圣西门和孔德主张"实证科学"与"实证政治"。此后的实证主义者虽仍然将科学视为技术上有用的知识，但越来越倾向于淡化科学公开的政治意义。到维也纳学派的逻辑实证主义，实证政治就被抛弃了，科学成了纯粹的非政治的

---

① 赵万里：《科学的社会建构》，天津人民出版社2002年版，第58—59页。

② 同上书，第60—61页。

知识。

马克思、恩格斯、曼海姆对科学的意识形态分析，库恩历史主义的科学发展观，巴恩斯、马尔凯把相对主义纲领引入科学知识的分析，均在一定意义上解构了传统科学知识观所秉承、所宣称的科学主义、自然主义、经验主义、价值无涉、工具性知识的传统。

二、意识形态论的科学知识观

虽然实证主义把科学知识视为客观、普遍、价值中立的，但当其把科学方法引入到哲学、社会学研究领域时，科学就变成了一种意识形态。其实，他们赋予科学知识以客观、普遍、价值中立的品质本身就是意识形态的产物。意识形态（ideology）最早于19世纪初是由特拉西在其《意识形态概论》中首先提出来的，意在研究人和心灵、意识和认识的发生、发展规律与普遍原则的学说。马克思、列宁站在唯物主义立场上，论述了无产阶级意识形态的科学性。但在西方，意识形态一直被指责为"虚假的理论"，意识形态的结构内涵受社会、政治作用的制约关系。主流的思想认为，意识形态与科学是分离的。

马克思、恩格斯早就关注到，科学及科学技术越来越成为资本家剥削的工具，他断言，科学是社会的产物，科学的成就、应用和发展只有在一个更加广泛的社会历史脉络中才能得到理解。恩格斯不但关注科学的不断发展，而且对科学的这种发展所能带来的和可能带来的社会革命进行了深刻的思考。恩格斯在得知电磁学的发展和电的应用后，评论道："电的利用将为我们开辟一条道路，使一切形式的能——热、机械运动、电、磁、光——互相转化，并在工业中加以利用。……这一发现使工业几乎彻底摆脱地方条件所规定的一切界限，并且使极遥远的水力的利用成为可能，如果在最初它只是对城市有利，那么到最后它将成为消除城乡对立的最有力的杠杆。"①

马克思、恩格斯对科学技术社会价值的认识是辩证的。科学技术一方面是资产阶级进行掠夺和统治的工具，同时又是社会革命的推动力量。"一方面机器成了资本家阶级用来实行专制和进行勒索的最有力工具；另一方面，机器生产的发展为用真正社会的生产制度替代雇佣劳动制度创造

---

① 《马克思恩格斯全集》第35卷，人民出版社1971年版，第446页。

必要的物质条件。"①

马克思、恩格斯关于科学技术的社会功能的论述，说明科学技术本身并非完全价值中立的，当它转化为现实生产力时，也就在生产力和生产关系之间扮演着一种革命的力量。当社会适应科学技术发展的时候，它一方面加快自我发展，另一方面通过不断地转化为现实生产力，预示着社会失衡的出现；当社会束缚了科学技术发展的时候，它就转化为一种革命的力量。这样，科学技术就不是一种简单的理论体系，而成为推动社会历史发展的有力杠杆、最高意义上的革命力量。

科学技术发展与社会发展之间的关系，映射着社会形态、社会制度的合理性。科学技术通过影响人类的生产、生活方式（如消灭城乡差别）影响着社会的存在和发展。从这个意义上讲，它不仅是日常生活意义上的意识形态，而且是国家宏观社会发展意义上的意识形态。人们一方面可以利用束缚了科学技术的发展来论证一种社会制度的不合理性（如欧洲中世纪的宗教统治、中国的"文化大革命"时期），另一方面，人们可以利用科学技术的迅速发展来辩护现有社会体系的价值合理性（如改革开放后带来的科学的春天）。

卡尔·曼海姆（Karl Mannheim）拓展了马克思的"存在基础"概念，并将马克思对意识形态的思想扩大到一般知识，认为人类的思想结构本质上都含有意识形态的性质，任何有关真理的声称都不过是一种自欺。他在《意识形态与乌托邦》一书中说："我们可以证明：（a）认识过程实际上并非是按照存在的规律发展的，它的发展并非仅仅遵从'事物的本性'或'纯逻辑的可能性'，它并不是由'内在辩证法'推动的。相反，现实思想的出现和定型在许多方面都是受与此非常不同的超理论因素影响的。与纯理论因素相反，这些超理论因素可以称为存在的因素。这样思想的存在也就不得不被认为是一个事实。（b）这些存在因素对知识的具体内容的影响决非只有边缘性的重要性，它们不仅与观念的创生有关，而且渗透进了观念的形式和内容之中。此外，它们还决定性地决定了我们的经验和观察的范围和强度，即我们以前称之为学科'视角'的东西。"②

对文化现象的适当分类和理解，必然涉及参与者本身对意义的诠释，

---

① 《马克思恩格斯全集》第 16 卷，人民出版社 1946 年版，第 357 页。

② 引自赵万里《科学的社会建构》，天津人民出版社 2002 年版，第 67 页。

而意义却不像外在世界的客体那样仅是一个为人们所观察的对象。任何一个历史时期的群体都有他们自己的价值和意义，他们的诠释必然是从其自身文化的特定意义架构出发的。因此，任何人类文化的产物均无法用一种永久不变的观点来加以充分分析。虽然曼海姆把科学知识排除在文化现象之外，但他对文化现象的意识形态分析方法被相对主义的科学知识社会学所吸收。

另一条分析进路源自涂尔干，他从人类学的视角对科学知识进行了意识形态学分析。认为社会并不仅仅是个人的集合，它还包含着各种体制和建立起来的行为模式。人们之间的相互沟通需要一套共同的符号，这便形成了公共信仰和观念，即"集体意识"或"集体表述"的基础。集体意识或集体表述显示了社会成员的一般看法或想法，提供了观念的框架和词汇，它不仅是社会生活而且是精神生活的推动力①。

集体意识的强弱依赖于个人在群体中的整合程度，以及该群体在整个社会中的整合程度。集体意识是法律、道德和宗教的源泉，甚至我们对周围事物的辨别、分类和综合判断也是受集体意识的影响决定的。时间、空间、力、矛盾、分类这些观念最初源自社会结构的形式，是由社会因素决定的。比如一个群体的时间概念来源自其集体生活的社会节奏。涂尔干认为，我们能够表明某些社会发展如何带来了科学的产生，科学的某些集体特征使科学方法如何体制化，少数科学家的观点如何被高度分化的社会所接受，等等②。

哈贝马斯（Juergen Habermas）从语言哲学的视角对"科学技术即是意识形态"的命题进行了深入的分析。他认为，当代资本主义社会进入了人类社会发展史中的一个新的历史时期，科学技术取得了合法的统治地位，成了理解一切问题的关键，科学技术成为了意识形态。哈贝马斯认为，在西方现代化进程中起主导作用的是技术理性（或工具理性），科学技术已经成为维持一个社会正常运转的主要工具，成为一种决定社会系统发展的自主性力量。"科学的物化模式变成了社会文化的生活世界，并且通过自我理解赢得了客观的力量"③，科学在"今天也直接扩展到社会上；

---

① 引自赵万里《科学的社会建构》，天津人民出版社 2002 年版，第 73 页。

② 同上书，第 74 页。

③ ［德］哈贝马斯：《作为"意识形态"的技术与科学》，李黎、郭官义译，学林出版社 1999 年版，第 71 页。

任何一个孤立的社会体系，任何一个独立的文化领域——人们可以用一个预先确定的系统目标对其种种联系作内在的分析——仿佛又能产生出一门新的社会科学学科"。①

科学技术在今天具有了双重职能。它不仅是生产力，而且也是意识形态。此外，科学技术的发展使得政治机构的日常活动日益专注于技术问题，关心现实生活中需要满足的问题，而不是关心政治实践问题、人的解放问题。只注重从技术上满足现实需要的活动，而排除"价值问题"，科学技术起着伪装政治活动和社会舆论非政治化的意识形态作用。

三、历史主义的科学知识观

在科学知识的增长模型上，逻辑实证主义者认为，科学知识是一个不断增长的线性的积累过程。波普尔按照他的"猜测—反驳"方法论，提出科学知识的增长源于理论的不断被反驳、被否定、被证伪或被推翻，并被新理论取而代之。

库恩从对科学史的考察出发，指出无论归纳主义者还是证伪主义者的看法都不符合科学发展的实际历史。归纳主义者看不到科学史中非积累的发展阶段，即科学革命的阶段；证伪主义者则忽略了科学中受传统约束的常规科学活动，却用仅仅间断性地出现的破坏传统的活动即科学革命，来代替整个科学活动。由此，库恩提出了他的科学革命模式，在这种模式中，科学的发展经历了四个环节：首先，在"前科学"（pre-science）阶段，正常的活动方式是批评议论，各个学派互相争歧。由于某个显著的科学成就使这门科学进入成熟期，常规科学出现，然后进入了"常规科学"（normal science）阶段，其目标是阐明和发展一个"范式"（paradigm）。随着科学的发展，当一个常规科学传统试图解决这个范式所遇到的异例或反常再三失败时，这门科学就会面临着危机，并进入"革命科学"（revolutionary science）阶段。革命科学阶段，人们对范式或基本理论公开表示不满，纷纷求助于哲学和根本原理的辩论，批评和议论代替解决疑难再次成为主导的活动方式，当相互竞争的理论选择问题得到解决，危机随之过去，进入新的常规科学阶段。

---

① ［德］哈贝马斯：《作为"意识形态"的技术与科学》，李黎、郭官义译，学林出版社1999 年版，第 90 页。

按照库恩的历史主义科学观，新的科学价值是在一个大的历史背景中出现的，历史上的重大社会变迁通过新的科学价值标准影响科学，产生出建构新的现象场域的范式。科学认识论、科学理论和科学的事实内容都是与历史变迁联系在一起的，具有历史主义性格，因而科学要求批判性的历史重建而不是理性重建。汉森（Hansen）曾研究说，在牛顿时代，工业家所面临的重要技术问题与自然哲学家所研究的主要科学问题之间，有着紧密的对应关系。另外，牛顿所属阶级可资利用的文化资源，如政治、哲学及宗教信仰等意识形态，同样影响和限制了牛顿的思考。"决定他们思想的并不是他们的社会承诺，而是他们的社会地位，或者就是他们所在的社会。从一种大体上是与某个居主导地位的阶层的观念结合在一起的文化中，科学家们可以得出他们自己的思想。或者，他们某种意义上反映了他们社会的总体情况，并且囊括了某一种类或某一形式的所有信念。"①

库恩认为，常规科学家并不直接研究自然界，而是研究由范式所定义的自然现象，即由仪器、方法、信念呈现给他们的"现象场域"（phe-nomenology）。这样，常规科学研究的对象和人文社会科学研究的对象成为具有相同性质的社会建构物。库恩认为，科学革命所带来的新范式对旧范式的胜利不是智力意义上的而是社会意义上的，因为这取决于新范式训练了更多科学家、取得更多资助、生产更多的实际成果。科学进步的实现不通过驳斥"错误"理论和积累"真实"事实，而是通过范式替代或科学革命这个"真实的"进步过程，它不是一个纯粹理性和合乎逻辑的过程，反而更像是宗教中的皈依或改宗（conversion），或心理现象中的"格式塔转换"（gestalt-switch）。在范式转换之后，科学家便生活在与他们前辈不同的现象世界中了，他们无法以新理论的语言来表达旧理论的思想，范式之间存在"不可通约性"。

对库恩范式的解释有保守、激进之分。按照保守的解释，"范式"是一个分析性概念，其中包含着科学活动中的认识和社会两种不同的因素，且这两种因素是可以分开的；按照激进解释，"范式"是一个整体，科学中的认识活动和社会活动本质上是相互整合的统一体。此外，对库恩科学概念意义的解读，导致了自然科学解释学的生长。库恩认为，科学概念的

---

① ［英］巴里·巴恩斯：《科学知识与社会学理论》，鲁旭东译，东方出版社 2001 年版，第 16—17 页。

意义不在于它所指称的特定对象，而在于因人而异的"用法"。自然科学和人文科学并没有什么不同，因为自然科学中独立于文化、中立于价值的成分丝毫不比人文科学的多。无论是自然科学还是社会的概念，只有在使用中才能学习、变化和传播，概念的有效性在本质上都是文化的。自然概念意义生成的多元化来自不同对象解读的思想，无疑是哲学解释学的观念。

四、相对主义的科学知识观

对库恩范式和不可通约性概念的激进解读，导致了科学知识观的相对主义革命。不可通约性意味着，不可能找到科学合理性的规则，无论是实验证据还是逻辑证明都不能被用于表明一个范式优于另一个范式。而如果一个范式不能按照科学合理性标准被认为比另一个范式更先进，那么，在这个意义上，所有的范式都是同样有效的。

相对主义的科学知识借助于科学哲学关于"事实不完全决定理论"和"观察负荷理论"的观点，对科学知识的社会决定论进行了辩护。按照迪昂—奎因的不完全决定论命题，有若干个逻辑上可能的理论是与经验证据相吻合的，因而经验有效性就无法从许多理论中分辨出唯一正确或错误的理论；既然如此，科学家做出的决定就可能不是基于理性的考虑，而社会学的解释就是合法的。

按照汉森的观察渗透理论命题，观察总是在某个既有理论下展开的，而某项观察为何会负荷这一理论而不是另一种理论，并没有内在的充分理由，显然也不得不诉诸社会因素。同时，相对主义者利用社会学、人类学和语言哲学的资料对科学知识内容的社会学因素进行了深刻的分析，认为科学所感受到的认识压力其实是社会压力。

我们能够正确接续数列（2，4，6，8，……）似乎是遵循了一种自明的数学算法，但实际上，接续这个数列的能力应归于既有的训练和常规实践而不是数学认识的必然。布鲁尔通过援引维特根斯坦的理论认为，纯数学的可说明性也与特定语言文化惯例是分不开的。布鲁尔注意到巴比伦数学中没有"零"的概念，进一步证明"数学的概念是文化的产物"。

相对主义的科学知识观声称，社会原因是主要的和决定性的。巴恩斯提出了把科学处理为一种与其他任何文化相同的文化形式，并将文化分析技术应用于对科学的文化体制的研究。布鲁尔则发展了以经验为基础的

"语言游戏的系统理论"，并用它澄清和扩展了曼海姆的知识理论。知识论的相对论和科学观的实践论，成了他们在科学研究与社会理论之间架设桥梁的思想武器。"科学不是一组在不同的特殊文化情境中维持正确描述和有效推断的普遍标准，科学中的权威和控制不会简单地保证'理性'与经验之间的互动不受妨碍。科学标准本身就是一种特殊文化形式的组成部分，权威和控制对保持这种特殊形式的适当感是必要的。"① "一个社会所具有的知识在很大程度上并不表示它的个体成员们的感觉经验，或所谓他们的动物性知识的总和。毋宁说，知识就是他们对实在的集体看法或诸看法。"②

在人类学领域对库恩的激进解读认为，科学首先是关于做事（doing things）和学习做事（learning how to do things）的活动，科学家的思想与科学家的行动是密不可分的。库恩说过："学习理论的过程依赖于应用研究，包括用纸和笔以及用实验室的仪器实际解题。例如，如果说学习牛顿力学的学生曾发现过'力''质量''空间''时间'等术语的意义，那一定不是由于他从课本中那些不完善的（尽管有时也有帮助）定义出发，而是由于他观察并参与了这些概念解题的过程。"③

科林斯在一篇分析建造 TEA 激光器的科学家社会网络的论文中发现，除非与那些实际制造出了这种激光器的科学家发生直接的人际往来，没有一个科学家个人或群体能够仅仅根据正式发表的文献资料制造出一台能够运作的 TEA 激光器。科林斯认为，这种直接的人际往来之所以重要，因为只有通过直接互动，科学家才能彼此交流那些虽然必要但无法言传的非形式化知识。从而证明科学技术中隐含着社会学属性。

同时，相对主义的科学知识观也受到了来自哲学的批判，一是针对其倡导的对称性和相对主义知识观。所谓对称性（symmetry），指同一类型的原因应当既可以说明真实的信念，也可以说明虚假的信念。二是针对其社会学分析对科学主义的僭越。马丁·霍利斯认为，对所有的信念进行因果说明，拒斥以合理性为基础的相对主义立场，腐蚀了客观性概念的支柱。知识社会学家用局域推理反对一般推理的做法，忽略了研究者在解释

---

① 赵万里：《科学的社会建构》，天津人民出版社 2002 年版，第 115—116 页。

② 同上。

③ ［美］托马斯·库恩：《科学革命的结构》，金吾伦、胡新和译，北京大学出版社 2003 年版，第 46—47 页。

行为者为何信其所信时，相对主义者在对所研究对象的信念进行正确或错误的判断时，已经事先有了自己的信仰和价值预设。

默顿在分析霍皮人的祈雨仪式时就拒绝接受霍皮人自己的信念，即他们的祈雨仪式将带来丰富的雨水。默顿解释说，霍皮人经常举行祈雨仪式不是因为它们能带来所意图的结果，而是因为它们有加强部落成员之间团结这样一种潜功能，后者是不为霍皮人所认识的。

霍利斯指出，默顿首先是建立了自己的合理性标准的，因为只有借助于这一标准，他才能将霍皮人的信念看成是错误的和非理性的，而把他自己的信念视为正确的和理性的。也就是说知识社会学家在用相对主义范式分析科学知识的同时，自己却走到了相对主义科学观的对立面。因而，相对主义对科学合理性的批判既不能界定一个对科学实践进行研究的方式，也就不能用于说明它自身。

虽然相对主义的科学知识观本身也存在不足和缺陷，但相对主义、以社会因素作为科学知识产生、发展决定因素的观点，从另一个侧面、从一定程度上的确解构了客观、普遍、价值中立的传统科学知识观。以社会建构论为基础的科学知识社会学逐渐从后台走向了前台。

第四节 科学知识的社会建构

科学知识社会学认为，科学知识与其他知识形态并无本质的区别，也是社会建构物，必然受社会文化的影响，故这种观点又称"建构主义"（constructivism）。

一、科学知识的社会建构

科学知识的社会建构论者所倡导的"社会建构"通常是隐喻社会行动的人工性质，即自然事物的结构本身是能够加以改变并重新安排的。"建构论"所指涉的是这样一种思想，即人类不是发现了这个世界，而是通过引入一个结构而在某种意义上"创造"了它。"所谓建构主义乃是指，既然是人自身创造了社会和文明的制度，那么他也就必定能够随意改变它们以满足他的欲求或愿望。"①

_____

① 邓正来：《自由与秩序》，江西教育出版社 1998 年版，第 173—174 页。

皮亚杰（Jean Piaget）最先研究了认识通过环境与主体的互动而发展的过程，明确突出了建构过程在认识论中的地位。皮亚杰认为，传统的认识论只顾及高级水平的认识，或认识的某些最后结果，而看不到认识本身建构过程。实际上，所有学科都是以不断发展为其特征的，任何一门学科都是不完善的，且处于不断建构过程之中。他说："认知结构既不是在客体中预先形成了的，因为这些客体总是被同化到那些超越于客体之上的逻辑数学框架中去；也不是在必须不断地进行重新组织的主体中预先形成了的。因此，认识的获得必须用一个将结构主义和建构主义紧密地连接起来的理论来说明，也就是说，每一个结构都是心理发生的结果，而心理发生就是从一个较初级的结构过渡到一个不那么初级的结构。"① "我们可以越过那些可观察到的东西来尝试着建构结构，并不是从主体有意识地说的或想的什么来建构结构，而是以当他解决对他来说是新问题时，他依靠他的运演所'做'的什么来建构结构。"② 无论逻辑学、数学还是物理学认识的发生，在他看来，都可以按照非预成结构的建构来考虑。知识既非通过感官、也非由信息传达而消极接受的，而是认识主体积极建构的；认识的作用是适应性的，它帮助主体组织经验世界而不是发现客观本体的实在。

传统认识论的核心思想是，有一个现实的客观世界独立于我们而存在，而这个现实客观世界通过一种近似过程在一定程度上是可知的，这些关于客观世界的知识在它所能达到的近似程度上是真的，或者是与客观世界的实在的结构是同型的。也就是说，科学知识是通过无误的推理从无误的初始前提——如观察、公理——已被证明为真的命题——不带任何主观性和直觉的成分而得出的结论。基于这种知识观或认识论，科学就成为人类心智普遍遵循的方法，逐步获得对外部世界的客观表述而发展的进步观念，因而是人类知识积累和进步的典范。科学共同体拥有客观地判断科学知识主张正确与否的技术标准，并以这些标准组织科学知识的生产，促进科学事业的持续进步，成为一种具有独特精神气质和民主社会关系的社会体制，一个高度自治和政治中立的共和国。普遍性、公有性、无私利性和有条理的怀疑主义诸社会规范，控制着科学家因个人或社会方面的压力而发生偏离行为，保证科学体制实现其扩展确证知识的目标。

① 皮亚杰：《发生认识论原理》，王宪钿等译，商务印书馆1981年版，第15页。
② 同上书，第75页。

但是，以库恩（Thomas S. Kuhn）、费耶阿本德（Paul Feyerabend）和罗蒂（Richard Rorty）等人为主的后现代科学哲学家，对传统的认识论和科学观进行了深刻批判，质疑那种坚持逻辑和证据是科学有效性和科学家理论选择的主要决定因素的理性主义和客观主义标准，把相对主义、实用主义和无政府主义公开引入科学。他们认为，科学虽然拥有一套建构和评价知识的可靠战略和标准，但它们并不能保证提供真理。换言之，科学知识虽然被认为是一组关于世界的可靠信念，但它既不是确定的也不是不会错的。后现代主义者的基本目标之一，是要拒斥传统认识论赋予科学的特权。

在他们看来，科学知识不过是一种社会建构的叙事或神话，并不优越于其他非科学的神话和迷信。因为科学家不可能依靠观察和推理来评价一组知识主张的可信性，或在竞争主张中做出合理选择，也根本不存在为所有学科集体共享的知识建构和知识评价的方法论。科学选择中的决定是基于权力驱动的意识形态和主体间性，而与来自外部世界的信息无关。科学知识是什么？我们如何才能达到科学知识？我们如何评价科学知识的可信性？何谓科学？科学与非科学的区别是什么？科学与社会的关系如何？等问题成为研究的对象。

科林斯和平奇（Collins & Pinch）以犹太神话中的怪物"勾勒姆"（Golem），来比喻一种会出错的和简单化的科学观。"勾勒姆"是人借助妖术和咒语用土和水造出的人形怪物，它力大无比并且力量每天都在增长。它服从主人的命令，替主人工作，保护主人免遭敌人的威胁。但"勾勒姆"又是笨拙和危险的，若失去控制，它也可能会用其千钧之力毁灭它的主人①。科学就是一个"勾勒姆"，它或许不如有些人想象得全然好，也不会像另一些人认为得全然坏，科学是一把双刃剑。

二、科学知识社会建构论的研究范式

对科学进行社会建构论分析的战略研究场点主要有三个，"科学争论研究""实验室研究"以及"科学文本和话语分析"。主要采用了利益分析、经验相对主义、批判编史学、科学人类学等方法进行案例分析和比较研究。与默顿的规模样本、统计测量、变量分析不同，都主张描述主义的

---

① 赵万里：《科学的社会建构》，天津人民出版社 2002 年版，第 21 页。

经验研究方法，尤其偏爱个案研究、参与观察、非结构性访谈和细节分析等微观研究方法。

20 世纪 70 年代以前，对科学的社会建构性的研究是以默顿学派的科学社会学实践为代表的，基本局限于对科学社会家群体进行社会学研究，不考虑科学知识或科学内容，社会因素的作用被认为只在科学出现错误的情况下才是明显的。70 年代中期到 80 年代中期的科学社会学研究，以强纲领、经验相对主义纲领、话语分析和第一代科学民族志为代表，主张对科学的内容做社会学分析，在认识论上持"科学"相对主义的立场，但对"社会研究"则持实在论的立场。第三个阶段始于 80 年代末的反身性研究纲领以及第二代科学人类学家的工作，在认识论上对"科学"和"社会研究"均采取相对主义立场。如果科学知识是社会建构的产物的话，那么，人文社会知识也理当如此。

默顿认为，科学不仅是一种有条理的、客观合理的知识体系，它还是一种制度化了的社会活动。为实现生产确证无误的科学知识的目标，科学家受到诸如普遍性、公有性、无私利性等社会规范的约束。建构主义科学观与默顿主义的科学观有很大差别，认为科学知识并不是由科学家"发现"的客观事实组成，而是科学家在实验室制造出来又通过各种修辞学手段将其说成是普遍真理的局域性知识，是承载着科学家的认识和社会利益的，受到社会因素的制约。和其他任何知识（如宗教、意识形态、常识）一样，科学知识实际上也是社会建构的产物。"科学社会学的目标就是描述作为社会行动的科学研究，理解蕴涵在科学研究行动之中并由之生产的科学知识。科学是科学家集体从事的事业，社会学关注科学家集体在做什么，他们为何要做科学研究，以及结果如何。"①

近年来，社会建构论已经成为一种世界性的学术运动，渗透到元科学和社会科学研究的各个领域，甚至开始被一些更为激进的"学派"或"运动"改版吸收，成为他们制造反理性、反科学、反权威话语的有力武器。其研究范式基本是：首先描述理性科学的哲学模式，接着表明这种科学哲学不能解释科学中实际发生的事，最后在说明科学过程时引入社会因素作为理性因素的替代物。伍尔加（Woolgar）则将其论证程序概括为

① 赵万里：《科学的社会建构》，天津人民出版社 2002 年版，第 2—3 页。

四步①：

1. 选择要加以分析的一种知识主张、一项发明、一个数学公式、一篇科学论文、一次诺贝尔演讲或科学家访谈等。

2. 与那些选择出来的分析对象的解释不同的解释是可能的。

3. 提出源于"同一种现实"的替代性解释。

4. 通过比较不同解释之间的差别，分析包括社会的和认识的利益、某些核心集体的活动等社会环境因素对得出解释结论的影响。

科学知识的社会建构论的影响力在于呼吁科学家、哲学家、历史学家、社会学家以及所有生活在科学时代的普通人，对已经习以为常的科学观进行反思。托马斯·库恩说："在阅读重要思想家的著作时，首先要找出原著中明显荒谬之处，再问你自己：一位神志清醒的人怎么会写出这样的东西来。如果你找到了一种答案，我还要说：有些段落虽然讲得通了，但你会发现还有许多的重要段落，以前你自以为懂了，现在意思却全变了。"② 在这里暗含着一种解释学的思想，自然和社会现象都是一种文本，不同的个体对文本的理解和解释是多样化的，在文本意义上的解释应该是等价的，但科学共同体却在使用他们所维护的范式过程中将自己的解释置于了真理的殿堂。

三、科学知识社会建构论的话语结构

无论是德国的"科学，机会之域"，苏联的"科学，一种直接生产力"，还是美国的"科学，无止境的前沿"，只不过是超级大国"冷战"意识形态的产儿和"冷战"战略的组成部分。冷战结束后，甚至财大气粗的美国也开始对许多"大科学"项目釜底抽薪。当然大科学的问题不仅仅是它在经济上过于"奢侈"，从消极的一面看，现代科学可能带来了所有社会和文化问题，科学给予人的形象越来越"反面化"。大科学时代的终结，标志着两种话语的汇合：一个是关于客观知识的理论话语，另一个是关于社会利益的实践话语。按照玻姆的观点，科学自 17 世纪开始发展成为自主的、价值无涉的社会体制，不是由于其内在的认识结构，而是由于其外在的社会目标。"科学的终结"有助于发展对科学的批判潜力，

---

① 赵万里：《科学的社会建构》，天津人民出版社 2002 年版，第 3—4 页。

② T. S. 库恩：《必要的张力》，纪树生等译，福建人民出版社 1981 年版，第 VI 页。

意味着需要重新审视自治性的"科学共和国"及其体制化和学院化。

当科学技术具有了"生命控制能力",开始主宰国家的兴亡和社会的盛衰,当科学理性披上意识形态的外衣,开始排斥非科学的知识和信念,当科学家、工程师和技术官僚结合为一个新的权力集团时,科学文化固有的、在它弱小时一直受到包容的缺陷,现在就成了其他亚文化怀疑和批判的靶子。

法兰克福学派的霍克海默(Max Horkheimer)、阿多尔诺(Theodor W. Adorno)、马尔库赛(Herbert Marcuse)、本雅明(Walter Benjamin)等,在继承马克思的社会批判理论的基础上,吸收同时代其他思想流派的研究成果,对现代工具理性、工业文明和资本主义进行了持久的意识形态批判。理性作为人类智慧的标志,在启蒙思想家那里曾经是争取人性解放的武器,但在工业革命完成后却丧失了独立性,蜕变成盲目的力量和资本主义不合理统治的手段,成了独裁者的帮凶。科学技术作为理性的物质化身和现代文化工业的主要产品,不仅异化成为统治者实现利益的工具,而且造成了批判意识的丧失,将人变成了单向度的理性机器。

后现代思想家,德里达(Jacques Derrida)、福柯(Michel Foucault)、德勒兹(Gilles Deleuze)、利奥塔(Jeam-Franics Lyotard)等,把以往所有的社会理论,以及与之相连的思维模式、推理逻辑、语言策略、真理标准和道德规则,都看成是现代社会所制造的文化产品。他们对作为现代思想典范的科学知识的批判非常深刻,因为西方的文化和社会制度正是建立在理性与科学的基础之上的。福柯认为,将现代社会同古代社会区分开来的关键因素就是科学知识的建构及其在社会中的应用,因此对知识与社会的相互关系的研究,与对道德和权力关系的研究之间有着内在的联系。这种联系之所以是内在的,是因为现代知识领域的科学话语同现代社会政治领域的权力动作,在策略上是相互勾结的。一方面,现代科学知识以客观真理的身份在社会中普遍传播开来,另一方面,它又作为政治权力控制社会的基本手段,起着规范化和合法化的功能。主要表现在:

1. 真理成了科学话语和产生它的制度的基本核心。

2. 真理始终是隶属于经济和政治的要求的。

3. 真理以多种多样的形式成为广泛传播和消费的对象。

4. 真理通过社会体系中相当广泛的教育和信息机器而循环。

5. 真理通过社会的政治和经济机器(大学、军队、书籍、媒体)的控制和统治产生和传播。

6. 真理是整个政治论证和社会对抗的争论焦点。

伍尔加（Woolgar）将科学知识的社会建构论立场归因于对"表述问题"，即表述知识、语言、说明、意象、能指、解释项、行动或行为与世界事实、意义、实在、所指、被解释项、意图或原因等的关系问题。实在论者假设"知识的合理性来自它的客观性"，与这一假设相适应，在认识主体和客体的关系上形成了一种"反映性的"表述观，即在独立存在的研究对象（自然界）与表述（知识）之间存在一种真实的反映关系。即知识的合理性源自客观世界。它在本体论上独立于认识过程，后者是认识主体对客观对象的"镜式反映"。中介论和构成论的表述观都不赞成反映论，视之为"对实在的消极的、默祷的领悟"或知识产生的"窗玻璃理论"。中介论认为，说明或知识并不是对外部现实的直接再现，"经验事实本身不决定知识主张"。

也就是说，关于同一种现实世界的理论说明以及关于同一个现象的实验结果和经验描述，允许有各种替代性的表述，它们不是自然界的事实所完全决定的。这些替代性的表述，它们不是自然界的事实所完全决定的。这些替代表述是否被认为是对自然界的真实再现，或者说它们的真理性是否被接受为真知识，在哲学家看来，可能是"理论负荷的"，而社会学家看来则更依赖于偶然的社会过程，是承载着"利益""文化""实践"或"情境"的社会、历史过程的建构物。

在爱因斯坦提出光子说之前，关于光是微粒还是波有过长期的争论。在 17 世纪，斯涅尔、笛卡尔设想光是粒子，格里马第、惠更斯认为光是波，双方均从科学实验和自然观察中找到了支持自己意见的证据。但自从牛顿发表了光的微粒说之后，光学沉寂了近 100 年，没有什么进展。如果不是因为牛顿的权威性，也许光学研究不会沉寂这 100 年。联系现实社会，牛顿的"权威"和现实社会中的科学"权威"一样，并非仅仅因为其理论的"权威性"，而且背后还有身份、权力、利益的因素在起作用。

公元 1621 年，数学教授威里布里德·斯涅尔（Willebrod Snell）发现了折射定律。笛卡尔在公元 1637 年首次公布了这个定律，他试图用他所设想的光由微粒组成并且走的是快速直线运动，来解释斯涅尔发现的光的折射定律。意大利波伦亚大学的一位耶稣会派数学教授弗兰彻斯科·格里马第（Francesco Grimaldi）首先提出了光的波动说。因为他发现光并不完全走直线，影子比假定光走直线应有的大小稍为大一点，影子的边缘往往带上颜色，所以他设想光是一种能够作波浪式动作的流体。惠更斯在1678 年和 1690 年提出了较为完备的光的波动说。因为近代望远镜片制作不完善，给出有彩色的和歪曲的影像，牛顿为了解决这个问题开始研究起光学来，牛顿发现了光的色散现象和明暗相间的牛顿环。开头他倾向于波动说，后来在 1704 年出版的《光学》一书中，他采用了光的微粒说，此后的 100 年，多数科学家都采纳了微粒说，光学没有什么进展①。

常人方法论对学术界流行的、夸大科学活动的理性性质，贬低日常活动的理性性质的方法论教条，进行了质疑。认为，人类所有的知识都是在社会情境中发展、传递和维持的，知识世界是通过日常生活中的思想过程社会地建构的。达芬克尔认为，在受日常生活成见支配的行动中，所谓的科学理性只不过是一种无效的理想。科学的理性性质既不是日常例行事务中的稳定特征，也不是其中值得认可的理想。如果试图将这些性质固定化，或是强迫人们在日常生活中同它们保持一致，就会夸大一个人行为环境中理性因素的影响，使人的理性行动和非理性环境之间的互动系统的混乱状况大大加强。常人方法论的社会学就是要解构一种占主导地位的正统科学观或知识观。

女性主义者认为，在传统的表述中，社会价值、历史和政治特征都是男性主导的：社会行动者的情感角色服从工具和理性角色，付薪工作的意义得到了高度评价，私人领域受到忽视，等等；现代科学所做的各种界定、解释无不隐含着一种性别亚文化。主张文化批判必须与科学批判联系起来，对科学及其文化基础来一次彻底变革。

概括起来说，科学知识的社会建构理论认为，所有知识都不过是人们认为是知识的东西，是人们满怀信心地坚持并作为生活支柱的产物，科学更多是建构性的而不是描述性的。科学成果是在特殊背景下建构出来的，承载着其产生过程中的权宜性和利益结构的印记，不分析产生它们的建构过程，就不能恰当理解这些成果。对科学知识进行社会学分析，主要探究科学对象如何在实验室中被生产出来，而不是事实如何被保存于关于自然的科学陈述中。实验室研究被社会建构论者隐喻成一个专门生产论文的文

---

① ［英］斯蒂芬·F. 梅森：《自然科学史》，周煦良等译，上海译文出版社 1980 年版，第191—196 页。

学装置，暗示科学工作主要是一种文学的和解释的劝服活动，科学事实完全是在一个人工环境中，通过对陈述的操作而被建构、被传播和被评价的。这种观点发端于波兰微生物学家路德维克·弗莱克，他认为，科学家的观察及其对"事实"的界定受到了他们作为成员的"思想集体"或认识共同体，以及这些思想集体共享的思想风格或假设的型塑。

四、对科学知识社会建构论的反思

社会建构论的科学知识观反对把科学仅仅看成是人类对客观世界的理性认识这一传统的科学观，采取了相对主义的立场，强调科学问题的解决方案是不完全决定的，削弱甚至完全否定经验世界在限定科学知识发展方面的重要性，把自然科学的实际认识内容看成社会发展过程的结果，看成是受社会因素影响的。无论是苏联的李森科事件，中国"文革"时期对相对论的批判，还是美国"卡尤加湖争论"①，都显示着传统科学知识观的缺憾，尤其是现代科学的"贵族"特征，科学研究往往通过立项的方式，纳入社会化的轨道，由发现、发明走向了生产与再生产。科学利益与再生产的维持迫使科学与政治、经济联姻，成为证明决策者所选择意见正确性献媚的一种功能项。

西方社会中知识的生产、传播中出现的信息化、媒体化、技术化、符码化、商业化、全球化、政治化和多样化的趋势，加速了知识真理标准客观性的日渐丧失，"伊拉克战争"中的情报真实性问题不就是一个很好的证明吗？知识话语与权力的结盟，科技专家对知识话语的控制等，使普遍主义的形而上学受到解构，知识变成了非知识，真理变成了非真理，语言游戏变得不确定起来，所谓正义和公正的问题也就没有了客观标准。

对于正步入现代化的中国，关注并借鉴西方后工业社会变化中的趋势和经验，吸收对传统科学观解构的合理内核，固然有其合理性的一面，但仍需提高警惕。在这里引用胡适的一席话："我们要知道，欧洲的科学已经到了根深蒂固的地位，不怕玄学鬼来攻击了。几个反动的哲学家，平素饱餍了科学的滋味，偶尔对科学发几句牢骚话，就像富贵人吃厌了鱼肉，

---

① 美国一家电力公司欲在卡尤加湖兴建一座发电站，当地居民因担心环境污染而强烈反对。电力公司和有关政府部门组织了一个科学家群体进行"科学"论证。论证的结果是发电站对卡尤加湖的环境没有什么负面影响。但由于当地居民对此并不相信，在强烈的反对声中，此事也就不了了之了。

常想尝尝咸菜豆腐的风味：这种反动并没有什么大危险。那光焰万丈的科学，绝不是这几个玄学鬼摇撼得动的。一到中国，便不同了。中国此时还不曾享着科学的赐福，更谈不上科学带来的'灾难'。我们试睁眼看看，这遍地占坛道院，这遍地的仙方鬼照相，这样不发达的交通，这样不发达的实业——我们哪里配排斥科学？"① 回味此话的寓意，反思我们的科学，仍然有一定的现实意义。

相对主义的、多元主义的、女性主义的、建构主义的科学知识观必然导致科学课程范式的变革，对话、交流、互动、探究成为当前科学课程改革的主流话语，日常知识、缄默知识得到前所未有的关注，科学课程由注重科学精英的培养转向对公民素养的教育，科学、技术与社会的话题得到提升，对科学作为一项社会事业的理解成为科学素养的一种重要维度等。这些变革映射出关于科学本质的研究成果越来越多、越来越快地被科学课程的改革所关注。

第五节　科学课程的知识观重建与发展

一、传统的科学课程知识观及其局限

传统的科学课程知识观有两个基本的哲学隐喻，一是经验实证主义科学知识观，二是累积的科学知识发展观。既然教科书所呈现的科学知识是客观的、正确的，怀疑便没有了立论的基础，科学实验的功能也便狭窄地局限于验证，得出与教科书相同的结果，唯一的价值是训练基本的实验技能，为今后从事科学研究打下基本的技能基础。科学知识是逐步累积的，学校科学课程的知识就应该是最经典的、最基础的科学知识；知识是累积的，要成为科学家就要刻苦地、不断地学习、记忆、积累科学知识，科学学习便成了科学知识的学习，因为其中没有了怀疑、反思、直觉和顿悟。

因此，基于传统科学课程知识观的课程目标，特别强调让学生掌握基础知识和基本技能，科学课程与教学几乎都不涉及科学的局限性、科学的本质精神，以及科学技术与社会的互动等重大问题，这就使得科学教育几乎成了死记硬背或近乎盲目填鸭式的教学。在这种课程观的影响下，师生

---

① 《科学与人生观》，见《民国丛书》，上海书店1989年版，第7页。

都把科学知识奉若神明，其直接后果就是使学生丧失了质疑精神、批判精神和创新精神。既然课程学习就是知识学习，课程脱离学生的生活，脱离学生的实际成为合法、合理的行为。因为课程并不是生活本身，是为未来生活做准备的。学生的生活被限制在书本知识狭窄的空间里，课程理解成了知识。

这种课程知识观导致课程改革过程中"完美追求"与"现实局限"的冲突和矛盾。所谓完美追求，一方面追求课程知识完美的结构。学习经典物理，必然要系统地学习力、热、电、光、原等学科领域，学习每一个领域必然要有概念、原理、应用组成系统的结构。另一方面追求课程实施的完美性。所谓课程实施的完美性，一是把知识完美地传给学生，不敢有丝毫的"贪污"；二是追求完美的结果，希望把所有的科学知识能够有效地传给所有的学生。

这种课程知识观又导致了封闭性的课程资源观。这种课程资源观是以"实用"为标准的，所谓实用即指能够很好地应付考试，命题的范围即是课程的边界。课程被理解为狭窄的"学科"，课程评价被改造成知识的再现，而不是创新。课程内容被奉为"圣经"，学习方式成为单一的吟诵，"为了未来"成为教师处理师生关系的一种托词，也成为教师自认为是学生"未来工程师"的理论基石。师生自然处于不平等的地位，平等对话成为一种"奢望"或者一种"外包装"。科学可以无视自然，这样的课程培养出来的学生不仅容易失去学习的乐趣，难以保持学习型社会终身学习的心理动力机制，而且离开学校之时，成了把"知识还给老师"之日。学生长期生活在书本世界里、远离现实生活，学生的知识是被动累积的，而不是自主生成的，虽然掌握了科学原理知识，却缺乏解决实际问题的能力，在社会实践和科学活动中，缺乏创新的意识和能力。

此外，由于我们长期特别强调把科学课程建构在社会本位的基础上，使科学课程的目标制定、课程开发、教材编写、教学的实践和评价，以至于课外活动的进行，无不体现着社会本位的核心价值追求。科学课程虽对学生的兴趣、爱好、个性等因素有所重视，但这种重视是为了发挥其中介价值，使学生能够更好地成为社会建设者、接班人。"在 20 世纪 50—60 年代，人们认为科学教育的本质和功能是使学生认识自然，获得利用自然、改造自然的能力，培养有文化的劳动者。到了 70 年代末和 80 年代初，我国出现了科技人才的断层。当时，党和政府提出了到本世纪末实现四个现代化的宏伟目标，可是，现代化建设所面临的最大困难是，科技人才奇缺。所以，培养现代化建设人才就成了国家的当务之急，也成了教育界第一等重要的任务。在这样的情况下，发展智力，培养能力便理所当然地成为科学教育的重要目标，在这个时期，科学教育的价值和功能被理解为培养更多的科学家和工程师，以适应现代化建设的需求。"①

科学课程的价值被完全定格在外在的工具目标，完全没有了科学作为人的精神生活的内在需要的空间。作为现代人的生活一刻也离不开科学，这种生活的价值并不仅仅表现为电视、照明、通信、交通的日常需要，而且表现为科学探究对人的生活中所带来的愉悦，这种愉悦伴随着你在公园散步、名胜旅游、家庭游戏中对自然界事理的思考和探究。"每个人都应该有机会去领略一番因领悟和探明自然界的事理而可能产生的那种兴奋之情和自我满足感。"②

二、多元文化视角中的科学课程知识观

科学知识的社会建构性，表明了科学知识的过程性、文化性和境域性，这为科学课程理论的更新开拓了新的视域。

科学知识发展的过程性，可以让学生理解科学教科书所提供的科学知识只是当前人类对自然世界认识的阶段性成果，科学知识和科学世界不能等同起来。人们对自然世界的认识是不断发展的，其中有累积的过程，也有突变的过程，科学发现也存在一定的偶然性。美国科学促进会颁布的《科学素养的基准》中提道："科学家们相信这个世界是能被认知的，但它永远无法被完全认知。否则，一旦完成工作，那么科学也就会终止。的确，科学家们在找到这个世界是怎样运动的一系列问题的答案的同时，还不免会发掘出新的问题。所以，只要人类的追求存在，这种探索就会继续下去。"③

由于人们对自然世界认识的阶段性，科学教科书所呈现的知识是科学

---

① 余自强：《新世纪初中科学课程的教育哲学研究》，载《课程·教材·教法》1999 年第
10 期，第 11 页。

② ［美］国家研究理事会：《美国国家科学教育标准》，戢守志等译，科学技术文献出版社
1999 年版，第 1 页。

③ 美国科学促进会：《科学素养的基准》，中国科学技术协会译，科学普及出版社 2001 年
版，第 5 页。

共同体"协商"的结果。换句话说，尽管自然世界"决定了"什么是对其正确的反映，但这种决定是哲学意义上或终极意义上的。现实中，对于什么是科学知识，是由科学共同体来最终决定的，虽然科学共同体有一套科学的判断标准，但并不能杜绝其中有人为因素的作用。也就是说，教科书所呈现的科学知识是科学家对话、阐释、争论、妥协的结果。我们始终无法得到对自然世界的终极解释，我们当前所知道的、所认识的、所认可的科学知识是有待进一步证伪的知识。"学生在学习科学的过程中需要理解，科学是它的历史的反映，科学是一个处在不断变化之中的事业。……借以阐明科学探究的不同侧面、科学的人性侧面以及科学在各种文化的发展过程中的作用。"[1] "在工作中，虽然科学家们尽最大努力避免自己和他人的偏见，但是，当公共利益以及他们个人的利益、合作伙伴的利益、本单位的利益和本社区的利益受到威胁时，他们也会同别人一样产生偏见。"[2]

正如《面向全体美国人的科学》中所言，科学家的工作在利益与事实之间保持着必要的张力。社会建构论者就是运用了这种利益理论来解释为什么是这一种解释而不是另一种解释被科学共同体接受为科学理论。这种利益可能来其他社会体制，如政治体系、经济体系；也可能来自宗教方面的原因；也可能来自情感领域，如科学家往往支持自己的学生和朋友的科学研究工作。皮克林认为，"对每一位科学家来说，都会存在一些更有利于他的工作的资料、理论或模型。由于每一位科学家都在自己的专业领域投下了巨量的时间，因此对于那些与自己的认识利益相吻合的新成果，往往要刮目相看"。[3] 社会建构论者的问题是夸大了或者只看到了利益的影响，未看到科学家或科学建制向事实一边的倾斜。加里森通过物理学家卡尔·安德森放弃对他具有影响力的老师罗伯特·米利肯[4]的理论作为案例，解释了利益与事实之间的博弈。

---

① ［美］国家研究理事会：《美国国家科学教育标准》，戢守志等译，科学技术文献出版社1999年版，第131页。

② 美国科学促进会：《面向全体美国人的科学》，中国科学技术协会译，科学普及出版社2001年版，第11页。

③ ［美］史蒂芬·科尔：《科学的制造——在自然科学与社会之间》，林建成、王毅译，上海人民出版社2001年版，第69页。

④ Millikan Robert Andrews (1868—1953)，美国物理学家。1910—1917年，应用带电油滴在电场和重力场中运动的方法，精确测定单个电子的荷电量，从而确定了电荷的不连续性。此处的米利肯又大多被译为密立根。

安德森不能放弃他已经观察到的高能粒子。米利肯控制着卡尔的财权，他在物理学界的能力足以使安德森黯然失色；而且正如我们所见到的，米利肯决不放弃他心爱的理论。米利肯的纲领塑造了一个环境，安德森的实验和结论正是在这样的环境中做出来的。尽管如此，安德森最终还是对他的老师提出了异议，因为安德森自己的实验材料已经越来越清晰地显示了这些粒子的存在，这些粒子的能量太强了，以致安德森不能不放弃米利肯所钟爱的观点。①

科学知识并不完美，一方面它并不能解释世界上所有的事实，它只是描述了事实中的一部分——自然界，但即使在自然界领域里还有许多问题未能被科学解释，已有的解释中也可能因受技术设备的限制或影响存在不完美性，有待于进一步的科学探究。"有些事物不能用科学的方法来有效地考察。因为，人们不能对这些事物的性质进行客观的测试，例如道德问题。有时，人们可以用科学来证明某种行为可能产生的后果，以形成道义上的决定。但是，却不能用科学来确定某些行为是否合乎道德。"② 人类获取关于自然界知识的能力是非常有限的，科学探索常常不能回答常见的自然现象，如百慕大三角之谜。即使这些不被列为科学问题，科学探索对科学家们所提出的所谓科学问题的研究，也常常得不出完善的答案，如宇宙的起源、人类的诞生等。科学家在陈述获得的科学问题的答案时，"总是要附加一些否定的状语，如'在许多情况下'和'很长时间里'"。③

相信世界是有秩序而且能够被人们所认知是科学家的持续信仰，世界永远无法完全被认知，说明科学不是静止的、绝对的真理，科学是持续不断的事业，即使现在看来对观察多么完美的解释终究会被更完美的理论所代替，"科学不会终结"。科学描述"总是要附加一些否定的状语，如'在许多情况下'和'很长时间里'"说明科学结论的境域性，不仅在科学领域本身科学具有边界，而且科学对诸如道德这样的人文社会问题无法进行解答。

---

① 〔美〕史蒂芬·科尔：《科学的制造——在自然科学与社会之间》，林建成、王毅译，上海人民出版社 2001 年版，第 70 页。

② 美国科学促进会：《科学素养的基准》，中国科学技术协会译，科学普及出版社 2001 年版，第 7 页。

③ 同上书，第 5 页。

第六章

科学课程的社会功能

社会稳定的基础是保持社会秩序，而保持社会秩序的基础是组成社会的个体具有共同的价值规范。教育则在使社会形成共同的价值规范过程中起着重要的作用，发挥着使个体进行社会化的功能。涂尔干说："教育是年长的一代向尚未为社会生活做好准备的一代人所施加的影响。教育的目的就是在儿童身上唤起和培养一定数量的身体、智识和道德状态，以便适应整个政治社会的要求，以及他将来注定所处的特定环境的要求。"① 教育的这种社会化功能是通过课程来实现的。课程通过知识的分类、分层、组织、传播和评价实施着社会控制，发挥着社会和文化再生产的职能。课程被纳入到社会学的研究视野。

由于我们的科学课程长期单纯强调基本知识和基本技能的教育，科学的本质、科学事业的属性、科学发现的逻辑、科学发展的范式等问题没有纳入到科学课程的研究视野。对科学课程的理解建构在科学知识的客观、普遍、价值中立的经验实证主义立场上，使科学课程游离于社会学的分析视野。科学技术作为一种技术理性已经成为一种社会统治的力量，成为控制人的社会行动的意识形态，以科学技术知识为核心要素的科学课程自然不是价值中立的。

科学课程作为学校课程体系的有机组成部分，其在道德教化、社会价值规范的渗透、维护社会秩序和社会和谐方面具有重要的、特有的社会化功能。对科学课程社会功能的分析大致可以从两个层面展开：一是在宏观结构上，科学课程的纵向层级结构和横向的属性分类，承担着社会选择的

---

① ［法］爱弥尔·涂尔干：《道德教育》，陈光金等译，上海人民出版社 2001 年版，第 309 页。

功能。比如，接受高等理科教育的学生在社会上处于高位是没有异议的，接受职业技术教育和普通教育的学生在就业中的差别也是被人理解的。二是在微观上，科学课程具有意识形态的功能，在宣扬一种普遍主义、实证主义、个人主义、价值中立主义的价值观。这种对普遍主义的信任恰恰是实现社会控制的知识基础。

第一节　科学的社会功能

通过科学课程的学习，让学生掌握科学知识、科学技能、科学方法，形成良好的科学素养，富有科学精神的确是其价值所在。但是，这样一个价值的实现是建在"科学是什么"这一根本性问题上的。遗憾的是我们的科学课程设计很少认真地对这个问题进行澄清，认为物质世界是外在于我们的客观存在，科学是对物质世界自然规律的客观真实的反映，学习了科学知识就理解了科学，也就理解了物质世界。在学生心目当中，概念、公式、定理、定律、符号组成的体系就是科学，科学世界就是这样一个超越民族、国家、个人，具有客观、普遍、价值中立性的知识体系，似乎只有这样的认识才是唯物主义的。

近几年来，科学课程的改革越来越关注到让学生通过科学课程的学习，了解科学的性质，形成什么是科学的初步观念。这是科学教育最基本也最难以实现的目标。一方面，什么是科学不仅仅是科学课程的基本问题，而且也是科学哲学的基本问题，凡是哲学的基本问题却是从来不会有终极答案的。无论是在科学界还是在哲学界，对什么是科学一直争论不休。另一方面，科学是一个发展中的事业，随着科学本身的发展，争论的内容在不断地变化、丰富和发展。这种多元意义上的争论、解释和理解打破了科学客观、普遍、价值中立的神话，人们对科学本质的理解更加多元、更加丰富、更加接近了。

科学理解与解释的多样性、文化性、发展性本身就是对什么是科学问题理解的基本组成部分。科学社会学是从社会学的角度对什么是科学进行研究的一种知识领域，其对科学社会功能的揭示又是理解科学、认识科学性质的一个有效途径。我们试图通过揭示科学的意识形态、道德教化、经济发展、社会控制功能，对科学是什么这一科学课程的基本问题进行一个侧面的研究。

一、科学与意识形态

科学家对科学向意识形态领域的扩展曾进行过有意识的行动。19 世纪，巴黎综合理工学院的生理学家、生物学家和心理学家群体，卡巴尼斯、曼·德·贝兰、德斯蒂·德·特拉西曾对意识形态学进行了系统的研究。当然，他们对意识形态的定义与意识形态在政治领域的定义有着本质的不同。他们认为，意识形态"仅仅是指人类观念和人类行为，包括人的生理结构和心理结构之间的关系的分析"。① 德斯蒂·德·特拉西建议把整个意识形态学视为动物学的一部分，卡巴尼斯则反复强调物理学必须成为道德科学的基础。

西方马克思主义者在其著作中把科学与技术的社会功能同意识形态的社会功能相等同，认为科学与技术起着掩饰多种社会问题，转移人的不满和反抗情绪，阻挠人们选择新的生活方式，维护现有社会的统治和导致社会堕落的意识形态的作用。霍克海默说："不仅形而上学，而且还有它所批判的科学本身，皆为意识形态的［东西］；科学之所以是意识形态，是因为它保留着一种阻碍人们发现社会危机真正原因的形式，……所有掩盖以对立面为基础的社会真实本质的人的行为方式，皆为意识形态的［东西］。"② 霍克海默认为，科学技术作为意识形态代表的是现代工业社会中产阶级的利益。他说："由于占统治地位的经济力量为了自己特殊目的利用科学及整个社会，这种意识形态，这种与特殊科学合为一体的思想，必定导致将现状永恒化。这种哲学最准确地概括了近几十年间欧洲中产阶级集团的思想意识。"③

马尔库塞认为，在现代工业社会，科学技术具有工具性、奴役性，起着统治人和奴役人的社会功能，这是对现代工业社会科学技术意识形态特征的深刻揭露。他说：技术理性的"这种压抑不同于我们的社会之前的较不发达阶段的压抑，它今天不是由于自然的和技术的不成熟状况而起作用，而是依靠实力地位起作用。当代社会的力量（智力的和物质的）比

---

① ［英］弗里德里希·A. 哈耶克：《科学的反革命：理性滥用之研究》，冯克利译，学林出版社 2003 年版，第 127 页。

② ［德］哈贝马斯：《作为"意识形态"的技术与科学》，李黎、郭官义译，学林出版社 1999 年版，第 2—3 页。

③ 郑一明：《"西方马克思主义"的文化哲学思想研究》，重庆出版社 1998 年版，第 70 页。

以往大得无可估量——这意味着社会对个人统治的范围也比以往大得无可估量。我们社会的突出之处是，在压倒一切的效率和日益提高的生活水准这一双重的基础上，利用技术而不是恐怖去压服那些离心的社会力量。"①
"社会是在包含对人的技术性利用的事物和关系的技术集合体中再生产自身的——换言之，为生存而斗争、对人和自然的开发，日益变得更加科学、更加合理。……这一合理的事业产生出一种思维和行为的范型，它甚至为该事业的最具破坏性的压抑性的特征进行辩护和开脱。科学—技术的合理性和操纵一起被熔接成一种新型的社会控制形式。"② 马尔库塞的《单向度的人：发达工业社会意识形态研究》一书因其对现代工业社会科学技术意识形态的深刻揭露而成为德国青年 1968 年大学生造反的政治信仰和行动指南，他自己也成了精神领袖。

　　哈贝马斯不同意马尔库塞关于科学技术和旧有意识形态同等功能的观点。他认为科学技术虽然成为了意识形态，但它是一种新型的意识形态。这种意识形态和以往一切的旧有意识形态相比"意识形态性更少"。"因为现在，第一位的生产力——国家掌管着的科技进步本身——已经成为［统治的］合法性的基础。［而统治的］这种新的合法性形式，显然已经丧失了意识形态的旧形态。""因为它没有那种看不见的迷惑人的力量，而那种迷惑人的力量使人得到的利益只能是假的。另一方面，当今的那种占主导地位的，并把科学变成偶像，因而变得更加脆弱的隐形意识形态，比之旧式的意识形态更加难以抗拒，范围更为广泛，因为它在掩盖实践问题的同时，不仅为既定阶级的局部统治利益作辩解，并且站在另一个阶级一边，压制局部的解放的需求，而且损害人类要求解放的利益本身。"③

　　科学技术作为一种意识形态的确不同于传统意义的虚假的政治意识形态，它能够承兑它所给予人们的诺言。相比较而言政治意识形态则不同，中国几千年来，"耕者有其田"一直是历次农民起义的政治口号，但是每次改朝换代都没有哪位封建皇帝真正兑现了他的诺言。对于现代社会而言，如果剔除掉那些依托于科学技术的政治诺言，能够真正变为社会现实

---

　　① ［美］赫尔伯物·马尔库塞：《单向度的人：发达工业社会意识形态研究》，刘继译，上海译文出版社 1989 年版，第 2 页。

　　② 同上书，第 130 页。

　　③ ［德］哈贝马斯：《作为"意识形态"的技术与科学》，李黎、郭官义译，学林出版社1999 年版，第 69 页。

也不多。比如，"杜绝腐败""消除贫困""天下为公"等政治口号就很少能够实现。科学技术树立了一种客观、公正、真实、正义的形象，在现代社会，取代了上帝步入了信仰的神龛，成为一种社会控制力量。

科学技术作为一种意识形态不仅表现为宏观的社会政治控制，而且渗透、控制着人的日常生活，这种控制几乎又是自导自演自评的。科学技术与经济力量的结合，现代媒体对更好生活价值取向的宣传与控制，使人们相信获得"最大限度地摆脱辛勤劳作、人身依附和粗鄙简陋状况的生活"，① 就是好的生活，这种生活如何而来呢？依靠被统治阶级已控制的科学技术以及科学精英。而科学技术的发展也在不断地证明，科学技术和现代社会的确能给人类带来这种"幸福生活"，在不断满足人类的生活需要，工人和其雇主之间的生活差别较之前工业时代小得多了。

但这意味着阶级差别的消失和阶级平等吗？马尔库塞说："如果工人和他的老板享受同样的电视节目并漫游同样的游乐胜地，如果打字员打扮得和她雇主的女儿一样漂亮，如果黑人也拥有盖地勒牌高级轿车，如果他们阅读同样的报纸，这种相似并不表明阶级的消失，而是表明现存制度下各种人在多大程度上分享着用以维持这种制度的需要和满足。"② 但是，这种物质生活差别的日渐缩小，对缺乏批判性思维的人来说，的确是阶级平等的表现，在现代社会，科学技术日渐起到了阶级平等化认同的意识形态功能。

二、科学与道德教化

道德判断不仅仅只是符合个人观点的问题，而是一种"客观"的规范力量。道德标准的规范性和普遍性是道德的基本属性，它在人类社会普遍地存在着，并对人类的行动起着强有力的规范和约束作用。拉瑞·P. 纳希说："在社会发展的领域理论内部，道德指的是人类健康幸福、公正和权力的概念，它是人际关系内在的一个功能。"③

当我们自觉自愿地按照道德规范来实施我们的社会行动时，是因为我

---

① ［美］赫尔伯特·马尔库塞：《单向度的人：发达工业社会意识形态研究》，刘继译，上海译文出版社 1989 年版，第 114 页。

② 同上书，第 9 页。

③ ［美］拉瑞·P. 纳希：《道德领域中的教育》，刘春琼、解光夫译，黑龙江人民出版社 2003 年版，第 7 页。

们认识了它、理解它、内化了它。如果每个社会个体都做到了这一点，那么我们就形成了一种和谐的社会秩序。什么能够承担这种道德重建的使命呢？涂尔干认为是科学而不是哲学。首先，科学为道德理解提供了可能。当科学让我们理解了世界上的物质事物时，"世界就不再外在于我们，已然成为我们自身的一个组成部分，因为我们内在地拥有一种能够充分表达它的符号表现体系。物质世界中的每一事物，都被我们用一个观念表达在我们的意识之中，而且，既然这些观念是科学的——也就是说，是清晰的和明确的，我们就能够操纵它们，能够轻而易举地组合它们，就像我们用几何学命题所做的那样"。① 同样的我们可以像理解科学那样，理解道德。一旦道德被我们所理解，"它（道德）不再外在于我们，因为从这刻起道德秩序就通过由各种清晰明确的观念组成的体系表现我们心中；我们也理解了这些观念之间所有的关系。现在，我们可以核实一下，道德秩序是在何种程度上构建在事物本性（即社会本性）之上的，也就是说，实际的道德秩序是在何种程度上，我们能够自愿地服从它。因为如果有人希望道德秩序不只是它所表达的实在的自然构造，那么他就是在打着自由意志的幌子胡说八道"。② 此外，科学除了具有道德认知迁移的功能之外，科学活动对于道德实践也是十分有效的。他认为，道德教育必须在小组和集体中进行，而科学活动则提供了这种道德训练的活动场景。他说："事实上，如果一个人很早就体验过集体生活，就不会再有比集体生活更惬意的东西了。这种生活有一种功效，能够提升每个人的生命力。"③

　　科学与道德、宗教、伦理关系的内在统一性，不仅是社会学家探讨的领域，而且是诸多科学家深入思考的问题。

　　关于科学与行为规范的联系，爱因斯坦说："追求真理的科学，他内心受到像清教徒一样的那种约束：他不能任性或感情用事。附带地说，这个特点是慢慢发展起来的，而且是现代西方思想所特有的。"④ "只有由灵感的人所体现的人类的道德天才，才有幸提出应用如此广泛而且根基如此扎实的一些伦理公理，以致人们会把它们作为在他们大量个人感情经验方

---

① ［法］爱弥尔·涂尔干：《道德教育》，陈光金、沈杰、朱楷汉译，上海人民出版社2001年版，第113页。

② 同上。

③ 同上书，第231页。

④ 吴国盛：《大学科学读本》，广西师范大学出版社2004年版，第218页。

面打好基础的东西接受下来。伦理公理的建立和考验同科学的公理并无很大区别。真理是经得起经验的考验的。"①

　　爱因斯坦从科学家的角度和立场，对科学与宗教的关系进行了深刻的剖析。他说："固然科学的结果是同宗教或道德的考虑完全无关的，但是那些我们认为在科学上有伟大创造成就的人，全部浸染着真正的宗教信念，他们相信我们这个宇宙是完美的，并且是能够使追求知识的理性努力有所感受的。如果这种信念不是一种有强烈感情的信念，如果那些寻求知识的人未曾受过斯宾诺莎的'对神的理智的爱'（Amor Dei Intellectualis）的激励，那么他们就很难会有那种不屈不挠的献身精神，而只有这种精神才能使人达到他的最高的成就。"②

　　海森堡认为伦理最基本的问题就是做人，而科学研究与如何做人是相通的。他说："我们不知道我们是否会成功以老的宗教语言来表示我们未来社会的精神形式。理性主义地玩弄词句没有多少用处；诚实和方向是我们最需要的东西。但是伦理是人类社会存在的基础，并且伦理只能从最基本的做人态度（这种做人态度我称之为人的精神方面）中得到，那么我们必须作出种种努力，和青年人建立共同的做人的态度，我深信，如果我们能够在两种真理之间重新找到正确的平衡，那么我们在这方面就能够取得成功。"③

　　我们认为，科学不仅与道德价值、宗教信仰、社会伦理密切地相互关联，而且对于生活于现代社会的公民来说，科学知识是公民进行公共决策的基础。对于没有原子物理知识的公众来说，是不可能理解核威胁的真正本意的，也难以对此类公众政策作出正确的决策，封建社会的愚民政策就是这个道理。学习科学探究的方法，可以训练人的心智和逻辑思维方式，"理科思维"与"文科思维"就是在这个意义上讲的。

　　卡尔·皮尔逊曾说："近代科学因其训练心智严格而公正地分析事实，因而特别适宜于促进健全公民的教育。"④ 他认为，经过科学方法训练的公民，习惯于整理事实，在事实之间寻找它们复杂的相互关系，依据对这些关系的理解，预言它们之间不可避免的关联。当他们把他的科学方

---

①　吴国盛：《大学科学读本》，广西师范大学出版社 2004 年版，第 219 页。

②　同上书，第 242 页。

③　同上书，第 255 页。

④　卡尔·皮尔逊：《科学的规范》，李醒民译，华夏出版社 1999 年版，第 12 页。

法带进社会问题的领域时，他们将不满意于表面的陈述，不满足于仅仅诉诸想象、激情、个人偏见，而是运用高标准的逻辑推理和对事实及其结果的深刻洞察，站在有益于社会共同体的立场上决定自己的判断。

三、科学与经济发展

在工业和后工业社会，科学技术较之土地、资金、劳动力等生产要素而言，成为决定经济可持续发展的第一生产力。经济学研究表明，科学技术与其他要素的关系不是加法而是乘法关系，即科学技术是作为乘数乘到生产力三要素上去的，当科学技术成倍增长时，经济则加倍增长。20 世纪 60—80 年代，发达国家的经济增长，50%—87% 来自知识和技术进步的贡献，17%—27% 来自资本的贡献；发展中国家的经济增长 65% 来自资本的贡献，只有 14% 来自全要素生产率的贡献。

美国在 1946—1965 年，科学技术进步对经济增长（净值增长）的贡献率为 71%，日本在 1952—1966 年，科学技术进步对经济增长（净值增长）的贡献率是 65%，而中国目前只有 30%[①]。索洛对科学技术对美国经济的贡献率的研究表明，美国 1909—1949 年，人均总产出翻了一番，其中，科学技术进步的贡献率占了 87.5%，而其余的 12.5% 则是依靠资本投入量的增加获得的[②]。科学技术对经济发展的极大促进作用，几乎成为不证自明的道理。

在科学与技术经济时代，企业的发展的核心竞争力是知识和人才，而不是资本的扩张。微软公司的创始人比尔·盖茨 2000 美元起家，于 1973 年为世界第一台微电脑开发了 BASIC 语言的第一个版本。到 2003 年 5 月微软公司股市值达到 2786 亿美元，销售额达到 283 亿美元。这在传统产业时代根本是不可能实现的。微软公司非常重视科学与技术的研发，2004 财年计划投入的研发经费就达 69 亿美元。

在我国，由于我们不拥有信息产业核心技术的知识产权，目前很多企业产品使用的技术，都是一些跨国公司在 10 年前申请的专利，企业利润的大部分作为专利使用费支付给了外国公司。生产一台 DVD，需要支付给 6C 公司 4 美元，3C 公司 5 美元，1C 公司 2 美元，MPEG – LA 专利收

---

① 赵丽芬、江勇：《可持续发展战略学》，高等教育出版社 2001 年版，第 160 页。

② 张培刚：《发展经济学教程》，经济科学出版社 2001 年版，第 390 页。

费公司 4 美元，杜比公司 1.5 美元，共计 19.6 美元。也就是说每台 DVD 的生产成本增加了近 20 美元。如果不是廉价劳动力支撑，这些企业一天也无法生存。IBM 公司，2000 年总利润的 81 亿美元中，专利收入就达 17 亿美元。

支撑经济发展的是科学技术，是拥有知识产权的原创性科学与技术，而这原创性知识的生产靠的是人才，人才的培养靠科学教育。因此，各国对科学教育的改革与发展越来越重视。不仅高级科学专门人才的培养离不开科学教育，日常的生产生活质量的提高也离不开科学教育。世界银行的一份研究报告指出，同样都进行新的投入（新种子、肥料、杀虫剂和农药或修建道路等），受过 4 年学校教育的耕作者，比从未受过学校教育的耕作者，要多产出 13%，而同样没有新投入的情况下，产出差也能达到 6%①。

四、科学与现代社会

科学的发展不断向生活世界和经济生产领域挺进，正在创建一个新型的社会，有的社会学家称其为知识社会，有的称其为信息社会，有的称为科学社会、后工业社会、技术文明社会等。尼科·斯特尔把这种社会的特征概括为："①科学知识向大部分社会行为的领域渗透，包括向生产领域的渗透（"科学化"）；②其他形式的知识被科学知识所取代了——尽管不是消灭了，并且受到日益发展的专家、顾问和指导者阶层以及建立在专业知识的发展的基础上的相应机构的调节，并依赖于这些人和这些机构；③作为一种直接的生产力的科学的出现；④各种新型的政治行为的分化（例如科学和教育政策的分化）；⑤一个新的生产部门的发展（知识生产）；⑥权力结构的变化（技术统治论）；⑦作为社会不平等和社会一致性的基础的知识的出现；⑧将权力建立在专长基础上的趋势；⑨社会冲突的性质的转变，即从收入分配和财产关系方面的分裂的斗争转变到要求获得一般的人类需要，并就此而发生冲突。"② 在新型的知识社会，科学技术的进步不断地影响着人们的物质生活和精神生活。

---

① 张培刚：《发展经济学教程》，经济科学出版社 2001 年版，第 359 页。

② ［加］尼科·斯特尔：《知识社会》，殷晓蓉译，上海译文出版社 1998 年版，第 16—17 页。

　　第一，科技进步作为推动社会文明的变革力量，不断地改变着人的价值观，直接或间接地决定着人类的理想和信仰。日常消费的日益数字化和符号化，新型工业产品和广告转变着人们的日常消费和生活理念。住宅消费由宽敞、实用向人文、环境适宜转变，服饰由经久耐用向时尚转换，食物消费由温饱向营养转变；火车、飞机等现代交通工具为不同民族、不同地域、不同国家的人的交流提供了便利，这种交流又带来了不同价值观念的冲突与融合；麦当劳、好莱坞电影成为消费的时尚，潜在地传播着西方的主流文化。这些都演绎着科学技术对日常生活方式和价值观念的冲击。

　　科学活动同时影响着我们世界观的形成，"科学家们所做的科学工作，他们不会花费时间去讨论世界观。但是，他们赖以工作的基础却是一些信念，而一般人常常不能掌握这些信念。其中一个信念是：当人们一起工作一段时间后，就能够解释这个世界的运行方式；另一个信念是：宇宙是一个统一的体系，研究其中某一部分得到的知识常常可以应用到其他的部分；还有一个信念是：知识具有稳定性，也具有变化"。① 如果用我们的话说，科学让人相信：世界是可以被认识的，世界是普遍联系的，科学知识是不断发展的。如果再加上一句：世界是物质的，那就和辩证唯物主义世界观的表述有些相似了。

　　第二，科技进步在引导着一种新型的领导和管理方式，并影响着社会政治生活。管理和经济生活的科学技术化倾向是显而易见的，以效率、量化、控制为核心的科学管理思想和管理决策在现代社会机构中随处可见。科学技术的发展不断为社会管理提供了现代化工具，使管理模式和管理手段逐渐走向现代化、科学化。如学校的学生管理、课程管理的电脑化、网络化，就是一个明显的例子。

　　政治家的政治宣言、选票广告、投票与计票的方式乃至监控系统，无处没有科学技术的影子。科学技术与政治的结合，越来越变成一种社会控制的力量。正如拉多范·里塔克说："在今天，要想找到这样一个社会生活领域是一件困难的事：这个领域对于现在正发生于自然科学和技术范围内的大规模变化之广度和频率保持中立态度、或者不受其影响。与此同

----

　　① 美国科学促进协会：《科学素养的基准》，中国科学技术协会译，科学普及出版社2001年版，第5页。

时，由今天的科学的运用所造成的最广泛、最有意义的社会结果是与社会发展的以科学为基础的控制任务、与社会的以科学为基础的革命性重建的任务连在一起的。"①

第三，科学技术是保证国防安全的基本力量，科学技术和军事战争的联系日趋密切。1994 年财政年度，美国政府的科研经费拨款是 721 亿美元，比 1993 年增加了 2.3%，国防部获得的科研经费占的份额最大，占了科研经费总额的 5.4%。美国研究型大学的发展与军事科学研究也形成了一种互动的机制。早在二战中，麻省理工、哈佛、哥伦比亚大学等著名研究型大学均参与并承担了雷达、原子弹、喷气发动推进、固体燃料等重要军事项目。二战以后，美国研究型大学在能源、信息、生命、通信、航空航天、国际空间站等高新技术领域均作出了重要贡献。可以这样说，美国研究型的大学发展得益于国防安全的推动。

现代国防科学技术研究出现了联合攻关、寓军于民的特点。如"阿波罗登月计划""星球大战计划""导弹防御系统"不但耗资巨大，而且集中了大量科学家综合开展研究，其中许多研究成果逐渐转为民用。如Internet 网络首先用于军事内部的通信，后来才发展为民用技术的。现代军事战争越来越成为一种新式武器的战争、信息化战争、科学技术的战争。海湾战争、伊拉克战争就是典型的案例。

关于科学和科学家地位的提升与军事战争的关系，早在第一次世界大战期间就表现出来了。对此，贝尔纳在其《科学的社会功能》一书中有过深刻的剖析："在上次世界大战中，科学家的协作达到前所未有的程度。问题不在于少数技术人员和发明家把众所周知的科学原理都加以应用，而在于所有国家都对本国科学家实行总动员，其唯一的目的就是为了在战争期间提高现代化武器的破坏力并且设计出防护方法，以应付对方现代化武器方面所取得的进展。"②

早在 1917 年，英国就成立了科学和工业研究部，美国于 1916 年也成立了国家研究委员会。这些部门的重要职能就是协调科学研究、工业生产和武器更新之间的关系。早在 1932 年，英国科学和工业研究部的年度报

---

① 参见［加］尼科·斯特尔《知识社会》，殷晓蓉译，上海译文出版社 1998 年版，第65 页。

② ［英］J. D. 贝尔纳：《科学的社会功能》，陈体芳译，广西师范大学出版社 2003 年版，第39—40 页。

告中就赤裸裸地写道："这个计划是我们的前任官员在历史上规模最大的战争中制订的。战争一开始，就可以看出，科学的应用将在战争中起重要作用，于是便把科学工作者征集到国家的工作人员大军中并收到相当效果。……大家也普遍地认识到，为了平时和战时都能取得成功，应该充分利用科学资源。战争的危险为和平时期提供了教训，人们认识到，一旦战争结束，工业界就要面临一种新形势。"①

第四，科学技术的进步可以引起社会结构的变化，促进社会关系的调整。知识精英在现代工业社会已经或正在形成一种新的社会阶层（阶级）。尼科·斯特尔说："现代社会的个性和特性是由这样一些专家所决定的，即他们对专业知识或技术专长的掌握为其控制社会机构和规范个体的特性作好了准备。""多少有些更加狭义地说来，知识分子作为一个新的社会阶级的出现已经被看作是发达社会——这里，科学和技术具有强有力的作用——的典型特征了。"②"正如业已指出的那样，各种近期的有关当代社会的理论已经确定了一个新的阶层或社会阶级，……那些形成、解释和直接运用知识的人被看作是社会的正在出现的新型统治者。科学家、工程师、社会科学家或'知识分子'被普遍认为是新的权力阶层。"③

在我国，一项关于"当代中国社会结构变迁研究"的课题表明，当代中国已经形成了十个阶层。分别是：国家与社会管理阶层、经理人员阶层、私营企业主阶层、专业技术人员阶层、办事人员阶层、个体工商户阶层、商业服务业员工阶层、产业工人阶层、农业劳动者阶层、城乡无业或半失业阶层。其中专业技术人员阶层"指在各种经济成分的机构（包括国家机关、党群组织、全民企事业单位、集体企事业单位和各类非公有制经济企业）中专门从事各种专业性工作和科学技术工作的人员"。④ 报告中说："专业技术人员是现代工业社会的中等阶层的主干群体，他们既是先进生产力的代表者之一，也是先进文化的代表者之一。而且，他们还是社会主导价值体系及意识形态的创新者和传播者，是维护社会稳定和激励

---

① ［英］J. D. 贝尔纳：《科学的社会功能》，陈体芳译，广西师范大学出版社 2003 年版，第 39—40 页。
② ［加］尼科·斯特尔：《知识社会》，殷晓蓉译，上海译文出版社 1998 年版，第 247 页。
③ 同上。
④ 陆学艺：《当代中国社会阶层研究报告》，社会科学文献出版社 2002 年版，第 17 页。

社会进步的重要力量。"① 研究报告还特别指出："在当代中国社会，专业技术人员阶层在推动科学技术发展和市场经济理念传播方面发挥了重要的作用。"②

第五，科学和技术的发展在给人类带来巨大利益的同时，也给人类的生存带来了巨大威胁和无尽的灾难。人类活动范围的扩展带来环境的不断恶化，摧毁地球由前工业社会的神话如今转变成了现实。人们枕在毁灭地球数百次的核弹上睡眠，充满了恐怖和不安。石油、煤炭、天然气这些不可再生的资源面临枯竭，替代能源的研究似乎并不乐观，资源的争夺引发的局部战争，与过去一样惨烈，只是多了几分高科技的内涵。

当然，对科学的批判和担忧并不是现在才有的事情。里彭主教早在1927年向英国促进科学协会讲道时就说："……我甚至甘冒被听众中某些人处以私刑的危险，也要提出这样的意见：如果把全部物理学和化学实验室都关闭10年，同时把人们用在这方面的心血和才智转用于恢复已经失传的和平相处的艺术和寻找使人类生活过得去的方法的话，科学界以外的人们的幸福也不一定会因此而减少……"③

我们认为，虽然悲观主义者的情绪并不是没有道理，反科学思潮也一直伴随着科学的发展。但作为一个乐观的科学主义者，我们仍然相信，科学引发的问题可以通过科学和技术的发展来解决，科学的滥用不仅仅是因为科学的发展，而且是因为人类的无限贪婪。随着人文事业的苏醒，这种贪婪也许可以得到抑制，到那时，科学与人文协调发展，人类也便可以走出科学危机了。

第二节　科学课程与社会控制

国家之间的竞争依然存在，东西方文化甚至不同民族文化之间的冲突仍然激烈，世界没有消灭贫困，以科技发展水平作为决断力量的现代战争仍然发生，以经济的、文化的、权力的差别为基础的社会分层和社会流动现象也是普遍存在的，科学课程作为这种宏观社会场域中的文化现象，不

---

① 陆学艺：《当代中国社会阶层研究报告》，社会科学文献出版社2002年版，第17页。
② 同上。
③ ［英］J. D. 贝尔纳：《科学的社会功能》，陈体芳译，广西师范大学出版社2003年版，第3页。

可能脱离这种场域而独立存在。科学课程在社会分层与社会控制、意识形态的渗透、道德教化等方面发挥着特有的社会功能。

一、科学课程与社会分层

社会对不同知识的分类、分层，意味着对掌握不同知识的社会群体的分类、分层。这种通过对知识的分层实现对社会群体的分类、分层与控制不同于强权政治，是在悄然中进行的。高中课程改革方案把整体课程分为8 个领域，15 个科目，无论是领域还是科目都是有清晰的学科边界的，必修学分的权重则影射着不同知识的分层、地位和价值。石鸥教授指出："学校应培养优秀的科学家，同时还应培养优秀的工业和农业劳动者。""应对这种挑战的重要途径就是以多样化、选择性的课程结构适应日益增多的需求和迅速变革的世界，满足人才多样化即受教育者成长的规格、层次、职业取向多元化的需要。"① "选择什么样的课程，就选择了什么样的生活和未来。"② 问题是谁将成为科学家？谁将成为工业和农业劳动者？是学生自我在选择吗？

科学课程的分类、分层与选择决定着学生的未来职业定向，而其职业定向就预示着他/她的未来社会地位。选择学术性科学课程意味着升入大学并步入白领阶层，而选择职业性科学课程则意味着步入技术工人阶层。古德森说："课程帮助人们获得职业工作这一事实，本身便是教育选拔功能的一个方面，但却并不必然意味着它通过给人们提供与他们工作有关的技术，来帮助他们为获得工作做准备。学术性科目的长久支配性地位和高地位无疑是因为它被看成为一种获取理想工作的资格。"③

新的课程改革按照学生志趣的不同，赋予了广泛的选择权力，这是一种进步。就科学课程而言，只要学生修满了必修学分，就可以根据自己的兴趣和未来的发展设计修读计划，可以"自主"地决定选择什么、选择多少、选择哪些科学课程的选修学分。问题是这种课程的分类、分层与组织是依据什么进行的？这种选择权力真的掌握在学生自己手中吗？

---

① 石鸥：《选择一种课程就是选择一种未来：关于高中多样化、选择性课程结构的几点认识》，载《中国教育学刊》2003 年第 2 期。

② 同上书，第 5 页。

③ 艾沃·F. 古德森：《环境教育的诞生》，贺晓星、仲金译，华东师范大学出版社 2001 年版，第 10 页。

　　课程社会学的研究表明，一个社会如何选择、分类、分配、传递和评价它认为具有公共性的知识，反映了权力的分配和社会控制的原则。课程规定可以把什么看作是有效的知识，教学规定什么可以被看作是有效的知识传递，而评价则规定什么可以被看作是这些被讲授的知识的有效实现[①]。扬说："就学生是如何划分成不同的类属，学校里的课程知识是怎样被划分成不同类别等问题而言，还要了解社会权力的分配和知识分配之间的联系。这种联系还体现在学校教育与一个国家的知识构成关系上。"[②]

　　作为劳动阶级子女选择升学还是选择就业并非完全是由知识决定的，而是由背后的家庭的经济基础决定的。此外，按照伯恩斯坦的研究，科学课程是按照精致编码组织的，而精致编码本身就是中上层阶级的语言的特征。是否能够学好、选择学术性科学课程并非完全由学生自身选择决定的，而是有其深厚的社会文化背景，但这种背景是隐晦的。科学课程的分层恰好掩饰了本质上的不公平。

　　学术性的科学课程较职业性的科学课程居于高位，并非是知识本身的差异，而是社会主流价值观的一种影射，而这种主流价值观是由统治阶层所倡导和控制的。这种社会权力对知识的分等在封建社会和资本主义社会都是显而易见的。马克斯·韦伯曾分析中国儒家官僚主义教育的分层特点，他发现："①强调规矩和'读书'，在课程上则更多地局限于学习和背诵古典的经文。②在数学家、天文学家、科学家和地理学家比较常见的社会中，这种课程在知识的选择上是非常保守的。然而，所有这些知识领域也得到文人的一种'粗俗'的分类，或者用比较现代术语，是一种'非学术化的分类'。③这种课程基础上的考试控制了管理精英的选拔，以至于'非书本'（应为'背书本'）正是适应了'未开化'时代中国社会的目的。"[③] 也就是说，课程是根据统治阶级关于培养什么人的要求和观察所决定的，同样强调培养拥有科学素养的人，在不同的国家、不同的社会，对其含义的界定和理解是有差异的。

　　在资本主义国家，英国双轨制的教育也是如此，学术性课程比职业性课程具有更高的地位，选择文法学校或在现代中学选择学术课程的学生具

　　[①]　麦克·F. D. 扬主编：《知识与控制：教育社会学新探》，谢维和、朱旭东译，华东师范大学出版社 2002 年版，第 61 页。

　　[②]　同上书，第 2 页。

　　[③]　同上书，第 38 页。

有更高的地位和社会选择。在 19 世纪，对英国工人阶级来说，其子女接受教育的主要机构是主日学校和工业学校，为了给劳动阶级子女提供手工训练和指导而设立。1902 年《教育法》颁布实施之后，阶级出身不再是接受教育的显性条件。但一项调查显示，1910—1929 年间，劳动阶级子女和中产阶级子女进入中学的比例是 1∶4，进入大学的比例是 1∶6。这项调查表明，大学的入学考试成为选择人才的一个有效机制，选择人才更多地表现为一种知识选择。因为考试的科目，每一门科目在入学考试中的比重基本上决定了知识的地位和学生的选择方向。古德森认为，自 1917年实施学校证书制度以后，"围绕课程展开的斗争开始集中于考试知识的定义和评估，这与现在的情况相似。学校证书迅速成为文法学校的关心所在，将要开考的学术性科目开始决定学校的课表"。①

　　科学课程利用考试制度和其他学校课程一起实施着对学生进行分类和分层的双重使命。考试成绩不但直接和毕业证书相关联，而且和你能获得什么样的证书相联系。是博士学位证书、硕士学位证书还是学士学位证书？是理学学士、文学学士还是教育学学士？是普通高等教育毕业证书还是成人高等教育毕业证书？是普通教育毕业证书还是职业技术教育毕业证书？在一个学历社会，毕业证书基本上决定了一个人的职业选择和社会身份。

　　贝尔（Ball）关于英国滨滩综合学校的研究表明，"在科目分层结构的顶层，是传统的'O'级科目，诸如数学、国语、外语、理科、历史和地理。这些高地位科目'有一个共同的学术性倾向，它们着眼于理论性知识。它们是为那些聪明的、学术性的第一层次的学生开设的。在这些科目之下则是"O"级实用科目，像技术学习和金工。对于第二和第三层次的学生来说，则有传统的 CSE$_s$ 和最低层的新模式 CSE$_s$'"②。这种分层与学生的阶级背景有着内在的联系，劳动阶级的子女集中在第二层次和第三层次。

　　教育社会学家鲍尔斯对资本主义美国的教育进行的研究也得出了同样的结论。他认为："美国的大众教育不仅培养了具有熟练技术和有责任感

---

　　① 艾沃·F. 古德森：《环境教育的诞生》，贺晓星、仲金译，华东师范大学出版社 2001 年版，第 31 页。

　　② 同上书，第 34 页。

的工人，而且为资本主义制度的不平等现象寻求合理借口。因为一般都认为学校是对所有人都开放的，有才能的人都能按照自己的意愿进入理想的学校，以获得上进的机会，在社会上担任重要工作。然而，鲍尔斯认为这种说法是虚伪的，教育制度始终受到阶级背景的影响。如来自高层社会的儿童，他们仍然是下一代的社会精英；来自低层社会的儿童，他们仍是下一代的穷人。"[1]

不管科学课程如何改革，鉴于科学技术在现代社会的重要作用，对于要在计算机、通信、生物技术、能源、原材料、航空航天甚至经济、管理、金融、会计等高收入职业领域就业的人来说，他们必然选择学术性科学课程。这种职业的分类和分层是由社会而非由自己决定的。

二、科学课程与社会控制

考试与知识分层、学生身份分层的内在逻辑被社会视为理所当然。如果不是西方坚船利炮打开了中国的国门，威胁着统治阶级的执政地位，谁能怀疑这种"鲤鱼跳龙门"式的科举制度不是实现社会阶层流动的最好选择呢？改革开放以后，大学入学考试制度的恢复从某种意义上说维护了社会公平，但从另一种意义上，是代替"成分论"而进行社会选择、实施社会阶层变迁的一种社会机制。

在现代工业社会，教育系统"层级化"已经导致越来越多的"考试"和越来越重视"考试"。考试成为评估也是确认"专家"知识的最"客观"的方式。"如果你不能考核它，它就不值得知道"。"正规教育越来越强调对文字的考试而不是口头表达"[2]。作为统计学原理，一半的四季豆总是比平均长度短，而不管育种者如何努力生产更长的四季豆。在教育领域中，低于平均成绩的学生也总是完全存在的，无论个人和学校如何努力。这种类比揭示了考试的筛选功能，对于劳动阶级的子女而言，虽然课程为他/她提供了进步的可能空间，但背后的常态分布却决定了他/她的学业失败。"一种知识的建构不可遏制与生产这些知识的人利益联系在一

---

① 石鸥：《教学病理学》，湖南师范大学出版社1999年版，第51页。
② 麦克·F. D. 扬主编：《知识与控制：教育社会学新探》，谢维和、朱旭东译，华东师范大学出版社2002年版，第47页。

起"，而且这些人提出了"他们自认为有道理的评价标准"。① 教师所主张的"作为知识和能力的东西"的等级概念，以及包含在这种次序中的各种内涵，在学校活动的分化过程中扮演了一个十分关键的角色②。

科学课程地位的不平等其实影射着社会控制的意识形态导向。学术性科学课程比职业性科学课程地位高，是和社会地位的不平等相关的。因为职业性科学课程相对应的职业是劳动阶层，他们有着较强的劳动强度，较少的劳动自由，较低的经济收入。而学术性科学课程则是对应升入大学的，大学是进入白领阶层，甚至是社会管理阶层的重要阶梯。但是，学术性科学课程的高地位并不是与生俱来的，而是一种社会建构物。

如在"文化大革命"时期，上大学并不是通过考试而是通过推荐来实现的，而推荐不是凭借个人的学业成绩而是由家庭成分决定的。学术精英与封、资、修相联系，劳动阶级最光荣，科学课程的生产性、应用性的特点就十分明显。如：物理课程以"三机一泵"（拖拉机、柴油机、电动机和农用水泵）为主体。学术性课程不但没有高的地位，甚至连在学校存在的空间都没有。

学校课程的地位是由获取社会地位的价值取向和获取这种地位的社会规定所决定的。在 20 世纪 80 年代，数学、语文、外语等科目的地位高，是因为当时的升学考试中，语、数、外等科目所占的分数为 100 分，而物理和化学两门科目各占 50 分。科学课程中，物理、化学又比生物课程的地位高，因为升学考试中，包括物理和化学，却不包括生物。这种考试制度影响了学校课程的地位分等，课程的地位分等又直接影响着教师的地位和升迁。在一所学校，高地位学术性课程的任课教师比低地位学术性课程和职业性课程的任课教师，有更多的升职机会。其中，包括职称评定、职务晋升。"从经验上看，我们能够无可争议地证明，知识的日益分化对于某些希望获得某种地位，进而将'他们的知识'赋予更高级别和更高的价值，并加以合法化的群体来说，是一个必要的条件。这种高价值通过正规教育机构的建立而得到制度化，并且由这样的教育机构将它'传递'

---

① 麦克·F. D. 扬主编：《知识与控制：教育社会学新探》，谢维和、朱旭东译，华东师范大学出版社 2002 年版，第 11 页。

② 同上书，第 12 页。

给社会中经过特别选择的人。"①

科学课程的社会控制功能还可以从中国近代教会学校传播科学课程得到有效的说明。中国教育史上第一所教会学校是由罗伯特·马礼逊（R. Morrison）于1818年开办的一所英华书院，校址在马六甲。1839年，美国传教士布朗（S. R. Brown）开设了一所以马礼逊名字命名的教会学校——马礼逊学校。学校开设中文、算术、代数、几何、生理学、地理、历史、英文等，还有化学课，学校开办不久，就迁到中国的澳门和香港。科学与宗教教义是有冲突的，为什么西方教会学校开设科学课程呢？他们的核心目的是把中国人基督化。"对近代传教士而言，他们来华的目的只有一个，就是以基督教征服中国，使中国基督教化。"②

教会学校是实现其核心目的的最有效途径。但他们即使采用免费食宿的措施，也只能吸引到很少的学员，他们认识到要改变这种状况须借助于传播广泛的科学知识。有人撰文对传教士们忽视科学教育进行了批评："他们既没有去教中国人以科学，也没有将数学、天文学等书籍翻译为中文，他们没有做什么事来吸引文人们的注意。"③为什么传教士们认为科学可以吸引中国人的注意呢？这源于他们对中国传统实用主义文化的体认。他们注意到之所以儒家经学备受器重，是因为科举考试考这些科目。"在那些中国佬眼中，能够最迅速地赚钱的知识就是最实用的。……我们到这里来是为了在基督教的影响下教育他们，给予他们知识，使他们在自己的同胞之中成为实际生活里最合格的人。"④

传教士们对科学课程传教价值的认识是建立对科学、对中国传统文化的双向体认上。他们在科学课程的实施过程中，非常注意通过科学课程的中介功能来达到传教的目的。"在介绍了各种文化元素奇妙的化合作用之后，传教士就一定要追问这些元素是从何而来的呢，如果没有极具智慧的

---

① 麦克·F. D. 扬主编：《知识与控制：教育社会学新探》，谢维和、朱旭东译，华东师范大学出版社2002年版，第42页。

② 胡卫清：《普遍主义的挑战——近代中国基督教教育研究（1877—1927）》，上海人民出版社2000年版，第79页。

③ 同上书，第81页。

④ 同上书，第119页。

上帝的存在，这些元素又怎么能配成世界万物呢？"① 通过对科学课程的宗教改造，传教士们把传播科学内容和传播教义统一在了一起。但是，在传播科学课程中，他们不可能做到时时、处处都和宗教教义相联系，因此，传教士们注意在科学课程实施的过程中，通过展示自我的人格来影响学生的信仰。"他们试图使学生明白是信仰使他们的老师耐心、完美、真诚，而所有这些体现在道成肉身的圣子基督身上。"②

科学课程的设置可以调整教会学校的课程结构，克服单一的宗教灌输带来的逆反心理。传教士们认识到："应当多采取间接的、潜移默化的方式教育学生，不必整天直接灌输宗教知识，使学校这个真正的教育机构变成宗教性的主日学校。"③

西方传教士们对科学与宗教的对抗、理性对神性的反叛是非常清楚的。他们试图通过把经过宗教包装过的科学传授给中国人，一方面发展了教徒，另一方面又给予教徒立世的本领，为最终实现对中国进行宗教控制打下了基础。他们的目的并不是在于科学课程本身，而看重的是科学的中介价值，"我们到这里来不是为了发展国家的资源，不是为了促进商业，也不仅仅是为了促进文明的发展；我们到这里来是为了同黑暗势力作斗争，拯救世人于罪恶之中，为基督征服中国"。④

通过科学课程的开设，他们达到了三种目的：一是可以使教会学校出名，二是可以使教会学校的毕业生更有能力，三是可以利用中国上层人士对西方科学的好奇心，通过传播科学知识与上层社会建立密切的联系。教会学校通过开设科学课程与传播科学知识，不但为教会学校培养了自己的社会代言人，而且逐渐让士大夫们改变了对"奇技淫巧"的态度。对于有尊师传统的中国来说，传教士不但被上层社会所接受，而且借助于教师的身份而成为一种特殊的统治阶层。

阶级的分化、政治、经济的不平等、统治机器的集权与失衡很容易造成社会冲突甚至是革命性斗争，但课程知识领域的分层和控制却具有很大的隐蔽性。学术课程具有较高的地位以及课程知识的分化与不平等被视为

---

① 胡卫清：《普遍主义的挑战——近代中国基督教教育研究（1877—1927）》，上海人民出版社 2000 年版，第 154 页。

② 同上书，第 88 页。

③ 同上书，第 109 页。

④ 同上书，第 80 页。

理所当然的事情，在很长的时间里逃避了社会学的分析和批判。为学业失败的学生设计"低层次"课程，如职业类课程，这些课程明显地否定了这些学生在社会中获得那些能够与酬劳、声望和权力相联系的知识的机会，而且还具有一种当然的合法性、合理性。把这种学业失败的原因自然而然地归咎于学生个人，而不是课程，是学校领域再自然不过的事情了。对于重新找回学习成功的学生来说，不但是"浪子回头金不换"，而且成为教师成功教学的案例。

出现这种状况，是与一种客观知识的认识论有关的。知识被视为外在于人类本身的一种客体，如果他/她不能获得客体性的知识，是因为他/她缺少这种天赋能力，就像他/她搬不动别人能够搬动的石块一样，知识一旦赋予了客观性真理的属性，也便逃避了社会学分析。他说："整个世界想当然的本质很少受到质疑。个人意识将对象看成是存在于'外面的某处'，看成是强制性的和外在的现实。它们的持续存在提供了理性行为能够依靠的可能性，而且它们的存在也可以通过由意义所呈现的信号而得到证实。因此，知识可以与构成、维护和转变知识的人的主观活动区分开来。这样一种观点实际上把人看成是一个被动的接受者，看成是一个顺从的外部事实的社会体现。人并不表现为一个世界的生产者，而是一个世界的产物。所以，我们具有了一个具体化的哲学，在这种哲学中，客观性是自在的，而且，这种哲学认为，对于主张这种客观性的人来说，知识在个体主观经验中的构成并不是一个问题。人们往往会发现，反对这种本质上反人类的认识论主张是非常困难的。"①

在课程实施过程中，随着权力、规范的不断内化，儿童逐渐形成了对社会价值规范的情感认同，课程在实现着它的社会化功能。正如帕森斯所说："支持这些共同价值的'情感'一般并不是有机体各种先天生理习性的明确表现。总体而言，它们是学习来的或习得的。而且，它们在行动取向中所发挥的作用，主要并不是成为被认知并被'适应'的文化客体，而是成为开始被内化的文化模式；它们构成了行动者本人个性系统结构中的一部分。"②

---

① 麦克·F. D. 扬主编：《知识与控制：教育社会学新探》，谢维和、朱旭东译，华东师范大学出版社 2002 年版，第 96 页。

② C. 赖特·米尔斯：《社会学的想象力》，陈强、张永强译，生活·读书·新知三联书店 2001 年版，第 31 页。

社会学家席美尔认为社会的同一性和历史延续是通过"认识的综合"而得到维持的。这种"认识的综合"通过个人记忆和联想的能力，建立了社会的定位结构。而在具体行动的同质性后面，则是经过社会建构的社会生活的"形态"——一种具有同一性和等值的核心性意义结构。某个人对知识的分类将意味着他自己的知识边界。而这种说法的意图则表明规范（nomos）是一种主观性的存在，而不单纯是想当然的客观现实①。

米尔斯把这种"合理性""合乎逻辑"或肯定某个判断是真实的东西，理解为一种自我反思或者是按照某种标准模式对自己思想的批判。逻辑的规则，不管是实践的还是学术的，都是习惯性的，并且将根据话语的或探究的目标得到建构和选择。如果合乎逻辑的、"完善"的推理、提问以及所有描述学生的各种系列活动都根据某种视角想象为是一套社会的习惯，而这些习惯所具有的意义也能够得到规定者的认同，那么，那些不服从规定的学生和行为便不仅在教师的日常世界中被认为是"错误""拙劣的发音和语法"，或者"差劲的论证和表达"，而且被看成是一种"偏差行为"②。

对于教师和学生来说，这些习惯不仅意味着绝对的"正确"和"错误"，而且表明有关的互动在一定程度上不过是被教师们想当然地支配着的规范的产物而已。米尔斯在考察传统认识论的效果时提出，绝对主义的有效性模式根源于前相对论物理学，也就是经典物理学，在这种物理学中，观察者和被观察对象是分离的，时间和空间是绝对的，科学研究的过程与科学研究的结果是完全分离的。从历史上看，人们往往可以从绝对主义的模式追溯到一种集权型知识精英的传统，这些精英与掌握经济和政治权力的人具有十分密切的联系。

总之，知识与课程社会学的研究为我们深入探讨科学课程在社会分层和社会控制方面，提供了有力的方法论支持。我们可以从批判的角度，去研究科学课程对学习对象的选择和筛选，这种选择和筛选在学校恰恰表现为是学习对象——学生对科学课程的"自由选择"。科学课程通过学业考试将学生送入不同层次的人生轨道和不同类型的职业领域，他们也相应地在社会上拥有了不同的政治、经济、文化权力，其社会分层的功能自然而

---

① 麦克·F. D. 扬主编：《知识与控制：教育社会学新探》，谢维和、朱旭东译，华东师范大学出版社 2002 年版，第 95 页。

② 同上书，第 6—7 页。

然地实现了。没有激烈的社会冲突，没有革命，但实现了同样的目的。

三、科学课程与道德教化

环境伦理的培养是科学课程的一项重要使命，当今人类面临的最主要的生存危机，不是饥饿、不是疾病，而是环境危机。地球生命正面临着自6500万年前恐龙灭绝以来最大规模的消失，而人类的行为要对此负主要责任。

现在每天大约有100多个物种永远消失，在以后的日子里这个速度还会加倍甚至翻番。维持生命的资源，如空气、水和土壤，正被惊人地污染或消耗。人口数量以指数级在增长，到2010年世界人口将从2000年的60亿增加到70亿。世界范围内的荒野、森林、湿地、山地、草地等正在被开发而不复存在。臭氧层在不断地遭到破坏，温室效应使全球在不断变暖，冰山融化，沙漠化加剧。人类交通工具的不断发达，造成严重的能源危机，能源危机又导致了激烈的国际冲突。人类在享受现代文明的同时，越来越生活在生存环境不可逆转的持续的破坏所导致的愤怒和恐惧之中。

雷切尔·卡森（Rachel Carson）在1962年出版的《寂静的春天》一书让人们对 DDT 以及其他农药的滥用及其将导致的灾难性后果有了更深刻的认识。奥地利的康德拉·洛伦茨教授（Kanrad Lorenz）更是用人类文明的"八大罪孽"来批判现代社会所造成的社会问题和环境恶果："（1）因为在'地球这个宇宙飞船'上生存空间缺乏，致使人口过剩给不受管束的侵犯行为以原动力；（2）对环境的破坏竟达到了只能听任污染而不能恢复其原貌的地步；（3）不受管束和无限制的增长导致人类正走向种族自灭；（4）由于药物及其技术的使用以及使得所有自然的善推动了其本性，造成了感情上的骚动不安和知觉上的麻木疲惫；（5）由于对生育以及其他遗传学的研究成果的无知、盲目和漫不经心，导致了遗传蜕变；（6）仅仅因为传统的重要性及其功能作用没能立即显示出来，就被破除传统或把传统价值观予以抛弃；（7）对广告、洗脑宣传以及科学知识具有可灌输性与易感受性；（8）核武器增多（这种增多本可以通过裁军备而轻易地加以消除）。"①

人们在日益关注环境问题，人们越来越意识到环境道德的价值和意

---

① ［奥地利］康拉德·洛伦茨：《文明人类的八大罪孽》，徐筱春译，安徽文艺出版社2000年版，第242页。

义。在公园、广场、机场、商店、电影院等公共场合固然法律法规可以有效地阻止危害环境的行为，但对于环境保护好的国家和地区而言，其中除了法律制度建设之外，更重要的是公民素质的提高和环境意识的增强。环境道德可以增加个体的道德意识和责任心，在这种道德约束下，个体无论是在有人监督还是独处，是在公共场合还是在个人家园都会自觉地、负责任地约束自己的行为。

关于科学技术与环境保护的关系，悲观主义者认为科学技术是环境恶化的罪魁祸首，不能指望科学技术会解决环境问题；乐观主义者认为依靠科学技术的进步可以解决环境的危机，比如，寻找新的替代能源、对海水进行处理获取淡水、寻找地球以外的生存环境、城市的污水处理与再利用等。无论悲观主义者还是乐观主义者，在通过加强环境教育，提高全民的环境道德意识，减轻甚至阻止持续的环境恶化方面却是有共识的。

道德行为是建立在道德认知基础上的，虽然道德认知不等于道德知识，但知识对于道德的形成无疑起着非常重要的作用。科学课程对于环境道德教育起着非常重要的作用，通过科学知识的学习，可以为学生了解环境问题产生的原因及其防治，提供背景性知识。如生物学中生态的观念，有关食物链的知识，可以让学生了解到 DDT 在杀害植物病虫害的同时，也消灭了有益的昆虫，以昆虫为食的鸟类的生存又受到严重威胁。对于没有生物学知识的人来说，仅仅认识到鸟类是因食用农药而毒死的。因此，从学前教育到大学教育的科学课程中渗透环境教育的思想，让儿童成长的整个过程都知道什么是合乎环境道德的行为，通过背景性知识的掌握，理解为什么要遵从这些环境道德，无疑对于环境伦理的养成具有深刻的意义。

无论是分科的还是综合的科学课程都在渗透有关人与自然，科学、技术与社会的内容。全日制义务教育科学（3—6 年级）课程标准，在其情感态度与价值观领域有 14 条内容标准，其中有 5 条是加强科学技术与环境伦理教育的内容："3.1 意识到人与自然是要和谐相处。3.2 珍爱生命。3.3 能从自然界中获得美的体验，并用一定的方式赞美自然美。关心日常生活中的科技新产品、新事物，关注与科学有关的社会问题。4.3 意识到科学技术会给人类与社会发展带来好处，也可能产生负面影响。"①

----

① 中华人民共和国教育部：《全日制义务教育科学（3—6 年级）课程标准》，北京师范大学出版社 2001 年版，第 12—14 页。

生物、物理、化学等科学教科书都加强了环境教育的议题。袁运开主编的《科学》教科书中有多个章节的正文、课外资料和思考题都涉及了环境问题。其中，第八章第 3 节 "生物圈" 中写道：

> 自从地球上出现了人类以后，人类就在有限的地球上无节制地发展着，使地球承受重负，资源、能源正在不断地被消耗，环境被严重污染（pollution）。地球上每年有 $6 \times 104 \text{km}^2$ 森林消失，每年有 4500 亿吨工业废水倒入江河，20 亿人生活在污染物超标的大气环境中，有 10 亿以上的人饮用被污染的水。……除此之外，还有气候变暖、臭氧层（ozone sphere）被迅速破坏、酸雨（acid rain）等，也已从局部扩大到区域，甚至全球，从地表延伸到高空及地下，与生物圈内的大气、海洋和土壤都有密切的联系，严重损害人类的健康，威胁人类的生存。……人造生物圈试验的失败说明，到目前为止，在人类可及的范围内，地球是唯一孕育生命的星球，我们只有依赖它才能生存。人类从诞生起，衣、食、住、行以及经济活动，无一不依赖这个星球。地球上的森林、湖泊、草原、海洋等自然生态系统是人类赖以生存的自然环境。至今，还不存在人类可以迁居的天外 "绿洲"。既然人工造一个地球目前是不可能的，到宇宙中再找一个像地球一样的星球目前也不行，那就只有保护好现在的地球，而别无选择①。

这段话在传播这样的环境伦理：地球的资源是有限的，人与自然是共生的，地球是当前甚至是今后相当长的一个时期里唯一适于居住的星球，地球环境污染非常严重，人类存在生存危机，自然并非没有生命意义的死的物质。通过对人与自然关系的认识，让学生形成一种与自然和谐共生的意识，让学生在掌握科学知识的同时，了解科学在进行道德决策时的作用和影响。"对自然性质的科学描述与人们进行道德决策紧密地联系在了一起。科学是对人类与自然关系作用方式作出正确的道德判断的基础，科学家则是决定环境议题的专家。"②

从道德教化的视角看，科学教学过程又是一种文化灌输的过程。科学

---

① 袁运开：《科学》，华东师范大学出版社 2001 年版，第 224—226 页。
② 孙可平、邓小丽：《理科教育展望》，华东师范大学出版社 2002 年版，第 69 页。

教育文化生态学的研究表明，科学教学的目的就是要将科学融入个体的主体文化之中，教科学就是把科学同化到学生整个心灵活动之中，成为他们整个心灵活动的重要组成部分，使他们运用科学正如运用于其他部分一样自然而然。在科技飞速发展的年代中，作为一般原理的科学思想、科学态度和科学方法应该被同化到每一个个体的头脑中，使科学成为个体的主体文化的一部分。当教师理解到他在科学课堂中是在进行一种文化的传播，而不是教给学生一块升入大学的敲门砖时，他的教学行为就会有所不同。他会自然地从人文的角度去看待科学教学，自觉地将科学纳入一定的文化背景中去考量，他的态度，他的情绪，他所使用的语言将会使科学摆脱旧有的公式化的枯燥，使科学教学富有魅力，使科学变得更加人道。

四、科学教学与道德认知

涂尔干认为，符合道德的行为就是符合集体规范的行为，而形成遵守共同价值规范的道德意识，最好的方法是过集体生活，使自我的道德行为和道德意识在集体生活中得到规范、熏陶和提升。从道德认知的层次上讲，集体意识的形成源自对集体功能的认知和了解，个人的道德行为要主动地而不是被动地遵守一个共同的社会规范，必须建立在对这种社会规范的认识、了解和价值认同上（当然，现实社会中，对社会道德规范的逆反、批判、僭越也多源自对社会共同规范的深刻认知，如对封建伦理道德的反叛）。科学教学对于形成共同的社会道德规范有着不可替代的内在价值。

涂尔干认为，要克服道德研究仅仅停留在哲学思辨层面上的弊病，为社会道德重建提供可行的基础，就需要借鉴科学的而不是传统的哲学方法。涂尔干解析了笛卡尔哲学对法国民族特性的影响，他认为这种影响是消极的。笛卡尔哲学思想的基础是"怀疑一切"，在此基础上找到"我思"这个实在——"我思故我在"。这样，通过推演，他找到了"我思""上帝"等不用怀疑的实在，为他的哲学大厦找到了奠基的硬土。然后，从不用怀疑的实在——"我思""上帝"出发，用"怀疑一切"的态度建构起了他的哲学思想体系。这种哲学思想和他所推崇的数学方法尤其是几何方法是相同的，因为几何就是通过几个公理演绎出知识体系的。笛卡尔并非不重视物理学等自然科学，而是不相信其建立的基础——感性经验是可靠的。他认为是数学而不是其他科学是知识的榜样。这样，他就得出了知识为真的普遍原则：凡是能够清晰明确地被人所认知的，都是真的。很明显，社会现实的复杂性不能满足笛卡尔的数学简单性原则，因此，社会便不在理性的研究视野之内。涂尔干说："确实，我们知道，对笛卡尔来说，没有任何实在，除非我们能够清楚地将它概念化，使它变得清晰透明；我们也知道，对他来说，一切都不能满足这种功能，除非它被还原成数学上的简单性。"①

由于社会现实难以或者根本不可能还原为数学上的简单②，所以按照笛卡尔的逻辑，社会就难以成为一种真实的实在，它不是一个真实的实在，除了个体（因为个体都在"思"），人们便不相信现实中有一个联系着个体的复杂的社会存在，那么谈共同的价值规范就是多余的了。所以，涂尔干说："如果我们把这个过于简单化的理性主义原则应用于社会，那么我们必然会说，这种复杂性本身是子虚乌有的，没有任何真实性，社会中唯一真实的东西就是简单、清楚而易于把握的东西。而唯一能够满足这些条件的只是个人。这样，个人就成了社会中唯一真实的东西。也就是说，社会本身也是子虚乌有的，构成不了一种自成一类的实在。社会不过是一个用来指代个体总和的集体术语而已。"③ 因此，要形成集体意识和共同的社会价值规范，前提是相信"社会确实是一个极为复杂的整体"④。科学教学对于人们理解社会是复杂的存在，同时我们又可以通过科学理性的方法认识它，有着认知迁移的功能。因此，"物理科学和自然科学的教学在决定我们看待事物的方式上起着极为重要的作用"⑤。

按照涂尔干的观点，现代工业社会是建立在"有机团结"基础上的，而前工业社会是建立在机械团结基础上的。机械团结的社会在信仰、情感和意愿上是高度同质的，个体没有个性，道德约束具有强制性。比如

---

① ［法］爱弥尔·涂尔干：《道德教育》，陈光金、沈杰、朱楷汉译，上海人民出版社2001年版，第241页。

② 经济学就是试图对人类的社会经济生活进行数学化还原的一种学科，教育测量与评价也曾试图对人类的教育生活进行数学还原。虽然我们不可否认这种数学还原对于认识社会是有意义的，但我们不敢说这种数学还原是最佳的、是成功的，而且经济学、教育测量与评价等学科发展的人文主义取向越来越强势。

③ ［法］爱弥尔·涂尔干：《道德教育》，陈光金、沈杰、朱楷汉译，上海人民出版社2001年版，第251页。

④ 同上。

⑤ 同上。

"文革"时期就是典型的机械团结的社会。在有机团结的社会里，分工高度专门化，个人差异不断发展并得到鼓励，个人不再彼此同质而是彼此有别，社会的团结表现在个人之间的相互依赖与协调一致，这种团结一致是有机的、复杂的。因此，他认为通过科学教学可以让学生形成一种对复杂结构的认识，通过在科学教学过程中的合作、交流、共识，逐渐使学生养成"有机团结"的意识。

科学不同于数学，科学是在纷繁复杂的自然现象中寻找和谐与秩序，与数学的纯粹逻辑推理不同。而科学的这种特性和涂尔干对工业社会的理解有着非常的相似性，他承认现代社会的复杂，又觉得通过对社会要素及其关系的分析，为这种复杂的社会建立一种秩序是可能的。他说："事实上，心灵有一种天性，在团结感的形成过程中，这种天性会成为一种极其严重的障碍，而科学教学却特别适合于与这种天性做斗争：这就是某种我们所说的过于简单化的理性主义。这种心态有一种根本的倾向，即认为在这个世界中唯一现实的东西，就是那种绝对简单的，在性质与属性方面极为贫乏、极为明显的东西，理性只要瞥上一眼就能把握住它，能够通过一种清晰易懂的表现来构想它，这种表现与我们在把握数学问题时的表现很相似。"①

社会不但是一个外在于我们的集合体，而且是一个复杂的系统。对这个复杂系统的理解基于数学公理的演绎是无效的、失真的。按照科学的方法从复杂的社会现象归纳出规律来，总结出共同遵守的道德规范，这个过程既是道德发现的过程也是道德认知、道德理解的过程。通过把儿童在从事科学活动中掌握的科学方法和形成的思维品质迁移到儿童对社会的认识上来，有助于儿童认识社会、理解社会，形成道德认知和道德规范。涂尔干说："我们必须让儿童感到，事物其实是很复杂的。这种感觉最终必须成为他有机的组成部分，从某种程度上说也是他自然的组成部分，并构成他心灵的范畴。"②

科学教学可以提供感受复杂事物的体验，因为科学的研究对象就是复杂的自然现象，通过科学探究人们不但认识了自然的复杂性，而且得出了

① ［法］爱弥尔·涂尔干：《道德教育》，陈光金、沈杰、朱谐汉译，上海人民出版社2001年版，第251页。

② 同上。

认识世界的方法和知识体系。因此，物理科学和其他自然科学对物质世界的探索给人一种事物是复杂的感觉，科学教学的意义也就表现出来了。涂尔干强调"要把这种感觉扩展到社会领域，……这里，我们有一个至关重要的初级教育阶段。这便是科学在道德教育上的功能。"①

科学探究的方法——观察和实验，对于儿童认识社会现实同样重要，社会秩序和道德规范是超出个体的实在，要真的去理解它就要遵从社会经验"告诉"我们的必然性。"只有在这样的条件下，儿童才能感觉到在我们心灵简单化的做法与事物的复杂性之间缺少联系；恰恰因为人们考虑到了这种差别，才会认识到实验方法的重要意义。有了这种实验方法，抽象的简单化就会承认它的限度，并放弃它起初所享有的绝对支配地位。"②

社会的复杂性我们认识了，我们也相信社会的现实性，知道要运用科学的方法去认识社会，找寻社会普遍的秩序和道德规范。那么，按照这样的认识路线我们就能够找到普遍的社会秩序和道德规范了吗？涂尔干承认事情没有这么简单。就像自然科学一样我们只能永远不断地接近真理，但无法到达真理。但这不应成为怀疑社会实在的理由，不要因为社会秩序和道德规范的变迁就让儿童怀疑它的存在。"我们必须说明各种前后相继、相互替代的假说，说明它们带来的思想和投入的劳动。我们必须向他们解释，我们目前所拥有的知识还是暂时的，也许明天就可能会要求我们至少部分地修正这些结论。我们远远不能一举发现真理，也远远不能为适应我们抽象的知性而去塑造它。"③

这样，社会秩序和社会道德的形成过程具有一个复杂性、曲折性、长期性的特征，已形成的社会秩序和道德规范又表现出发展性、阶段性、习惯性的特点，而恰恰又是科学教学对于理解社会秩序和道德规范的这些特性具有积极的意义。因为，科学理论和科学发现同样表现出复杂性、曲折性、时限性。"假如我们正讨论一个特定的发现，比如说光的规律，我们不能仅仅总结结果，而必须告诉儿童，我们是怎样经历了漫长而耐心的实

---

① ［法］爱弥尔·涂尔干：《道德教育》，陈光金、沈杰、朱楷汉译，上海人民出版社2001年版，第251页。

② 同上书，第252页。

③ 同上。

验、求索和各种各样的失败以后才得到这些规律的。"①

　　社会道德和科学的认识对象——客观世界一样具有外在的客观性，因此，科学教学有助于人们认识社会道德的这种外在客观性。学生通过科学探究获得科学知识，认识自然世界规律的能力可以迁移到对社会道德规范的认识上来。学生在从活动、观察、逻辑推理形成科学概念的过程形成的思维品质，同样可以让学生从社会生活的观察、概括、总结中，认识普遍的道德规范。

第三节　科学课程与意识形态

　　科学课程在隐喻着科学的研究主体和研究客体之间的二元分离，客体独立于主体而存在。课程中所提供的经验事实是客观的、普遍适用的、是价值中立的。科学是在唯物主义认识论路线与唯心主义认识论路线、宗教神学的斗争中成长和发展的。科学教科书所提供的知识具有内在的学科结构，从知识 A 到知识 B 是自然的过渡，正确的自然地战胜并代替了谬误，对与错是泾渭分明的。它在暗示，按照教科书所说的去积累知识、锻炼技能、掌握方法，就能到达科学的殿堂。课程不是再提供一种文本，而是一种不可怀疑的经书。它掩饰了科学发展历程中研究者的自私、褊狭、虚假、欺骗以及对优先权的激烈争夺、科学共同体对多元科学解释的选择、协商与共识。量子力学的发展已经说明观察者与被观察者是不可分的，即使在经典科学的研究中，观察也渗透着理论，但科学课程仍然坚持传统的哲学隐喻。这样，它就在提供一种选择了的科学形象、科学世界观，也就是在宣扬一种意识形态。

一、课程与意识形态

　　教育并不是存在于真空世界，教育作为一种公益性事业似乎在价值中立地为所有儿童提供同等的受教育机会，如果从知识社会学的角度来反思这种价值中立，我们会追问为什么有些群体的知识是有价值的，可以传给下一代，而其他群体的文化和历史知识却几乎不见天日？为什么我们的学

---

　　① ［法］爱弥尔·涂尔干：《道德教育》，陈光金、沈杰、朱楷汉译，上海人民出版社 2001年版，第 252 页。

校课程主要是西方的数学、语言、科学、技术、经济、法律知识而不是儒家、墨家、道家的经书与伦理？学校在众多文化知识中依据什么标准来选择这些而不是那些知识？背后必然渗透着社会权力，学校课程与文化政治学有着必然的内在联系。葛兰西指出，"对一个社会知识的保存和生产部门的控制，是增强一个群体或阶级对另一个弱势群体或阶级进行意识形态统治的关键性因素。在这一点上，学校在选择、保存和传递有关能力概念、意识形态规范和价值观等方面的作用（并且常常是特定社会群体的'知识'）——所有这些都体现在显在的和潜在的学校课程中——是很重要的。"①

　　意识形态最早于 19 世纪初由特拉西在其《意识形态概论》中首先提出来，意在研究人和心灵、意识和认识的发生、发展规律与普遍原则的学说。马克思和恩格斯在《德意志意识形态》中，把意识形态描述为一个负面的词，它的意思是虚假的意识或伪意识。沃洛希洛夫在《马克思主义与语言哲学》一书中，把意识形态作为一种观念或思想体系，包括任一社会阶层或团体的信仰或世界观。从这个意义上讲，意识形态人人都有，而且在言语表达中都会暴露出来②。意识形态被社会群体所分享，并通过社会交往影响彼此之间的世界观。因此，意识形态可以通过生产和再生产控制话语系统。意识形态以语言为载体，影响信仰、价值观和感知期待，影响言说和行为的方式，在信息接收者解释和理解言语意义的同时进行渗透。

　　阿普尔（Michal Apple）对课程领域的意识形态概念的使用是从文化层面来讲的，它是学校选择、组织与分层社会相适应的各种文化资源的过滤器。意识形态与文化霸权基本上是同义语，认为学校是文化和意识形态的霸权机构，扮演着选择和合并文化的角色。要解读课程中的意识形态，你不妨去追问：它是谁的知识？谁来选择它？为什么要用这样的方法来组织教学？是否针对社会的特殊群体？他在《意识形态与课程》一书中说："意识形态的含义是一项难题。大多数人似乎都认同把意识形态看作是指

---

① ［英］迈克尔·W. 阿普尔：《意识形态与课程》，黄忠敬译，华东师范大学出版社 2001年版，第 65 页。

② 黄平等：《社会学·人类学新词典》，吉林人民出版社 2003 年版，第 196 页。

理念、信念、基本责任或有关社会现实价值的'系统'。"①

　　意识形态的范围大致分为三个层面，一是指导职业群体活动的意识、观念和价值体系；二是指导政治和社会运动的政治信念；三是广泛的世界观，或者是符号世界。意识形态的特点主要表现在，对群体行动和社会认同的合法性进行辩护，与社会权力的分配相联系。如在辩论中，"为了中华民族……""为了党的教育事业……"等话语，使辩论所用的修辞语独特和拔高，在政治拔高的同时，又杜绝了他人的批判与反思，这体现出一种话语霸权。

　　阿普尔对课程意识形态的讨论是建立在一种社会共同的价值规范意义上的，这种价值规范隐含的是统治阶级的或统治阶级认可的价值规范。我们讨论科学课程与意识形态的关系，是把意识形态作为一种观念体系，而不是政治斗争的工具来使用的。意识形态通过课程对人的影响是非常广泛的。如，它可影响人们按照特定的方式去理解这个世界。阿普尔对意识形态与课程的研究主要集中在八个方面：指导课程变革的理论；课程所选择的显性的和隐性的知识；课程评价的内容和模式；知识的分配方式与经济和文化的不平等；限定性的课程组织框架；课程实施与管理使学生达成共识；对"学业失败儿童"而不是对课程、学校和社会的谴责所表现出来的霸权。

　　社会是一个复杂的不平等的结构，任何社会都有一个要求社会个体遵守的价值规范，这种价值规范通过学校课程得到有效的渗透。如，在封建社会"君臣有义、父子有亲、夫妇有别、朋友有信"一系列价值规范是通过经学教育进行渗透的。现代社会，我们所强调的民主集中，强调个人服从组织，强调维护领导的权威，强调团队意识，强调组织观念等价值规范和意识，在学校课程的选择、组织与实施中均被有效地进行了渗透。

　　儿童进入学校，学习的是读、写、算等学校的学科知识，而不是祖母、外祖母的神话故事。自从学生进入学校，他们的时间就控制在教师的手里而不是自己的手里，什么时间上学、什么时间放学、什么时间学习、什么时间活动、什么时间发言、什么时间讨论都是由教师决定的。在课程实施过程，儿童知道了自己的行为如果不符合教师和学校的规则，那么他

① ［英］迈克尔・W. 阿普尔：《意识形态与课程》，黄忠敬译，华东师范大学出版社 2001 年版，第 20 页。

就会受到惩罚；儿童通过自己的体验，对学习权威、教师/学生、学生/学生之间的关系有了逐步的理解；课堂生活增强了儿童的角色意识和对社会环境的理解。他们学会了分享、倾听，学会了放弃，学会了服从。

通过课程，学校在自然而然地，合情、合理、合法地对儿童进行着社会化。阿普尔在关于幼儿园课堂教学社会化功能的研究中发现："玩具被组织起来，以使儿童学会约束；他们要学会只有当教师允许那样做时，才能接触玩具。当时间不到，儿童触摸了那些东西，他就要受到'惩罚'；当他们常常表现出自我约束时就会受到表扬。""在学校活动中，儿童学习忍耐含糊和课堂中不舒适的程度以及他们接受霸道的程度。儿童们被要求去调整他们的情感反映以符合教师认可的内容。儿童们被要求学习对教师个人和她组织的课堂环境方式作出反应。"①

社会不仅通过课程管理，如课堂秩序、日常行为规范来实现控制，而且通过课程知识的选择、分配在发挥作用。阿普尔认为，进入学校的知识是对较大可能范围的社会知识和原理进行选择的结果。课程的设计、实施、评价和教科书编写、审查、发行的过程本质上就是主流文化对知识过滤的过程，课程在进行一种文化再生产。

学校课程代表的是一种"法定文化""官方知识""合法化知识"，这种"法定文化"在课程领域得以持续不断地再生产。艾格尔斯顿指出："决定课程内容的过程是冲突的过程，最终达到一定的妥协、调整和各种稳定程度的平衡。这些蕴含着'权力'的概念……毫无疑问，课程决定主要与权力的运用和分配有关。"② 扬指出："掌握权力的人将企图限定什么是知识，不同的群体如何获得知识，在不同的知识领域之间以及在使用知识与生产知识的人之间什么样的关系是可以被接受的。"③ 掌握什么知识，掌握多少知识的人可以得到什么样的职业，这是由统治阶级所决定的。通过学校课程"社会的和经济的价值已经渗透于我们工作的机构和设置；渗透于我们保存在课程内的'学校知识的形式主体'；渗透于我们教学模式和评估原则、标准与形式。既然这些价值经常无意识地作用于我

---

① ［英］迈克尔·W. 阿普尔：《意识形态与课程》，黄忠敬译，华东师范大学出版社 2001年版，第 61 页。

② 黄忠敬：《知识·权力·控制：基础教育课程文化研究》，复旦大学出版社 2003 年版，第 105 页。

③ 同上书，第 109 页。

们，那么问题就不在于如何去超越这个选择，而是最终必须选择什么价值。"①

因此，我们可以说，研究课程从一定意义说就是研究意识形态，研究在特定的历史时期、特殊的机构中、特定的社会群体和阶级把什么知识看作是合法性知识。在学校通过知识的选择、组织和评价对知识进行分类、分层、分配的过程中，其依据的原则和价值取向就是社会主流意识形态。对此，我们可以通过学校"强迫"学生学习这些意识形态、过去和现在的课程知识对意识形态的反映、这些意识形态通过学校社会化过程内化为受教育者自身的信念中认识到。

二、科学课程与意识形态渗透

科学课程在课堂生活、知识的选择、分配和分层等领域，毫不例外地具有意识形态的功能。从科学知识的生产过程来看，科学研究已经不是作为满足好奇心和业余爱好而从事的一种消遣活动，而是越来越作为一种社会性事业来发展的。从事科学研究的群体——科学家是作为一种职业者而存在的。科学研究要获取科研经费，科学家要获得生活资料，要么通过向国家申请，要么取得企业赞助。国家对科研的投入不但有规划，而且有重点，企业的赞助也一般不是无条件的，他们要营利才行。正如贝尔纳所说："今天的科学家几乎完全和普通的公务员或企业行政人员一样是拿工资的人员。即令他在大学里工作，他也要受到控制整个生产过程的权威集团的有效控制，即令不是细节上受到控制，也是在研究的总方向上受到控制。科学研究和教学事实上成为工业生产的一个小小的但却是极为重要的组成部分。"② 对于现在的科学来讲，并不是什么知识最有价值，而是生产什么样的科学知识最有价值的问题，国家和社会政治、经济价值取向在知识生产的过程中就已经渗透进去了。

就科学教科书而言，对其进行意识形态分析相对于人文社会学科来讲更加困难。但是，作为一种社会事业的科学教育，其教科书话语必然承载着它所处时代、社会和主导阶级所认可的意识形态。我们已经形成的对科

---

① ［英］迈克尔·W. 阿普尔：《意识形态与课程》，黄忠敬译，华东师范大学出版社2001年版，第8页。

② ［英］J. D. 贝尔纳：《科学的社会功能》，陈体芳译，广西师范大学出版社2003年版，第15页。

学、科学语言、科学与人类、科学与自然之间的相互关系的认识，无疑来自科学话语。科学教科书的话语基本上和"祛魅"的自然观相联盟，这种自然观中，没有了宗教意义和道德价值，崇尚物质自然主义、决定论、还原论，排斥自由、价值以及我们生活中对终极意义的信念。

大多数科学教科书基本上在创设一种只关注科学结论的话语系统。这种教科书范式大多是对科学结论的描述而不是叙述、议论，主要关注"存在"和"行为"。即，仅仅关注客观世界以及它们之间是如何相互联系的，把文本内容的重点放在了科学结论、事实性知识上，把科学探究过程描述为事物如何发生，而不是人类如何行动的。科学探究似乎在暗示，是自然让某些事件发生，这些事件的发生是自然法则的结果，而不是人为的。

教科书的话语把焦点放在了外部世界，而不是话语本身，文本成为法定的、静态的，而不是反思的。关于世界本质的描述又往往采用非个人的陈述，如，"这个世界本质上是"等类似的词句成为教科书描述世界的一种基本方式。教科书在表明，外部世界是清晰的，其本身足以建构有条理的话语系统。隐含着这样一种预设，真理只有一个，它对于传播者和接受者来说是相同的，这是因为外部世界是清晰的，只有与客观世界一致的那种描述才是真理[1]。这种描述是典型的以内容为中心的，把信息接收者放在了被动接受知识的位置。难道科学对真理的描述不依赖于情境和个人信仰吗？作为"关于自然的科学知识"和"自然"是一回事的假设，本身就影响着什么是关于科学和自然的描述。比如：

水是一种氢和氧所组成的化合物。两个氢原子与一个氧原子相结合，形成了化学式为 H_2O 原子群。水是一种分子化合物。其他形成分子的简单化合物还有碳氧化合物。一个二氧化碳的分子是由一个碳原子和两个氧原子组成。一氧化碳分子中则包含了一个碳原子和一个氧原子[2]。

[1]　Erik Knain, Univesity of Oslo, Department of teacher education and School development, Ideologies in school science textbooks, INT. J. SCI. EDU, 2001, Vol. 23, No. 3, 19—329。

[2]　孙可平、邓小丽：《理科教育展望》，华东师范大学出版社 2002 年版，第 62 页。

　　以上陈述是断言性的结论，它既没有告诉学生科学家是如何发现水是一种分子化合物的，也没有提供任何帮助理解词汇的背景。这种陈述隐喻着一种实证主义的机械还原论的哲学观。同时，在暗示自然与人类是二元分离的，而且自然是可以被认识的。认知模式在教科书中所占的比重远远超过社会责任、道德和价值观，话语的连接与整合成为自然之镜，而科学的社会性被过滤了。

　　同时，传播者在学生中间强调权力与统一，要求学生去按照教科书话语去采取行动。这种权力关系表明，教科书提供的知识是通过实验从自然中直接得来的，是确证无疑的，是可信的，是真正的知识，科学家是可以信赖的，科学家所研究的世界和学生生存的世界是一致的，科学家研究世界的方式和学生探究这个世界的方式是一样的，只是科学家的研究更加专门化和系统化而已。这样的科学教科书趋向于把科学方法描述为普遍意义上的程序。比如下面这段陈述：

　　　　科学探究的方法不仅对科学家是十分有用的，而且对我们每一个人解决生活中的问题也是有用的。……提出问题、作出假设、收集证据和验证假设。这就是一种科学探究的过程，它虽不像科学家的探究那样复杂，但有相似之处。用科学探究的方法能使我们有效地解决生活中的问题。①

　　目前，国外有的教科书话语开始强调科学的人类行为的属性，暗示科学探索过程是一种智力过程，与思维、感觉和知觉有关，这种隐喻倾向于显示科学探索的本质、真实的方式。比如，有的教科书把焦点放在历史逸事、科学与神话和宗教的比较，科学经验等科学文化方面。教科书试图在社会和科学范式之间，社会责任与认知模式之间寻找平衡。这种表现手法在信息发送者和接受者之间建立了一种非正式的关系，可以解释为发送者试图把接受者（学生）融入科学世界。当然这种教科书编写范式还没有被广泛使用。

　　从认识论的层面看，科学教科书在宣扬一种机械还原论的哲学观。还原论要求将事物从复杂还原到简单，从多元还原为一元。根据这种方法，

---

　　①　袁运开：《科学》，华东师范大学出版社 2001 年版，第 10 页。

要了解事物的真相，就必须尽可能地了解构成事物的最简单的基本粒子或"终极粒子"，它是事物的最小单位，是构成一切事物的基础。它代表着存在本身，是存在的存在。它的特征是规定了事物的特性。在终极粒子中是没有精神的位置的。它排除了色彩、声音、结构或质量这些我们日常世界中常见的东西。所谓"理工科"的思维方式与行为模式是这种方法论的真实写照。由伽利略始创，被笛卡尔所完善的分析方法的确在科学的发展历程上起了重要的作用。但它毕竟是一种有限的方法，一旦将这样一种有限的方法非法地升格为哲学方法，夸大为无限的方法，就导致了形而上学的还原论。

从知识论的角度看，教科书在暗示科学知识的真理观，把物理世界本身（活动的世界）和对物理世界抽象关系的描述（世界的存在）等价起来了。这种语境在传递这样的信息，客观世界是可以被完全清晰地认识的，科学家发现的科学规律就是自然界本身的规律。科学知识是普遍的、客观的和价值无涉的，这种知识观遭到了科学知识社会学和后现代科学哲学的深刻解构。其实，爱因斯坦、英费尔德曾对物理学和物理世界的关系进行过明晰的评述："物理学的概念是人类智力的自由创造，它不是（虽然表面上看来很像是的）单独地由外在世界所决定的。我们企图理解实在，多少有些像一个人想知道一个合上了表壳的表的内部机构。他看到表面和正在走动着的针，甚至还可以听到滴答声，但是他无法打开表壳。如果他是机智的，他可以画出一些能解答他所观察到的一切事物的机构图来，但是他却永远不能完全肯定他的图就是唯一可以解释他所观察到的一切事物的图形。……他也可以相信，知识有一个理想的极限，而人类的智力正在逐步接近这个极限。也就是这样，他可以把这个理想极限叫做客观真理。"[1]

在"客观""公正""普适""中立"等观念的影响下，科学教育话语对"价值""伦理""道德"的过滤是非常明显的。科学教育理应包括价值观教育，因为自然界不会主动提供教什么，也没有什么教学目的。在学校科学话语中要对科学的本质进行语境重置才会变得有意义。比如：它必须适应儿童的年龄特征和知识准备，为了适应学校的课程资源和学时分

① ［德］艾·爱因斯坦、［波］英费尔德：《物理学的进化》，周肇威译，湖南教育出版社1999年版，第22页。

配，科学内容被相应肢解；为了便于测试评估，科学知识被纳入一定的结构。学生、家长、教师、政客、科学家对科学教育具有不同的旨趣，对科学教育的本质和价值的认识也不同，其中占支配地位的社会群体就会控制学校的科学话语系统，主流意识形态也就控制了课程的话语格式、话语组织方式和需要过滤掉的内容。

从社会道德和伦理学的角度看，教科书在隐喻一种个人英雄主义的价值观，把科学发展描绘为科学家个人通过决定性的实验或者与宗教、社会偏见斗争的结果。比如：亚历山大·弗来明发现了青霉素；哥白尼提出了日心说；牛顿发现了万有引力定律；爱因斯坦提出了相对论；拉瓦锡提出了氧化学说，等等。这种科学史观隐去了科学发展史中的人文性。库恩在其《科学革命的结构》中以 C. W. 舍勒、约瑟夫·普利斯特列、拉瓦锡三人与氧的发现为例，说明"相同的历史研究不但揭示出把个别发明和发展孤立起来是有困难的，而且还揭示出对科学是由个别科学家作出的贡献而组合在一起的这种累积过程的极大怀疑"。①

在科学史上，胡克曾与牛顿就引力反平方定律的发现优先权的归属问题进行过激烈的争论，他希望牛顿在《自然哲学的数学原理》序言中对他的劳动成果稍微"提一下"，但被牛顿断然拒绝了，他不想给胡克任何荣誉。爱因斯坦曾说："当我想起伽利略不承认开普勒的工作时，我总是感到伤心。"同样的冲突也发生在爱因斯坦与彭加勒之间，早在1989年彭加勒发表的论文《时间之测量》中，就提出了假设光速对所有观察者都是常数的意见，1903年彭加勒在一次演讲中提出了"相对性原理"，他也曾从数学上改造过洛伦兹理论，得出了狭义相对论的所有主要关系②。但彭加勒、爱因斯坦在各自的演讲都回避提到对方的发现，也许正是爱因斯坦所感叹的科学家的"虚荣"吧，而正是这种"虚荣"让人感叹到科学家人性的一面，而不是在贬低科学家自身的价值。

另一种个人主义是对科学家人格的高度抽象。为了褒扬奉献精神，激励学生在困难中成才，往往强调科学家对物质的冷淡。牛顿晚年作为造币厂厂长，已经难以进行有效的科学研究，但却归结为对上帝的虔信，而且

---

① ［美］托马斯·库恩：《科学革命的结构》，金吾伦、胡新和译，北京大学出版社2003年版，第2页。

② 杨建邺：《爱因斯坦传》，海南出版社2003年版，第159—165页。

对科学家终生处于创造状态的要求本身就不合理。爱因斯坦用美元作书签，作为科学家对金钱漠视的范例，殊不知，"在万般无奈之中，爱因斯坦只好干点违法的事，将国外讲学的收入都寄到莱顿的埃伦菲斯那儿，由他寄给瑞士的米列娃（前妻）。说违法，一是违背了德国的货币法，二是隐瞒了个人的收入，从而少缴了个人所得税"。① 爱因斯坦路经上海，未能去北大演讲，从一定意义上说也是源于演讲报酬的分歧。

科学是一项伟大的事业，更是一个不断探索的过程。英国学者 C. P. 斯诺在《两种文化》中指出：任何人都应该明白，科学是人类智力的最高表现形式，对科学的无知就是对现代社会的无知。长期以来，大多数人陶醉于科学所取得的辉煌成就，无论媒体对科学的传播，还是科学教育内容的取舍，都不同程度误导了人们对科学全面正确的理解与把握。

对科学课程进行意识形态的分析，并不是说，实证主义的、个人英雄主义的隐喻是错误的。科学探究对科学来说是本质性的，但我们反对对科学过程的粉饰，剥夺了学生了解科学真相的权力。科学活动作为一种人类行为，作为一种人的行为，可以识别出决定性的实验，也可以把这类实验忽略掉。在实验活动中篡改数据，伪造数据并非出于一般科学研究者的手笔，诺贝尔物理学奖获得者密立根就被发现在公开发表的论文中过滤了实验数据。这一发现不但震动了物理学界，而且成为科学知识社会学对科学客观性进行解构的典型案例。

美国物理学家密立根（Millikan）于 1910 年进行了一项世界知名的"油滴实验"，应用带电油滴在电场和重力场中运动的方法，精确测定单个电子的荷电量，从而确定了电荷的不连续性。与此同时，物理学家埃伦菲尔德也在进行相同的实验，但没有得到相应的结果。由于一般理论上计算出的数据和实验中测量出的数据不会那样近似。为此，埃伦菲尔德曾提出异议，并由此而引发了物理学的一场论战。密立根在论战中获胜了，还获得了科学界的最高奖赏——1923 年的诺贝尔物理学奖。密立根宣称自己是一个毫无偏见的观察者，不折不扣地报告全部实验结果。一个偶然机会人们发现密立根的笔记和手稿，在记录中，有"这几乎是完全正确的""这是迄今我得到的最好的结果"，也有"很糟，什么地方错了""妙极了！发表！"等记录。手稿显示密立根发表的 58 次观测结果，并非如他

① 杨建邺：《爱因斯坦传》，海南出版社 2003 年版，第 370 页。

信誓旦旦所说的那样是"没有经过选择的"，而是从 140 次观测中挑选出来的①。

对作为一项社会事业的科学认识，在科学素养中应该得到足够的重视。对科学课程进行意识形态分析的意义在于，让教师和作为将来公民的学生对科学知识的传播和积累的理解变得更加容易、更加全面、更加真实，对科学是什么的描述变得更加清晰和全面，科学教师、科学共同体、其他科学组织让公众相信科学的努力变得更加容易接受，因为这样的科学更加平民化、更加人道、具有更多的人文性。

正如阿普尔在《意识形态与课程》第二版序言中所说："我不能接受这样一个社会，在这个社会中每五个儿童中就有一个或更多出身贫困家庭，这种状况每天都在恶化。我也不能接受那种正统的对教育的界定，认为我们的任务就是要为学生容易在'商业'社会中发挥作用做准备。一个国家不等于一个公司。学校也不是公司的一部分，可以有效地生产出它所要求的'人力资本'。如果我们甚至从这些方面来考虑教育的梦想，就确实挫伤了对那种公共利益的感受。它贬低了教师的身份，造成了学校教育过程脱离了许许多多儿童的生活。"② 我们也反对这样的科学课程，它在提供一种虚假的科学历史，它脱离了丰富多彩的自然世界，扭曲了富有人性的科学世界，忽视了学生活脱脱的生活世界。

科学并非传统意义的价值中立，它拥有显在的，更多的是潜在的意识形态功能。借鉴他国科学课程改革的经验，须全面认识其改革背景的意识形态承载，我们推进科学课程的改革也并非单纯地让学生掌握早已系统化的科学知识、科学技能，而是培养一种基于国家、民族、个人发展需要的科学素养。

当前，科学课程变革充斥着"全球化""信息化时代""国际化""与国际接轨""对话""协商""平等""自由"的话语，显示出科学课程意识形态性，我们并非全盘拒斥西方的文化，而是在思考，我们对科学课程中或隐或显地出现的西方的（主要是美国的）文化和价值观念与东

---

① 中国科学院网站：《密立根的"辉煌"与小动作》，http://www.cas.ac.cn/html/dir/2002/03/26/2908.htm；刘大椿：《科学技术哲学导论》，中国人民大学出版社 2000 年版，第140 页。

② ［英］迈克尔·W.阿普尔：《意识形态与课程》，黄忠敬译，华东师范大学出版社 2001年版，第 8 页。

方文化的冲突有理性的批判和研究吗？科学课程的变革对科学探究的模式化、原子化、模仿化、神秘化，全然无视作为"倾听文化"的东方文化的传统和特征。

对科学课程与意识形态、社会控制、社会分层、道德教化关系的分析，就是意在为认识科学课程的多元化属性提供一种视角，为避免科学课程改革过程中的简单化提供一种理论说明。

参 考 文 献

Ⅰ. 著作部分

1. 扈中平：《教育目的论》，湖北教育出版社 2004 年版。

2. ［美］斯蒂芬·F. 梅森：《自然科学史》，周煦良等译，上海译文出版社 1980 年版。

3. ［英］奥尔德里奇：《简明英国教育史》，诸惠芳等译，人民教育出版社 1987 年版。

4. ［日］佐藤正夫：《教学原理》，钟启泉译，教育科学出版社 2001 年版。

5. 拉伯雷：《巨人传》，闫红梅译，内蒙古人民出版社 2000 年版。

6. ［法］卢梭：《爱弥儿》，李平沤译，人民教育出版社 2001 年版。

7. ［英］赫·斯宾塞：《斯宾塞教育论著选》，胡毅、王承绪译，人民教育出版社 2005 年版。

8. ［英］托·亨·赫胥黎：《科学与教育》，单中惠等译，人民教育出版社 2005 年版。

9. 田光远：《科学与人的问题：论约翰·杜威的科学观及其意义》，复旦大学出版社 2006 年版。

10. ［美］国家研究理事会：《美国国家科学教育标准》，戢守志等译，科学技术文献出版社 1999 年版。

11. ［美］杜威：《确定性的寻求：关于知行关系的研究》，傅统先译，上海人民出版社 2004 年版。

12. ［美］约翰·杜威：《人的问题》，傅统先等译，上海人民出版社 2006 年版。

13. ［美］约翰·杜威：《民主主义与教育》，王承绪译，人民教育出版社 1999 年版。

14. ［美］约翰·杜威：《我们怎样思维·经验与教育》，姜文闵译，人民教育出版社 2005 年版。

15. 《哲学研究》编辑部编：《资产阶级哲学资料选辑》（第八辑），上海人民出版社 1966 年版。

16. J·劳斯：《知识与权力：走向科学的政治学》，盛晓明译，北京大学出版社 2004 年版。

17. ［英］J. D. 贝尔纳：《科学的社会功能》，广西师范大学出版社 2003 年版。

18. 孙可平、邓小丽：《理科教育展望》，华东师范大学出版社 2002 年版。

19. 何晋秋、曹南燕：《美国科技与教育发展》，人民教育出版社 2003 年版。

20. 贺国庆等：《外国高等教育史》，人民教育出版社 2003 年版。

21. ［澳大利亚］W. F. 康纳尔：《20 世界教育史》，孟湘砥等译，湖南教育出版社 1991 年版。

22. 瞿葆奎：《教育学文集·联邦德国教育改革》，人民教育出版社 1991 年版。

23. 吕达等：《当代外国教育改革著名文献》，人民教育出版社 2004 年版。

24. 张红霞：《科学究竟是什么》，教育科学出版社 2003 年版。

25. 《民国丛书》编委会：《科学与人生观》，上海书店 1989 年版。

26. 刘德华：《科学教育的人文价值》，四川教育出版社 2003 年版。

27. 孙正聿：《哲学通论》，辽宁人民出版社 1998 年版。

28. ［英］W. C. 丹皮尔：《科学史及其与哲学和宗教的关系》，广西师范大学出版社 2001 年版。

29. 大卫·雷·格里芬：《后现代科学》，马季方译，中央编译出版社 1998 年版。

30. 吴国盛：《让科学回归人文》，江苏人民出版社 2003 年版。

31. 美国《人文》杂志社：《人文主义：全盘反思》，生活·读书·新知三联书店 2003 年版。

32. ［英］阿伦·布洛克：《西方人文主义传统》，董乐山译，生活·

读书·新知三联书店 1997 年版。

33. ［美］乔治·萨顿：《科学史和新人文主义》，陈恒六等译，华夏出版社 1988 年版。

34. ［美］乔治·萨顿：《科学的生命——文明史论集》，刘珺珺译，商务印书馆 1987 年版。

35. 陈刚：《西方精神史》（下卷），江苏人民出版社 2000 年版。

36. ［英］怀特海：《科学与近代世界》，何钦译，商务印书馆 1959 年版。

37. ［美］巴伯：《科学与社会秩序》，顾昕等译，生活·读书·新知三联书店 1991 年版。

38. ［美］R. K. 默顿：《科学社会学》，鲁旭东、林聚任译，商务印书馆 2003 年版。

39. 吴国盛：《科学的历程》，北京大学出版社 2002 年版。

40. ［美］哈尔·赫尔曼（Hal Hellman）：《真实地带》，上海科学技术出版社 2000 年版。

41. 联合国教育科文组织国际教育发展委员会编：《学会生存：教育世界的今天和明天》，华东师范大学比较教育研究所译，教育科学出版社 1996 年版。

42. ［德］雅斯贝尔斯：《什么是教育》，胡毅译，生活·读书·求知三联书店 1991 年版。

43. ［美］乔治·萨顿：《科学的生命》，刘郡郡译，商务印书馆 1987 年版。

44. C. P. 斯诺：《两种文化》，纪树立译，生活·读书·新知三联书店 1994 年版。

45. 许良英等：《爱因斯坦文集》（第一卷），商务印书馆 1976 年版。

46. ［美］亚历克斯·英克尔斯：《社会学是什么》，陈观胜等译，中国社会科学出版社 1981 年版。

47. 汉斯·波塞尔：《科学：什么是科学》，李文潮译，上海三联出版社 2004 年版。

48. ［英］伊·拉卡托斯：《科学研究的纲领方法论》，上海译文出版社 1986 年版。

49. 托马斯·库恩：《科学革命的结构》，北京大学出版社 2003 年版。

50. ［英］迈克尔·马尔凯：《科学与知识社会学》，东方出版社 2001 年版。

51. ［英］巴里·巴恩斯：《科学知识与社会学理论》，东方出版社 2001 年版。

52. ［德］莫里茨·石里克：《自然哲学》，商务印书馆 1997 年版．

53. ［美］罗伯特·金·默顿：《十七世纪英格兰的科学·技术与社会》，商务印书馆 2002 年版。

54. ［英］A. F. 查尔默斯：《科学究竟是什么》，商务印书馆 1982 年版。

55. 乔纳森·科尔：《科学界的社会分层》，赵佳苓译，华夏出版社 1989 年版。

56. ［英］A. J. 艾耶尔：《哲学中的革命》，商务印书馆 1986 年版。

57. ［英］K. R. 波珀：《科学发现的逻辑》，查汝强、邱宗泽译，科学出版社 1986 年版。

58. 查有梁等：《物理教学论》，广西教育出版社 1996 年版。

59. ［法］笛卡尔：《探求真理的指导原则》，管震湖译，商务印书馆 2005 年版。

60. 笛卡尔：《方法谈．成长：2002 年第二辑》，山东画报出版社 2002 年版。

61. N. R. 汉森：《发现的模式》，邢新力等译，中国国际广播出版社 1988 年版。

62. 赵万里：《科学的社会建构》，天津人民出版社 2002 年版。

63. ［美］保罗·法伊尔阿本德：《反对方法》，周昌忠译，上海译文出版社 1992 年版。

64. 夏基松等：《历史主义科学哲学》，高等教育出版社 1995 年版。

65. 美国科学促进会：《面向全体美国人的科学》，中国科学技术协会译，科学普及出版社 2001 年版。

66. ［美］罗伯特·K. 默顿：《科学社会学散忆》，鲁旭东译，商务印书馆 2004 年版。

67. 马来平等：《理解科学：多维视野下的自然科学》，山东大学出版社 2003 年版。

68. 洪晓楠：《科学文化哲学研究》，上海文化出版社 2004 年版。

69.〔英〕戴维·布莱克莱吉、巴里·亨特：《当代教育社会学流派：对教育的社会学解释》，王波等译，春秋出版社1989年版。

70. 迈克尔·W. 阿普尔：《意识形态与课程》，黄忠敬译，华东师范大学出版社2001年版。

Ⅱ. 论文部分

1. 徐兵：《欧洲中世纪大学的科学研究与科学教育》，载《高等教育研究》1996年第6期。

2. 张庆满：《加快转变经济发展方式促进国民经济又好又快发展》，载《江东论坛》2008年第1期。

3.〔美〕盖伊·V. 贝克威思：《科学、技术与社会：方法的考察》，载《自然辩证法研究》1992年（增刊）。

4. 艾伯特·V. 贝兹：《从改进科学教育的努力中学到了什么?》，载《比较教育研究》1978年第12期。

5. 刘华杰：《什么是科学?》，载《民主与科学》2000年第3期。

6. 殷登祥：《STS研究的当代课题》，载《中国社会科学》2002年第2期。

7. 袁维新：《简论科学本质观的类型与特征》，载《科学技术与辩证法》2006年第1期。

8.〔英〕B. 麦基：《逻辑实证主义及其遗产：与A. J. 艾耶尔的对话》，周德明等译，载《国外社会科学》1987年第7期。

9. 丁邦平：《科学观与科学教育改革：跨学科的视角》，载《教育研究》2002年第1期。

10. 袁维新：《简论科学本质观的类型与特征》，载《科学技术与辩证法》2006年第1期。

11. 郭贵春：《二十世纪西方经验主义思潮的演变》，载《自然辩证法通讯》1989年第4期。

12. 靳树鹏：《为经验主义证名》，载《社会科学论坛》2004年第7期。

13.〔英〕A. J. 艾耶尔：《为经验主义辩护》，载《世界哲学》1993年第1期。

14. 肖浩：《从〈十条训令〉看社会主义核心价值体系建设的着力

点》，载《电子科技大学学报》（社科版）2008 年第 2 期。

15. 郑杭生：《从批判理性主义到科学哲学的历史主义》，载《教学与研究》1985 年第 3 期。

16. 吴国盛：《科学与人文》，载《中国社会科学》2001 年第 4 期。

17. 郑杭生：《从实用主义到逻辑实证主义再到逻辑实用主义》，载《教学与研究》1985 年第 1、2 期。

18. 巨乃岐：《试论科学精神》，载《自然辩证法研究》1998 年第 1 期。

19. 李醒民：《走向科学理性论》，载《自然辩证法通讯》1993 年第 3 期。

20. ［英］A. J. 艾耶尔：《逻辑实证主义运动的历史》，载《世界哲学》1987 年第 2 期。

Ⅲ. 外文部分

1. Akerson, V. L. and F. Abd – El-Khalick. （2003）. Teaching elements of nature of science: A yearlong case study of a fourth-grade teacher. Journal of Research in science Teaching, 40 （10）.

2. Hurd, P. D. （2002）. Modernizing science education. Journal of Research in Science Teaching, 39 （1）.

3. Fosnot, C. T. （1993）. Rethinking Science Education: A Defense of Piagetian Constructivism. Journal of Research in Science Teaching, 30 （9）.

4. Lederman, N. G. 1998. The state of science education: Subject matter without context. Electronic Journal of Science Education, 3 （2）.

5. Lewis, R. W. （1993）. The nature of scientific knowledge debated. Letter to the Editor. The American Biology Teacher, 55 （5）.

6. Luft, J. A. （2005）. Enthusiasm is not enough: Beginning secondary science teachers in primarily Hispanic settings. School Science and Mathematics, 105 （3）.

7. Martin-Hansen, L. （2002）. Defining Inquiry. The Science Teacher, 69 （2）.

8. O'Loughlin, M. （1992）. Rethinking Science Education: Beyond Piagetian Constructivism Toward a Sociocultural Model of Teaching and Learn-

ing. Journal of Research in Science Teaching, 28 (8).

　　9. O'Loughlin, M. (1993). Some further Questions for Piagetian Constructivists: A Reply to Fosnot. Journal of Research in Science Teaching, 30 (9).

　　10. Osborne, J. F. (1996). Beyond Constructivism. Science Education, 80 (1).

　　11. Parsons, S. , J. O. Matson, and R. Quintanar. (2002). Making sense of literacy through science (LtS): A model for professional development. Electronic Journal in Science and Literacy Education, 1 (2), 1—19, http: //sweeneyhall. sjsu. edu/ejlts/index. htm.

　　12. Hong Kwen Boo and Yin Kiong Hoh, A comparison of trained and untrained science teachers' views about certain aspects of the nature of science. http: //www. aare. edu. au/06pap/boo06088. pdf/2008 – 09 – 29.

　　13. Alters, B. J. (1997). Whose Nature of Science? Journal of Research in Science Teaching, 34 (1).

　　14. Eflin, J. T. , Glennan, S. & Reisch, G. (1999). The Nature of Science: A Perspective from the Philosophy of Science, Journal of Research in Science Teaching, 36 (1).

后　记

　　对科学课程进行持续的社会学意义上的研究，是我的博士导师石鸥先生的殷切期望。也正是基于这样的努力方向，2006 年笔者作为项目主持人申报了全国教育科学规划课题，并获得立项资助。在课题研究过程中，得到了博士后合作导师扈中平教授的悉心指导，课题组的同志们也在各自的子课题研究中给予很大的帮助。在我撰写的研究报告基础上，编辑成册，并由中国社会科学出版社正式出版，以飨读者，心情非常激动。

　　对科学课程进行社会学意义上的研究要比预想的困难一些，原计划把研究的重点放在把西方马克思主义社会学理论新进展系统引入科学课程的社会学分析方面，但由于工作岗位的变动，未能如愿，心中留有遗憾。好在学术生命尚存，今后开展专题研究，以回报导师和学界长辈的关心、支持和期待。